Peter Schütt

Ab nach Sibirien

D1828544

Peter Schütt

Ab nach Sibirien

Bericht einer Reise in die Zukunft
oder
Auf den Spuren von Egon Erwin Kisch

Weltkreis-Verlag

© 1977 Weltkreis-Verlags-GmbH
Brüderweg 16, 4600 Dortmund
1. Auflage September 1977
2. Auflage November 1977
3. Auflage Dezember 1977
Druck: Plambeck & Co Druck und Verlag GmbH, 4040 Neuss
Umschlaggestaltung: Kollektiv VK, Dortmund
ISBN 3-88142-181-5

Inhalt

1.
Ab nach Moskau

Während einer Straßendiskussion im letzten Bundestagswahlkampf fiel mir ein wortgewandter Reaktionär ins Wort: Sie passen mit ihren blauäugigen Ansichten auch besser in die sibirische Taiga als in eine mitteleuropäische Metropole wie Hamburg! Der Mann hatte unvermutet eine empfindliche Stelle bei mir getroffen: meine Sibirien-Sehnsucht.

Da kam mir ein Gespräch mit sowjetischen Schriftstellerkollegen während der Berliner Weltjugendfestspiele wieder in den Sinn. „Kennen Sie Kisch?“ fragte mich Alexander Dymschiz. „Ja, den kenne ich.“ „Kennen Sie auch *Zaren, Popen, Bolschewiken*?“ „Kenne ich“. „Sie müssen diese Reise wiederholen, Genosse Schütt.“

Im Winter wechselte ich einige Briefe mit Moskau.

Anfang März klingelt mein Telefon, das Fernamt meldet sich: „Ein Gespräch für Sie aus Moskau.“

„Genosse Schütt, hören Sie mich? Wann fängt bei Ihnen Frühling an?“

„Am 21. März.“

„Gut, Genosse Schütt, fahren Sie einen Tag früher, am 20. März, kommen Sie nach Moskau zuerst, dann wir sehen weiter. Ziehen Sie sich warm an . . .“

Viele gutgemeinte Ratschläge begleiten mich auf die Reise in das Jenseits unserer Vorstellungswelt. Angoraunterwäsche wird mir empfohlen gegen die Kälte, Traubenzucker gegen eventuelle Ernährungsmängel, Vorsicht bei kritischen Äußerungen. Eine Karstadtverkäuferin schenkt mir ein ganzes Pfund Bonbons für die Russenkinder, die Bonbons sind *Made in Poland.* Man warnt mich namentlich vor Wölfen, Plumpsklos und Wodkagelagen, man beglückwünscht mich zu meinem Mut.

An einem Märztag, so mild, lindgrün und bittersüß, wie sie vielleicht nur unser Land kennt, mache ich mich auf die Reise: Ich fahre früh mit dem Zug nach Frankfurt. In Hessen sind die Bahnhöfe wegen einer Wahl bunt beflaggt, die blühenden Schlehenbü-

sche schreiten durch die Morgennebel wie Mädchen in Brautkleidern. Auf Rolltreppen schwebe ich über die Menschenknäuel auf dem Frankfurter Flughafen hinweg. Der Main spielt zwischen Hügeln und Städten Versteck. Würzburg, Schweinfurt, Bamberg, da unten kenne ich jede Barockkirche. Der Frühling hat die Felder in der Sonne zum Trocknen ausgelegt, Handtücher, Hemden und Höschen, besät mit blauen und gelben Stiefmütterchen. Die Äcker sehen wie aus bunten Flicken zusammengenäht aus.
Die vertraute Felderbuntheit hört mit der DDR-Grenze auf, die Äcker werden mit einem Male großflächiger, abwechslungsärmer, regelmäßiger. Deutlich wandelt sich die Form der Auseinandersetzung mit der Natur, weiter zum Osten hin werden immer mehr Flüsse umgeleitet, aufgestaut und begradigt, aber die Zahl der Städte und Dörfer nimmt ab. Wer nach Moskau fliegt, überquert weite Gebiete, die vor dreißig Jahren noch verbrannte Erde waren, von deutschen Soldaten ausgebrannte Erde. Warschau, Minsk, Witebsk; die Stimme der Stewardess, die uns die Städte nennt, die wir überfliegen, bleibt unberührt von den Qualen der Geschichte.
Wolken kommen auf, Rußland hüllt sich in Nebelschleier.
Nur zögernd kommen meine Gedanken von zuhause los, stoßen vor ins Neuland. Hinter mir liegt ein Haufen von täglichem Ärger, von Kümmernissen und Kränkungen, liegen schwer abwägbare Erfahrungen, vor mir liegen die Weiten Rußlands, Asiens und Sibiriens, liegt ein Bündel neuer Fragen. Die Lufthansa verteilt noch einmal die Erzeugnisse unserer freien Presse, ich blättere im *Stern,* im *Spiegel* und in der *Zeit* und lese von neuen Menschenrechtsverletzungen in der Sowjetunion, von Sacharows abermaliger Vorladung, von Juden, denen die Ausreise verweigert wird, von Planrückständen und Schwierigkeiten bei der Fleischversorgung. Die Stewardess macht zum dritten Mal darauf aufmerksam, daß die Zeitungen nicht mit von Bord genommen werden dürfen. Kurz vor der Landung werden zollfreie Zigaretten, Alkoholika und Parfümerien angeboten. Die Herren um mich herum, zum größten Teil Geschäftsleute, langen kräftig zu. Wenn die bundesdeutsche Bourgeoisie in Scharen nach Moskau pilgert, um dort Geschäfte zu tätigen, so möchte sie doch auf dem Wege zum Kreuz nicht auch noch am Essigschwamm lutschen.
Am Flughafen Scheremetschewo erwarten mich Freunde. Mit fremder Überschwenglichkeit nehmen sie mich in ihre Arme. Ich

bin ihnen nah und verbunden, und doch stößt mich ihre Vertrautheit ab. Ich habe dieses Land erst mit einem Fuß betreten, mein Herzschlag hat sich noch nicht an den stärkeren Puls gewöhnt.
Abends bin ich froh, allein zu sein. Fröstelnd gehe ich über den Roten Platz, diese große Empfangshalle des Weltproletariats, halte Zwiesprache mit dem Genossen Lenin. Allmählich wird mir leichter, im Frostwind taut das Heimweh; ich fange an, mich auf die große Reise zu freuen.
Die Freude beginnt in der U-Bahn. Hundert, hundertzwanzig Meter auf geräuschlosen Rolltreppen hinauf- und hinunterschweben, – da fühlt man sich dem Kosmos näher, sternenverwandter, als im Flugzeug. Schaut man nach unten auf das Band der Hinabschwebenden, glaubt man Michelangelos „Jüngstes Gericht“ zu sehen. Sieht man zurück nach oben, dann schweben Chagalls Liebespaare hinauf zum Himmel. Und das ganze Vergnügen für nur fünf Kopeken! Nein, nicht zum Nulltarif. Ohne das Fünfkopekenstück kommt man nicht hinauf und nicht hinunter, nicht vorwärts und nicht rückwärts. Hat man keins, muß man erst zum Wechselautomaten pilgern. Die stehen vor dem Eingang zu jeder U-Bahnstation wie Ölgötzen und manchmal wie Altäre, vor denen sich die Leute zur Schlange anstellen.
Wenn man nicht zum Träumen aufgelegt ist, kann man während der Rolltreppenfahrt in aller Ruhe seine Schuhbänder auf- und wieder zuknöpfen, einen Leitartikel in der Prawda vor- und zurücklesen, ein Gedicht von Puschkin laut aufsagen, seiner Freundin eine Liebeserklärung machen oder ein Streitgespräch über die Absichten Jimmy Carters vom Zaum brechen. Unten hört der Streit dann sowieso auf. Die Moskauer U-Bahnhöfe wirken erhaben und erhebend wie Kirchenhallen, sie sind prunkvolle Katakomben tief in Mutter Erdes Schoß, in denen allzu irdisches Trachten ganz von selber abstirbt. In den Nischen stehen Statuen und Denkmäler, von den Decken hängen schwere Lüster und Leuchten, und dort, wo auf den Hamburger U-Bahnstationen der „Duft der großen, weiten Welt“ gepriesen wird, werden auf Mosaiken und Emaillen die Ruhmestaten des roten Oktober, die Kämpfer für den Frieden und die Ziele des Kommunismus gefeiert. Tief unter der Erde hast Du ein Stück Himmel auf Erden.
Die Leute auf der Straße genießen trotz der Minusgrade die Vorahnung des Frühlings. Sie schwatzen viel und führen ihre Sonntagsgesichter spazieren. Moskau ist vermutlich eine der zivilsten

Millionenstädte der Welt. Die Polizisten, die mir über den Weg laufen, beschützen weder den Kreml noch den Roten Platz, sie beschützen wie die Soldaten bloß ihre Freundinnen, die sie mit militärischer Unerbittlichkeit in ihre Arme nehmen.
Um Mitternacht, zuhaus ist es erst zehn, meldet die Moskauer Tagesschau unter der Rubrik Nachrichten aus der kapitalistischen Welt, daß die SPD in Hessen schwere Verluste einstecken mußte und daß der DKP in Marburg erneut der Einzug in den Stadtrat gelungen ist. Die Umrisse der BRD, die während dieser Nachricht auf der Europa-Asien-Karte aufleuchten, sind aus der Moskauer Perspektive winzig geworden und deutlich an den Rand der Welt gerückt.

2.
Wolgograd

Ich bin in Wolgograd, dem ehemaligen Stalingrad. Wenn im Elternhaus dieses Wort gefallen war, wagten wir Kinder nicht mehr, den Mund aufzumachen, dann breitete sich bei uns quälende Stille aus, die sich Minuten später in irgendeinem Donnerwetter entlud. Mein Onkel Werner, ein Bruder meiner Mutter, ist bis hierher vorgedrungen und hat hier für Deutschland einen Streifen Boden, kleiner als ein Sargdeckel, erobert. Aber hier steht für ihn weder ein Grab- noch ein Gedenkstein. Er ist, und seine Hinterbliebenen haben das bis heute nicht begriffen, auf der falschen Seite, für die falsche Sache, gefallen. Er hätte, Mutter, beizeiten überlaufen, die Front wechseln müssen, um sein Leben oder wenigstens seine Ehre zu retten.
Ich hatte es leichter als mein Onkel. Ich habe meine Klasse verlassen und bin zur anderen Seite übergewechselt, als Frieden war, als nicht geschossen wurde, höchstens mit Worten, bösen Blicken und mit Flüchen. Aber ich habe schon fast zehn Jahre gebraucht, um zu wissen, auf welche Seite ich gehöre. Mein Onkel hätte nur

Minuten Zeit gehabt, und er hätte das Hundertfache an Kraft gebraucht. Und doch haben diesen Schritt Tausende deutscher Soldaten gewagt und sind während des Krieges, sogar noch während der Stalingrader Schlacht, zur anderen Seite übergewechselt, haben die Partei des Lebens ergriffen, des Friedens und der Humanität.

In meinem Hotelzimmer finde ich lange keine Ruhe. Wenn ich die Augen öffne, sehe ich an der Decke den Widerschein der Ewigen Flamme, die draußen zur Erinnerung an die Helden von Stalingrad flackert. Im Keller des Hauses nebenan hatte Feldmarschall Paulus sein letztes Befehlszentrum, dort unterzeichnete er die Kapitulationsurkunde für seine sechste Armee.

Die Geschichte hat entschieden. Siegreich steht die Statue der Mutter Heimat über dem Mamajew-Hügel. Trotz ihrer Größe hat sie nichts von der Drohgebärde, in der zum Beispiel die Germania die Wacht am Rhein hält, sie donnert nicht „Siegreich wollen wir Frankreich schlagen“, sie trommelt nicht zum Sturmangriff. Ihr Schwert hält sie schützend über die Wolga, mit Gesichtszügen, die eher einer Madonna als einer Walküre gleichen. Auf dem Weg zum Hügel hinauf, vorbei an den Erinnerungsstätten für die Hunderttausenden, die hier ihr Leben ließen, erklingt aus Lautsprechern leise Musik, Schumanns *Träumerei* und dann Lieder der russischen Heimat. Hier, an dieser Schädelstätte, an der sich Deutsche und Russen einen monatelangen Kampf auf Leben und Tod geliefert haben, empfinde ich plötzlich, wieviel Gemeinsames, wieviel Verbindendes es zwischen unseren Völkern gibt, wie verwandt unsere Nationalcharaktere sind, unser Hang zur Melancholie, unsere Neigung zum Pathos, unsere Zerrissenheit zwischen Einsamkeit und Weltumarmung. Aber die Gräben, die hier vor über dreißig Jahren rings um den Mamajew-Hügel ausgehoben wurden, sind noch nicht zugewachsen. Es gibt zuhaus noch immer Menschen, die sie jeden Tag von neuem wieder aufreißen, um zu verhindern, daß unsere Völker endlich zueinander und zu sich finden.

Mamajew: eine Gedenkstätte für die Menschheit. Über die breiten Treppen kommen und gehen Menschen aus allen Himmelsrichtungen. Viele haben Blumen in den Händen. Der Aufstieg zum Hügel wird aufgehalten, wenn sich eine Gruppe zum Foto zusammenstellt. Dabei sind Männer mit der Brust voller Orden, Männer mit Prothesen, Frauen, Kinder, Greise, alle im Sonntagskleid. Auf jedem Bild steht die Mutter Heimat schützend im Hintergrund; ihr zum Himmel aufragendes Schwert wird vom Bildrand geschnitten. Mit jeder Stufe werden die Gespräche leiser, oben reden nur noch die Toten. Der Weg führt an zwei Betonwänden vorbei, aus denen sich schwach, erst bei Herannahen erkennbar, Gesichter abheben, Schlachtszenen und Aufrufe, die in die Wand eingemauert, eingegraben oder gemeißelt sind. Die Friese, lang wie Häuserwände, gleichen zerschossenen Häuserwänden. Die Mauer wird zur steinernen Kulisse für ein schreckliches Schauspiel, das man nur zu einem einzigen Zweck abbilden darf: um jede Wiederholung zu verhindern.

Vom Hügel geht der Blick weit übers Land. Das Eis auf der Wolga ist gebrochen, es riecht nach Frühling. In der Ferne, hinter den Schornsteinen, breitet sich ein Blaugraublau aus, wie ich es nie vorher gesehen habe.

Mutter Wolga, die Breite, Behäbige, im ersten Frühlingslicht. Zwischen den Eisschollen glitzern die Wellen, als trügen sie lauter Silberrubel. Einem Maler würde man dieses blaustichige Bild ohne Frage als Kitsch anrechnen, aber der Natur sind solche Idyllen erlaubt.

In der Höhe ziehen die Kranichkeile nach Norden. Unser Volkslied von den fünf wilden Schwänen und das einzigartige Kranichgedicht von Rassul Gamsutow kommen mir in den Sinn. Sind die Soldaten, die hier rings um den Mamajew-Hügel begraben sind, nicht längst als Kraniche fortgezogen? In der strengen Formation ihres Flugkeils lassen die Vögel immer eine Lücke, immer bleibt ein Platz für die Seele eines Menschen, der die Erde hinter sich gelassen hat.

Abends gehe ich die Wolgatreppen hinunter. Unten am Fluß ist es ungleich stiller als zuhaus an der Elbe. Fast lautlos gleiten die großen Eisschollen, die Schiffe und Fähren vorbei. Einzelne Geräusche von der Stadt, Straßenbahnklingeln, Signale, heben die Ruhe nur hervor. Ich fühle mich geborgen und halb zuhaus. Es ist ein Geschenk, an einem Strom geboren und im Dunstkreis seines Wassers aufgewachsen zu sein. Am Strome leben, an der Elbe wie an der Wolga, das heißt, an der Fülle des Lebens teilzuhaben. Mehr als der Rhein hat die Elbe etwas von der Gemächlichkeit der Wolga, wenn es ihr auch an russischer Kraft und Breite fehlt. Drei Kilometer breit strömt hier bei Wolgograd die Zeit in die Ewigkeit.

3.

Der Veteran

Die Mühle von Stalingrad. Auf mich macht die gigantische Ruine einen unwirklichen Eindruck, bisher habe ich solche Zerstörungen eigentlich nur im Film und auf Bildern gesehen. Der Gedanke, daß dieses Mauerskelett einmal angefüllt war mit mehr als zehntausend Leichen beider Seiten, scheint unvorstellbar. Ein Veteran der Stalingrader Schlacht, Wladimir Belinski, führt mich um Pawlows Haus und um die Mühle, jene Gebäude, um die fast drei Monate lang Stein für Stein, Stockwerk für Stockwerk, Zimmer für Zimmer, gekämpft wurde. Der knochige alte Mann, dessen Augen viel freundlicher leuchten als alle übrigen Gesichtszüge, macht nicht viel Worte. Er erklärt den Schlachtverlauf mit stummen Gesten. Es kostet mich einige Mühe, mit ihm in ein Gespräch zu kommen, das über die Ereignisse von vor vierundvierzig Jahren hinausgeht. Ich erfahre, daß er noch ein halbes Jahr nach der großen Schlacht im Sommer 1943 am Kursker Bogen in deutsche Gefangenschaft geraten ist, fast zwei Jahre in deutschen Lagern verbracht hat und nur mit knapper Not der Vernichtungsmaschinerie der SS entgangen ist.

Alle Völker haben aus dem Krieg gelernt, auch die Bundesbürger, meint er. Ich melde Zweifel an und verweise auf die Haltung der CDU. Er widerspricht mir: „Ich glaube nicht, daß Strauß und die anderen kalten Krieger die Meinung des Volkes ausdrücken.“

Aber jeder zweite Westdeutsche gibt ihnen die Stimme, wende ich ein. Belinski nimmt meine Landsleute wieder in Schutz und gibt den Massenmedien und der falschen Erziehung die Schuld. Im Grunde ihres Herzens dächten die Bürger der Bundesrepublik anders.

Ich gebe zu bedenken, daß viele im Osten immer noch die rote Gefahr sehen und darum wenig von der Abrüstung halten. Er schaut mich fragend an, schüttelt mit dem Kopf und erklärt mich zu einem unverbesserlichen Pessimisten.

4.
Im Traktorenwerk

Beim Rundgang durch die Montagehalle des Wolgograder Traktorenwerkes stellt sich mir die Brigadeleiterin Raja Batitschewa in den Weg und nimmt mich in ihre starken Arme. „Gamburg", ruft sie, und „Thälmann!" Sie nimmt mit ihren Händen an mir Maß, um anzudeuten, daß Thälmann gewichtiger gewesen sei als meine Schmächtigkeit. Sie nimmt noch einmal Maß, sagt „Gerbert Mies" und gibt mir zu verstehen, daß auch der DKP-Vorsitzende mehr auf die Waage bringt als ich. Dann greift sie meinen Oberarm, um meine Muskelstärke zu prüfen. Ich sage kleinlaut, ich sei *Pisatel,* Schriftsteller, worauf Raja Batitschewa mir verständnisvoll die Stirn streicht und in gebrochenem, aber sprechendem Deutsch meint: „Pisatel hat Muskeln im Kopf!"
Die mich nach Arbeiterart gewogen, gewogen und zu leicht befunden, dann aber doch rehabilitiert hat, arbeitet schon 27 Jahre im Traktorenwerk, seit ihrer Schulentlassung. Acht Jahre lang schon als Brigadeleiterin. Daß sie eine Persönlichkeit ist, drückt sich bei ihr auch körperlich aus: sie hat Gewicht!
Zur Batitschewa-Brigrade gehören augenblicklich elf Mitglieder, acht Frauen und drei Männer, aber die Truppe arbeitet für zwölf. Das ist ziemlich wörtlich zu verstehen. Als das Werk während der Stalingrader Schlacht für die greifbar nahe Front Panzer statt Traktoren produzierte, wurden durch Granatbeschuß immer wieder Arbeiter am Arbeitsplatz getötet. Die Überlebenden übernahmen, um die Lücke zu schließen, den Arbeitsanteil der Gefallenen, sie arbeiteten für sich und die gefallenen Kameraden. Viele Wolgograder Brigaden halten an dieser Verpflichtung bis heute fest, sie setzen ihre Norm freiwillig so hoch an, als gehörten ihrer Mannschaft noch ein oder zwei Arbeiter mehr an, und überweisen den Lohn für ihre Ehrenmitglieder an das sowjetische Friedenskomitee. Das Ehrenmitglied von Rajas Brigade heißt Pjotr Tupikow; sein Bild, seine Lebensdaten – 12.1.1913 bis 26.12.1942 – und die Losung „Wir arbeiten für ihn" hängen an einer Tafel neben dem Arbeitsplatz der Elf.

Die Brigade arbeitet am Fließband. An der Taktstraße ist sie für die Montage der Vorderräder an einem bestimmten Traktortyp zuständig und vollverantwortlich. Sie hat während der laufenden Produktion acht Arbeitsplätze zu besetzen, an denen jeweils, im Durchschnitt alle vierzig Sekunden, ganz bestimmte und geschickte Handgriffe zu verrichten sind. Drei Arbeiter sind demnach, wenn die Mannschaft voll ist, freigestellt, sie können sich von den Anstrengungen erholen, ihren Kollegen Tee einschenken oder beim Heranreichen oder Herbeiholen notwendiger Materialien behilflich sein. Grundprinzip ist, daß die einzelnen Brigademitglieder so oft wie möglich, auch während der Schicht, ihren Arbeitsplatz miteinander tauschen, um am Fließband weder körperlich noch geistig abzustumpfen. Rajas Brigade, Inhaber eines vollen Dutzends von Prämien und Auszeichnungen, besteht schon seit dreizehn Jahren, aber sie war, seit vor acht Jahren die Fließbandfertigung aufgenommen wurde, an den verschiedensten Abschnitten in der Montagehalle eingesetzt. Auf Initiative der Gewerkschaft wechseln die Brigaden regelmäßig ihre Plätze, damit sie sich möglichst umfassende Kenntnisse von der gesamten Produktion aneignen und sich nicht an bestimmten Ecken der Taktstraße einigeln.
„Ist die Arbeit nicht eigentlich zu schwer für euch?" frage ich Raja und zwei andere Kolleginnen, die sich in der Samowarecke unter dem Tupikow-Bild einen Moment lang verpusten.
„Leicht ist sie nicht, man muß ganz schön auf Trab sein."
„Überfordert die Fließbandarbeit euch Frauen nicht?"
„Einen Pisatel wie dich vielleicht, aber uns nicht. Schwerstarbeit wie in der Testabteilung oder in der Färberei ist für Frauen nicht zugelassen. Eine Frau, die schwanger ist oder sich an kritischen Tagen nicht wohlfühlt, kann jederzeit um einen leichteren Arbeitsplatz bitten, zum Beispiel in der Verwaltung oder in der Küche. Das geht auch für einzelne Tage."
„Und ihr Frauen seit überall gleichberechtigt?"
„Wie meinst du das? Wir sind hier 12.500 Frauen von 28.000."
„Und Frauen sind überall? Unten und oben?"
„Was meinst du damit? Oben in der Verwaltung sind die meisten. Du fragst, ob auch Frauen in den Leitungen vertreten sind? Also, ich hier bin Brigadeleiterin. Es gibt bei uns acht Werkhallen, drei davon werden von Frauen geleitet. In der Direktion sind von fünf Leuten zwei Frauen, die sind hier beide im Traktorenwerk groß-

geworden. Mit der einen bin ich zusammen in der Berufsschule gewesen."

„Was macht euch an der Arbeit am meisten zu schaffen?"

„Der Lärm," sagt eine junge Frau. Raja meint: „Die Hitze im Sommer. Im Winter ist es hier ganz angenehm, um die achtzehn Grad, aber wenn wir wie im letzten Sommer wochenlang über dreißig Grad haben und die Sonne auf die Hallen brennt, dann reichen die Ventilatoren nicht hin und nicht her."

„Bekommt ihr alle den gleichen Lohn?"

„Nein. Wer länger arbeitet und eine höhere Qualifikation hat, kriegt natürlich mehr. Wer neu bei uns anfängt wie Wladimir, unser Benjamin, der erst seit drei Monaten zu unserer Truppe gehört und von uns Frauen erstmal aufgeklärt und angeleitet werden muß, hat als Facharbeiter im Monat ungefähr 160 Rubel, aber wer hier seine zwanzig Jahre arbeitet und sich immer höher qualifiziert, der schafft leicht das Doppelte. Nur die Prämien, die unsere Brigade bekommt, sind für alle gleich."

„Auch für die Brigadeleiterin?"

„Auch für Raja!"

„Und was hat so eine Brigadeleiterin zu tun?"

„Gäste wie dich gebührend begrüßen! Den Empfangschef spielen! Auf dumme Fragen kluge Antworten geben, wenn der Genosse Direktor durchs Werk kommt, die Gewerkschaftsleitung oder die Leute von der weißen Front, die Ärzte. Die schnüffeln hier dreimal am Tag herum, ob auch alles in Ordnung ist. Und dann renn ich selber oft genug im Werk herum, sorg dafür, daß die Nachbarbrigaden genauso prompt arbeiten, daß es mit der Zulieferung klappt oder daß der Krach im Werk nicht überhand nimmt."

„Und wie wird man Brigadeleiterin?"

„Man wird gewählt von der Brigade. Genaugenommen, sie verdonnern einen dazu."

An diesem Punkt erklärt Raja Batitschewa das Gespräch für beendet. Sie gibt mir zu verstehen, daß sie für einen *Pisatel* keine weitere Minute mehr erübrigen kann und sich fortan der Produktion von Traktoren widmen will. Gutwillig und bestimmt nimmt sie mich noch einmal in ihre breiten Arme, küßt mich breitmundig auf die Stirn und klopft mir zum Abschied, vermutlich aus Respekt vor meinen Kopfmuskeln, noch einmal kräftig auf die Schulter.

5.

Beim Direktor

Bei einem Werksdirektor war ich vorher nur einmal zu Besuch. 1967, am Beginn meiner Absetzbewegung nach links, verteilte ich vor den Hamburger Kampnagelwerken Flugblätter, um gegen die drohende Stillegung zu protestieren. Der Herr Direktor, der mich offenbar rasch als schwankendes, aber für seine Klasse noch nicht endgültig verlorenes Subjekt identifiziert hatte, sprach mich mit verblüffender Freundlichkeit an und lud mich zu einem Streitgespräch zu sich ins Direktionszimmer. Seine hübsche Sekretärin servierte uns belegte Brötchen, Kaffee und Cognac, und er redete besonnen und mit wohl dosierten Gegenargumenten auf mich ein. Kurzfristig brachte er mich tatsächlich ins Wanken, langfristig konnte der liberale Fabrikdirektor meine Flucht in die sozialistische Utopie allerdings nicht vereiteln.

Verglichen mit dem Kampnageldirektor ist Valentin Simjonow, Generaldirektor des Wolgograder Traktorenwerkes Feliks Dschersinsky, geradezu ein armer Mann. Sein Direktionszimmer ist nicht holzgetäfelt, sondern ziemlich einfalls- und geschmacklos mit seriengefertigten Kunststoffmöbeln eingerichtet. Nur der Schreibtischstuhl ist älteren Datums und vermutlich noch biedere Handwerksarbeit. Selbst die Blumen am Fenster sind aus Plastik und leuchten in unnatürlichen Farben. Auf dem Schreibtisch steht ein Lenin aus Gips, an der Wand hängt ein Teppich mit einem Breschnewporträt, ein Geschenk aus Mittelasien. Den Tee schenkt uns der Direktor selber ein; seine Sekretärin hat er zu einer Sitzung der Gewerkschaftsleitung beurlauben müssen. Während unseres Gespräches wird er ziemlich oft unterbrochen. Der Redakteur der werkseigenen Tageszeitung „Traktor“ reicht die neuste Ausgabe herein, der Leiter des Werksrundfunks meldet für die Mittagspause ein Interview an, jemand von der Gewerkschaft beschwert sich darüber, daß ein Zweigbetrieb schlechte Qualität geliefert hat.

Auch mit offenkundigen Belanglosigkeiten wird der Direktor behelligt. „Die Leute sind hier so,“ meint Simjonow, „sie sind

ziemlich temperamentvoll, und wenn irgendwo was schief läuft, heißt es gleich: das sag ich denen da oben! Das richtige Leitungssystem für einen 28.000-Mann-Betrieb zu entwickeln, ist gar nicht so einfach. Wir sind fünf Direktoren, aber wer eigentlich für was zuständig ist, geht manchmal schon durcheinander. Genau genommen, sind wir 21 Direktoren. Die Gewerkschaftsleitung besteht aus neun Kollegen, der Parteileitung gehören noch einmal sieben Genossen an, und alle wichtigen Fragen müssen wir natürlich zusammen mit der Gewerkschaft und der Partei entscheiden. Das ist, alles in allem, ein ziemlich komplizierter Vorgang."
Man merkt ihm an: unser Direktor ist nicht zum Werksleiten geboren. Sein Anzug ist nicht maßgeschneidert, sondern eine Nummer zu groß für ihn, seine Hände sind eher für den Umgang mit massigen Werkzeugen als mit Tintenkulis gebaut.
„Ich bin Jahrgang 1915, noch vor dem großen Oktober, in der alten Zeit geboren. Ich habe hier angefangen zu arbeiten, als die ersten Traktoren industriemäßig gebaut wurden, das war 1931. Damals haben uns noch amerikanische und deutsche Ingenieure und Meister über die Schulter gesehen. Unser erster Traktor – heute steht er in Moskau im Revolutionsmuseum – war ein wahres Ungetüm, mit einem Schornstein wie bei einer Lokomotive und mit Rädern, als wärs ein Raddampfer. Was wir damals in einem Jahr schafften, bringen wir heute an einem Vormittag zustande: zweihundert Traktoren. Vor vierzig Jahren hat die halbe Welt über unsere Dinosauriertypen Witze gerissen, heute sind wir das größte Traktorenwerk der Welt. Wir bauen vier Grundmodelle, die sich nach den bei uns vorherrschenden Bodenformen richten. Ein Modell für normalen Boden im Flachland, die anderen für steinige, gebirgige und sumpfige Gelände. Dazu kommen 64 Varianten; zum Beispiel für Reisanbau, für Teeplantagen oder für Baumwollfelder, da haben wir hochrädige Karentsmänner."
Vom Fenster aus zeigt Direktor Simjonow auf die fußballfeldergroßen Abstellflächen, auf denen tausende Traktoren aller Typen und Farben auf den Versand warten. „Die rotangestrichenen," erklärt er, „sind für den Transport in tropische Länder bestimmt. Wir haben gerade einen Spezialauftrag über 1800 Traktoren für Vietnam fertiggestellt, jetzt bauen wir dasselbe Modell für Indien. Seit 1930 ist die Produktion im Traktorenwerk ständig gestiegen, nur in den Kriegsjahren, als die Front zeitweilig übers Werksgelände lief, ist der Traktoren- zugunsten des Panzerbaus zurückge-

gangen. Absatzkrisen, Konjunktureinbrüche, Entlassungen hat es nie gegeben. Unsere Hauptaufgabe war immer nur: Wie können wir den gesteigerten Anforderungen aus unserer Landwirtschaft gerecht werden? Wo bekommen wir die Arbeitskräfte, vor allem die Facharbeiter und Ingenieure, her? Welche Methoden der Rationalisierung setzen wir ein, um die Produktion zu erhöhen?"
Ob die Rationalisierung, zum Beispiel die Einführung des Fließbandes, nicht zur Entlassung von Arbeitskräften führt, möchte ich wissen.
Der Direktor verneint. „Wir haben seit 1969 fünftausend Arbeiter neu eingestellt. Jetzt fehlen uns noch über tausend, und die versuchen wir nun irgendwie herbeizulocken."
„Mit welchen Mitteln?"
„Anzeigen und Plakate, das sind die konventionellen Formen, aber damit kommen wir nicht weit. Das wichtigste Lockmittel ist unser soziales Angebot. Immerhin haben wir im Werk ein ganzes Kinderkombinat mit 29 Kindergärten und Krippen, wir haben achtzehn Kantinen, Cafés und Erholungsräume quer übers Werksgelände verstreut, einen Kulturpalast, so groß wie das Bolschoitheater, ein eigenes Fußballstadion, ein Krankenhaus mit einer Entbindungsstation, ein eigenes Jagd- und Erholungsgebiet an der Wolga und als neueste Errungenschaft eine sogenannte Prophylaxe, eine vorbeugende Kurklinik mit Sauna und Schlammbad. Das hört sich toll an, aber die Konkurrenz ist groß, und die neueren Werke hier, vor allem die Chemiebetriebe, haben noch einiges mehr zu bieten als wir. Da müssen wir uns sputen. Ich mußte dieses Jahr den Sozialetat noch einmal um 550.000 Rubel aufstocken, damit wir unsere Leute halten können."
„Ehrlich gefragt, Genosse Direktor, sind das keine Potemkinschen Dörfer? Stehen diese schönen Dinge in Wirklichkeit nicht auf dem Papier, in Werbeanzeigen und Propagandabroschüren?"
„Sie stehen auf dem Papier, Genosse Zweifler, und da haben sie unsere Arbeiter immerhin schwarz auf weiß. Die Direktion und die Gewerkschaftsleitung schließen jedes Jahr einen Kollektivvertrag, und den händigt die Gewerkschaft jedem Arbeiter aus. Hier" – der Direktor drückt mir ein Exemplar in die Hand, es sieht aus wie eine Art Laienbrevier mit einer Anleitung zum Beichten – „steht Punkt für Punkt drin, welche Prämien dem einzelnen zustehen, wie hoch der Lohn ist, welche Maßnahmen

für den Gesundheitsschutz vereinbart sind, wieviel die Werksleitung für einen Krippenplatz einsetzen muß, wann es Anspruch auf einen kostenlosen Kuraufenthalt gibt oder – das ist jetzt neu – bei welcher Lärmbelastung die Produktion unverzüglich gestoppt werden muß, wenn keine Abhilfe geschaffen wird. Insgesamt 113 Einzelpunkte, und die haben hier im Traktorenwerk Gesetzeskraft. Wehe mir, wenn ein Arbeiter wie im letzten Winter mit dem Vertrag in der Hand zu mir gerannt kommt und auf Punkt 67 verweist: Mindesttemperatur vierzehn Grad, und wir haben nur zwölfeinhalb in der Halle! Draußen sind aber Minus Sechsundzwanzig. Da kommt unsereins ins Schwitzen, wenn wir verhindern wollen, daß die Kollegen die Brocken hinschmeißen."
„Ich denke, es gibt kein Streikrecht."
„Nein, bei uns haben die Arbeiter alle Rechte. Um ihren Willen durchzusetzen, brauchen sie keinen Streik. Als es in Halle fünf zu kalt war, gab es dort eine solche Empörung, daß die Temperatur schon darum um einige Grade höherstieg. Und ich mußte über Nacht die Halle mit Zeltplanen abdecken, um damit eine zusätzliche Wärmeisolierung herzustellen."
Die Werkssirene heult zur Mittagspause. Zusammen mit dem Direktor gehe ich hinunter zur Kantine für die Verwaltungsangestellten und stelle mich in einer der fünf Schlangen an – fünf Essen gibt es zur Auswahl. Der Direktor sucht das Beste für mich aus, einen Gemüsetopf mit Kalbfleisch, ein Spezialgebot für die Schwangeren – immerhin gehe ich mit einem Buchprojekt schwanger.

6.

Das Gewissen der Produktion, die Partei

Das Büro des Parteileiters ist haargenau so eingerichtet wie das des Generaldirektors: Kunststoffmöbel, Plastikblumen, der kahle Schreibtisch mit der Leninbüste, alles gleicht wie ein Serienprodukt dem andern. Genosse Belimow steht unter Druck, er hat nur Zeit „für einen höflichen Tee nach dem Mittagessen". So jedenfalls übersetzt mir Dimitri seine Worte.

„Welche Aufgaben hat die Partei im Betrieb?"

„Sie ist überall auf Wacht, sieht nach dem Rechten, sie ist das Gewissen der Produktion."

„Hat denn die Partei bei euch immer Recht?"

„Wer sonst? Wir sind ein Kollektiv von 4869 Genossen. Und wenn diese Mannschaft sich eine Meinung bildet und zusammen eine Entscheidung trifft, dann stehe ich zu dieser Entscheidung, dann halte ich diese Entscheidung für richtig. Nimm unsere Leitung, den Vorstand unserer Betriebsparteiorganisation, 40 Genossinnen und Genossen, das sind Arbeiter aus der Produktion, Männer und Frauen, zusammen 28, fünf kommen aus dem Angestelltenbereich, drei sind Ingenieure, einer gehört zur Direktion, drei sind Mitglieder der Gewerkschaftsleitung. Die Direktion sieht die Dinge aus ihrer Sicht, die Gewerkschaft achtet vor allem auf ihre Belange, wir haben den größten Überblick. Unsere Partei überblickt nicht nur hier das Traktorenwerk, wir haben das ganze weite Land im Auge, und wir können die Erfahrungen von Millionen anderen Genossen mit einbringen."

„Habt ihr denn nie Fehler gemacht?"

„Keine Frage, wir haben auch Fehler gemacht. Wo sollten wir auch lernen? Ford hat uns 1930 nur die Motorenpatente geliefert. Wir mußten Lehrgeld zahlen. Wir haben immer dann Fehler gemacht, wenn wir in komplizierten Situationen unsere Genossen und alle anderen Kollegen unzureichend informiert haben. Es gab auch politische Fehlentscheidungen."

„Und wie lassen sich für die Zukunft Fehler vermeiden?"

„Zum Beispiel dadurch, daß man aus den Fehlern der Vergangenheit lernt. Eine Entscheidung ist, glaube ich, dann umso richtiger, je mehr Genossen an ihr beteiligt werden. Einer kann irren, zehn können irren, aber wenn 4869 Genossen befragt werden und zu Wort kommen, fließen ihr Wissen, ihre Erfahrung, ihr Bewußtsein mit ein, und das Risiko eines Irrtums, einer Fehlentscheidung verringert sich gesetzmäßig."

„Haben die Kommunisten Privilegien im Betrieb?"

„Das kann man schon sagen. Sie haben die meiste Arbeit, von ihnen wird am meisten verlangt. Sie werden bei der Wahl des Arbeitsplatzes bevorzugt: wo's brenzlig wird, wo es Rückstände

gibt, Ausfälle, Qualitätsmängel, da schicken wir die Kommunisten vor, da muß die Partei die Sache in Ordnung bringen. Man kann sagen, an allen kritischen Punkten, da wo Entscheidungen fallen, müssen die Genossen an die Front. Das ist hier so wie überall auf der Welt. Drückeberger, Feiglinge, Kriecher haben in der Kommunistischen Partei keinen Platz, bei uns nicht."
„Du verstehst die Partei als eine Art Ordnungstruppe, um den Betriebsfrieden zu wahren?"
„Was heißt Betriebsfriede? Wenn du damit den Trott, die Routine in der Produktion, den Kombinatspatriotismus, das Denken bis zum Feierabend meinst, dann gehen wir mit Entschiedenheit gegen solchen falschen Frieden vor. Wir sorgen überall im Werk für schöpferische Unruhe, wir packen die Probleme an und suchen nach Abhilfe. Und jetzt, Genossen, müßt ihr mich entschuldigen, ich muß gleich zu einer Beerdigung und für einen alten Genossen, der seit 1930 bei uns im Werk war, die Trauerrede halten. So ist das bei uns, die Partei läßt dich erst los, wenn du schon gar nicht mehr auf der Erde bist. Und so wie ich unsere alten Bolschewiken kenne, haben die oben im Himmel auch nichts Besseres zu tun, als da eine Parteiorganisation zu bilden. Und sie täten es auch in der Hölle, illegal natürlich."

7.

Ein Gespräch über Träume

Ich werde durch alle Räume und Einrichtungen der Wolgograder Berufsschule für Elektrotechnik geführt. Ohne Frage: an der Ausstattung gibt es nichts auszusetzen, die Geräte sind auf dem neuesten Stand. Das Starkstromlabor flößt mir mehr Angst als Respekt ein, als Kind vom Dorf ist mir jede Form der Elektrizität vom Gewitter bis zum Magneten unheimlich geblieben. Mir hat in der Schule keiner den Umgang mit Strom beigebracht.
Nach der strapaziösen Führung durch die Vorzeigeschule bekom-

me ich Lust, hinter die Fassaden zu blicken; ich nutze das Gespräch über die polytechnische Berufsausbildung, zu der mich die Klasse 30 c für Rundfunk- und Fernsehtechnologie eingeladen hat, zu einigen unprotokollarischen Fragen. Ich merke rasch, daß meine Neugier bei den Lehrern und beim Schuldirektor mehr Peinlichkeit auslöst als bei den Schülern. Ich bitte meinen Dolmetscher darum, sich ein paar Worte zu meiner Entschuldigung auszudenken. „Womit verbringt ihr eure freie Zeit?" frage ich die dreizehn Mädchen und Jungen. Die Antworten sind sehr unterschiedlich: Lesen, Schallplatten hören, wandern, ins Kino gehen, drei haben ein Motorrad, zwei angeln gern. „Am liebsten gehe ich tanzen," sagt einer, „aber das ist ja meistens Glückssache."

„Warum?"

„Weil die Säle einfach zu voll sind. Es gibt einfach zu wenig Clubs, wo wir unsere Musik hören können, Rock, Beat, Soul, was gerade modern ist, wo wir unter uns sind und tanzen können. Im Betrieb, da spielt jeden Abend eine Jugendkapelle, aber ich möchte auch mal woanders hin."

Freizeitprobleme auch in Wolgograd. Nach einigem Räuspern bestätigt das auch der Direktor. Wolgograd sei während des Krieges bis auf die Keller zerstört worden, und beim Wiederaufbau sei zuerst an Fabriken und Wohnungen gedacht worden. Jetzt werde vor allem die Eigeninitiative gefördert. Komsomolgruppen von Schulen und Betrieben erhalten vielfältige Zuschüsse, um sich Clubräume nach eigenem Geschmack einzurichten.

Ob alle schon einen festen Freund oder eine Frendin haben, möchte ich von den Siebzehnjährigen wissen. Einige erröten sichtlich, ungefähr die Hälfte nickt schließlich mit dem Kopf.

„Und nicht nur zum Spazierengehen?"

Meine Frage löst nachsichtiges Gelächter aus. Ein Mädchen klärt mich auf. Mir sei offenkundig nicht bekannt, daß das Heiratsalter der Mädchen in Wolgograd bei neunzehn Jahre liege und daß man in der Sowjetunion auf alle Lebenssituationen einigermaßen gründlich vorbereitet wird. Neuerdings gebe es sogar eine Eheschule und eine sexualhygienische Beratungsstelle. Ein Attest für die Pille gebe es ziemlich leicht.

„Habt ihr mitunter Schwierigkeiten und Auseinandersetzungen mit euren Eltern?" Die Schüler überlegen, einige verneinen, aber als einer meint „Doch, das kommt vor!", stimmen ihm die meisten zu. „Unsere Eltern," erzählt ein Mädchen, „liegen uns immer in den Ohren: ‚Als wir so alt waren wie ihr, waren wir dankbar für jedes Stück Brot. Getanzt haben wir nur am 8. Mai, dem Tag des Sieges.' Sie sagen: ‚Ihr stellt zu hohe Ansprüche!'" „Wer hat recht?"

„Dumme Frage," antwortet ein junger Mann, „sicher haben sie recht, wenn sie sagen, als sie so alt waren wie wir, waren sie froh über jeden Brotkanten. Aber das ist doch kein Argument, wenn ich mir ein Motorrad kaufen will. Wir können doch da nicht anfangen, wo unsere Eltern 1945 angefangen haben, oder unsere Großväter 1917 bei der Oktoberrevolution."

Der Chefideologe der Klasse meint: „Unsere Lehrer sagen immer, daß es bei uns keinen Generationenkonflikt wie im Westen gibt. Das stimmt, wir führen keinen Klassenkampf gegen die ältere Generation. Aber wir gehören doch ganz verschiedenen Generationen an, wir sind auf dem Weg zum Kommunismus einen ganzen Schritt oder mehrere Schritte weiter gekommen, da stellen wir einfach höhere Ansprüche."

Ansprüche: das ist offenbar ein Reizwort der aktuellen Diskussion. Die Zeit des Aufbau-Kommunismus geht zu Ende. *Wie der Stahl gehärtet wird* ist nicht mehr die einzige Devise. Die nach 1945 Geborenen und im Frieden Aufgewachsenen stellen neue und höhere Anforderungen, moralisch und materiell. Sie verzichten nicht mehr um des Verzichtes willen. Darum müssen sie von den älteren Sowjetbürgern nicht selten Vorwürfe einstecken.

Meine letzte Frage an die Berufsschüler ruft mehr Verlegenheit und Ratlosigkeit hervor als die klassischen Zum-Rot-Werden-Fragen: „Was versteht ihr persönlich unter Kommunismus?"

„Kommunismus, das ist die höchste Form . . ." „Nein," unterbreche ich den Chefideologen, „ich meine die Frage anders, ich möchte gern eure ganz private Ansicht hören."

„Frieden überall auf der Welt", antwortet schließlich der erste.

„Satt zu essen für alle Menschen," ergänzt ein anderer. Jemand wirft ein: „Der Mensch lebt nicht vom Brot allein. Glück und Liebe gehören dazu."

„Und daß man allen vertrauen kann, daß jeder dem anderen Freund und Genosse ist," sagen andere. Einer ruft in den Raum: „Aber die Mutter Heimat auf dem Mamajew-Hügel darf nicht fehlen." „Warum?" „Weil man wissen muß, woher alles kommt und daß alles, was wir haben, bezahlt wurde mit Blut und

Schweiß."
„Wärt Ihr bereit, wie die Kämpfer von Stalingrad für den Kommunismus zu sterben?" Im Klassenzimmer breitet sich Stille aus, verlegene Stille, die Gesichter neigen sich nach unten. Endlich steht ein Mädchen auf und sagt beinahe feierlich: „Um ehrlich zu sein, das Sterben kann ich mir im Augenblick nicht vorstellen, das hat auch noch niemand von mir verlangt. Aber wenn jemand mich auffordern würde, komm mit nach Nurek, komm zur BAM, arbeite mit an einer Großbaustelle des Kommunismus, würde ich auf der Stelle Ja sagen."

8.

Gastfreundschaft, georgisch

In Tbilissi empfängt mich Guram Buchnagaschwili. Ich weiß nicht, ob der Name so stimmt, aber in Georgien enden ohnehin alle Namen auf -wili. Jedenfalls kommt mir das so vor. Sein Redeschwall hört sich, wenn er georgisch spricht, für mich so an, als ahmte er entweder das Rauschen eines Wasserfalls oder das Stampfen einer Dampflok nach. Aber selbst auf deutsch übertrifft er die durchschnittliche Sprechgewindigkeit eines Ostfriesen um das Mehrfache. Von Beruf ist er Lehrer für deutsche Sprache, nebenher betätigt er sich als Dolmetscher und Übersetzer. Er hat gerade die *Katharina von Georgien* in die Nationalsprache übertragen, den voluminösen Barockschinken des Andreas Gryphius. Die Tragödie, in Deutschland seit drei Jahrhunderten nicht mehr in Szene gesetzt, soll demnächst in Tbilissi erstaufgeführt werden.
An der deutschen Kultur nimmt man in Georgien, das auf russisch Grusien heißt, nicht nur archivalischen Anteil. Auf dem Programm des Rustaweli-Theaters, das gerade von einer BRD-Tournee zurückgekehrt ist, steht zum Beispiel Lessings *Nathan der Weise;* die Legende vom toleranten Juden weist erstaunliche Par-

allelen zur grusischen Geschichte auf, in der sich Jahrhunderte lang Orient und Okzident, Christentum, Islam und alttestamentarischer Judenglaube friedlich, ohne Blutvergießen, begegnet sind. Erfolgsstück ist gegenwärtig Brechts *Kaukasischer Kreidekreis,* der eigentlich hier, jenseits des Kaukasus, zuhause ist. Brechtkenner halten die Tbilissier Aufführung für so gelungen, daß sie ihr den Vorrang gegenüber dem Modell des Berliner Ensembles geben.
Mit den Dichtern haben sie es in Georgien, allen voran aber mit einem, nach dem in Tbilissi nicht nur das Haupttheater, die Hauptstraße und der Hauptberg genannt sind, mit Schota Rustaweli, dem Schöpfer des mittelalterlichen Epos vom *Recken im Tigerfell.* Er ist allgegenwärtig, wohin man sich auch begibt. Ob in der Universität, in der Hauptpost, in der Teestube, im Hotel oder im Kaufhaus, als Büste, Relief, Plakette, Intarsie, Porzellanschmuck oder Abzeichen, als stolzes Denkmal, aus Stein gehauen, aus Metall gegossen oder Holz geschnitzt, allgegenwärtig ist sein scharf geschnittenes Antlitz, Bart und Pelzmütze auf gleiche Weise gekräuselt, mit dunkel skeptischem Blick und dreifach gefalteter Stirn. Die Verse des Dichters stehen auf den Lehrplänen aller Schulklassen, auf den Plaketten von Cognacflaschen, an Litfaßsäulen und Anschlagtafeln, über den Zeitungen, auf den Lippen Betrunkner und Verliebter . . .
Georgien ist als Kulturnation zweieinhalbmal so alt wie Deutschland. Wer, von Guram sachkundig geführt, den Berg des Heiligen David erklimmt, überblickt runde eintausendsechshundert Jahre, schaut auf mindestens drei Kulturkreise und Epochen herab. Da ragen, von der Geschichte kreuzweis und -fidel aneinandergerückt, antike Kirchenkuppeln, mittelalterliche Burgstücke, neugotische Kathedralen, orthodoxe Zwiebeltürme, islamische Moscheen und Minarette, Synagogen und Lenindenkmäler, schlanke Zypressen und Fabrikschornsteine in den Himmel, als fände hier eine architektonische Demonstration friedlicher Koexistenz statt. Hoch über der Stadt thront, gegenüber dem spindeldürren, gertenschlanken Fernsehturm, die silberne Statue der Mutter Georgiens, in der einen Hand, für die Feinde, das Schwert, in der anderen Hand, für Freunde, Genossen und Gäste, die Schüssel.
Schüsseln werden mir an diesem Abend dutzendweise gereicht, bis an die Grenze dessen, was ich leibseelisch verkraften kann. Ich helfe mir auf kindliche Weise: eine gesalzene Knoblauchzehe für

den Hauswirt, eine Schale Hammelfleischsuppe für die Genossen in Eppendorf, einen Rettich für den proletarischen Internationalismus, ein Stück Weizenfladenbrot für die Genossin mit dem semmelblonden Haar . . . Mir zur Ehre spielt die Kapelle mehrere Musikstücke von Johannes Brahms, und wenn all die Trinksprüche, die während der Eßzeremonie auf mich ausgebracht werden, auch nur zu einem Hundertstel erfüllt werden, habe ich für die nächste Zukunft hundert Frauen, dreihundertsechsundneunzig Kinder, tausendundeine Liebesnacht, sechzehn Reisen nach Tbilissi, alle Sorten von Revolutionen und siebenundzwanzig Milliarden Friedensjahre zu erwarten. In grusischen Trinksprüchen wird das Glück von Millionen Lichtjahren vorweggenommen, werden ganze Menschheiten miteinander verkuppelt, wird der rote Stern in das Milchstraßensystem einbezogen.
„Ich erhebe," erhebt sich Guram zum siebenundachtzigsten Mal von seinem Stuhl, „mein Glas auf die, die dich liebt, auf daß sie dich immer lieben möge, auf ihre Augen, auf den Augenbrauenbogen darüber, auf ihre allerzierlichsten Wimpern, auf ihre Nasenspitze, daß sie zärtlich über deine Denkerstirn gleite, wenn immer du danach begehrst, auf ihren honigfließenden Mund, daß er dir Seligkeit verleihe bis an das Ende der Tage, auf ihren schlanken Hals, auf jene ebenmäßigen zweifachen Erhebungen, gegen die der Berg des Heiligen David vor Scham im Erdboden verschwinden muß, auf jenen Hafen des Glücks, in den du gelangst, wenn du durchs rote Meer ins gelobte Land fährst. Auf dein allerserstes Kind will ich trinken, auf eine regelrechte Bevölkerungsexplosion in Hamburg-Eppendorf, auf das Wohl deiner Genossen in der Bundesrepublik, auf alle, die den Frieden lieben." Damit leitet er zum internationalen Teil des Trinkspruches über und bekundet seine trunkene Verbundenheit mit allen, die zwischen Santiago und Wladiwostok, zwischen Hamburg und Haiti, für den grusinischen Sozialismus eintreten.
Wer weinselig wie ich, angefeuert von tausend Trinksprüchen, vollgestopft mit unfrommen Wünschen, nach Mitternacht mit der Zahnradbahn in die Stadt hinabsinkt und -singt, sieht in fast jedem Weibe Helena, jene antike Kopfverdreherin, in deren Adern vielleicht sogar georgisches Blut pulsierte. Auch ohne erhöhten Blutalkoholspiegel fällt es nicht schwer, in den Straßen Tbilissis am späteren Abend einen Hauch Paris zu spüren. Während in Moskau spätestens um neun der Spasskiturm mit seinem Zappen-

dustergeläut die lange Nacht verkündet, öffnen hier zur selben Zeit die Straßencafés, -teehäuser und -restaurants zum zweiten Mal ihre Pforten, die Mädchen öffnen die oberen Knöpfe ihrer Mäntel, Pullover und Blusen, die Bibliotheksbesucher schließen ihre Bücher, um das Leben zu erforschen. Die Männer sehen ausgesprochen stolz aus, stolzer noch als unsere türkischen Freunde. Sie tragen, zumindest nach Feierabend, geschniegelte Oberlippenbärte, schwarze Anzüge und blitzblank geputzte Schuhe. Leuchtreklame schreibt das Wort „Frieden" in die Nachthimmel. Die flammenden, flüchtigen Buchstaben der georgischen Schrift sehen aus wie die Flammenschrift aus dem alten Babylon.

9.

Ein Atelierbesuch

Fast fühle ich mich in einen vorrevolutionären Harem versetzt, in ein regelrechtes Lustschloß. Von einer Seite fällt in das Atelier kübelweise milchiges Sonnenlicht, von den drei übrigen Seiten blicken lauter schöne Frauen auf mich herab, nackt, mit prallen, orientalisch aufrechten Brüsten. Schönheiten, wie ich sie Lado Gudiaschwili auf den ersten Blick überhaupt nicht zutraue. Der Maler erinnert mich in seiner gnomenhaften Kleinheit und in seiner wieselartigen Behendigkeit immerfort an Molières *Geizigen,* so wie ihn der unvergessene Josef Offenbach zeitlebens gespielt hat. Das ganze Atelier scheint förmlich vor Sinnlichkeit überzuquellen. Was sage ich Atelier! Lado Gudiaschwilis Werkstatt besteht aus sieben ineinander übergehenden Prunksälen, in denen vor der Revolution ein russischer Großfürst seine Winterresidenz hatte.

„Wir sind die Erben der Fürsten," sagt der Zweiundachtzigjährige. „Was früher nur der höchste Adel für sich in Anspruch genommen hat, Reichtum, Prunk und Sinnlichkeit, das gehört heute dem Künstler und es gehört dem Volk, weil ich als Künstler zum

Volk gehöre. Ich zeige dem Volk, wie schön die Welt ist, damit es sich alles aneignet, was schön ist.“

Was der Maler sagt, klingt einfach, mitunter geradezu simpel, aber hinter seiner Lebenserfahrung steht ein komplizierter Entwicklungsweg. Lado Gudiaschwili hat um 1910 im traditionellen, fast kolonialen Stil Georgiens zu malen begonnen: Kirchen, das alte Tiflis, die nationalen Legenden. Als die Oktoberrevolution 1919 nach Grusien kam, floh er nach Paris, im Glauben, jetzt machten die Bolschewiken ein für allemal Schluß mit der nationalen Kultur, mit der Freiheit des Künstlers und mit der Bildenden Kunst insgesamt. Im Westen machte sich der Georgier rasch einen Namen, Dissidenten waren schon damals gefragt. Seine Pariser Ausstellung 1925 erregte fast weltweites Aufsehen, die Verbindung von westlichem Modernismus und orientalischer Strenge wurde als künstlerische Sensation empfunden. Zum Entsetzen seiner Förderer packte Gudiaschwili jedoch ein Jahr später seine Koffer und ging zurück in seine Heimat; in Frankreich und Amerika wurde es schnell wieder still um ihn.

Im Jahr seiner Rückkehr malte er zum ersten Mal eine unbekleidete Frau. „Das hatte ich nicht in Paris gelernt, wo es billige und teure Akte an jeder Straßenecke in Hülle und Fülle gab. Nein, ich habe das Bild gemalt, weil mich die Befreiungsideen der Oktoberrevolution dazu inspiriert haben. Was war damals los, hier an der Grenze zwischen Europa und Asien! Jenseits des Kaspischen Meeres legten die Frauen zu Tausenden ihre jahrtausendealten Schleier ab, zu Hunderten wurden sie dafür erschlagen, der Brautkauf und der Brautraub wurden verboten und gewaltsam unterdrückt, die Frauen lernten zu lesen, zu schreiben, in der Fabrik zu arbeiten, ihr Gesicht zu zeigen und zu lieben. Wie sollte ich als Künstler diesen revolutionären Prozeß darstellen? Ich malte eine Frau so, wie sie vor uns steht, so als wäre sie eben neu geschaffen worden. Und ich hatte das Gefühl, als müßte die Erde beben.“

Die ersten Frauenbilder Gudiaschwilis sind noch heute im Atelier zu sehen. Sie sind von scheuer, verhaltener Schönheit. Der Betrachter spürt etwas von dem Erschrecken des Liebenden, der seine Geliebte zum ersten Mal unbekleidet vor sich sieht. Es sind Akte ohne Erotik, die Sinnlichkeit kommt erst Jahre später zu ihrem Recht. Fünfzig Jahre lang bleibt die befreite Frau das große Thema des Malers. Auch das neueste Bild, „Die Gefangenschaft", das er gerade fertiggestellt hat, stellt eine Frau dar, die von Dämonen gehetzt wird und sich mit einem Keuschheitsgürtel und einem Schloß vor dem Schoß vor ihren Verfolgern schützen möchte. Ein Bild, das dem Epos vom *Recken im Tigerfell* entlehnt ist, aber zugleich Bezüge zur weltweiten Diskussion um Abtreibung und Empfängnisverhütung herstellt. Vor zwei Jahren malte Gudiaschwili das Monumentalbild *Die Giganten führen ein Mädchen zur Hochzeit,* in dem er im Motiv des Brautraubes noch einmal das jahrhundertealte Los der Frau in Erinnerung ruft, ein Los, das nicht die feministische Bewegung, sondern die Oktoberrevolution einfürallemal beseitigt hat. Eines der schönsten Bilder, noch während der Zeit Stalins gemalt, wenn auch erst vor zehn Jahren öffentlich ausgestellt, zeigt ein Liebespaar in kosmischer Landschaft, ein Symbol dafür, daß die Liebe zwischen Gleichberechtigten Zeit und Raum überwindet, Sternezeiten und Weltenräume.

„Mit all dem, was ich gemalt habe und male, war ich gewiß nie ein offizieller Vertreter des offiziellen sozialistischen Realismus, andererseits bin ich nie wegen meiner Malweise behelligt worden. Für das einzige, was mir passiert ist, bin ich noch heute dankbar: dreißig Jahre lang bin ich von Orden und Kunstpreisen verschont geblieben und von den Besserwissern unter den Kunstkritikern zufrieden gelassen worden. Heute bin ich alt und weise genug, da kann mir kein Nationalpreis mehr zu Kopf steigen."

Als ich nach mehreren Stunden, nach Gesprächen, Bildbetrachtungen und Teezeremonien, das Atelier des Künstlers verlasse, habe ich das Gefühl, daß mir die Augen ein Stück weiter aufgegangen sind. Nicht immer ist allein die Fülle dessen, was man zu sehen kriegt, von Belang. Viel wesentlicher ist, daß einem die Augen geöffnet werden und das Sehen beigebracht wird. Mein Russisch ist so bescheiden wie Gudiaschwilis Deutsch, aber ich möchte ohne Dolmetscher zu ihm sprechen und sage deshalb einfach „Otschen choroscho!" Der Alte blickt mich an, und ein verschmitztes Lächeln geht über sein würdevolles Gesicht, als er in knarrendem Deutsch, mit rollendem R antwortet: „Großen Dank!"

10.

An einem denkwürdigen Ort

Gori, Regierungsbezirk Tbilissi, ein historischer Ort. Die Gegend, gebirgig und schroff, war zweieinhalb Jahrtausende lang Zankapfel ausländischer Mächte. Griechen und Römer, Mongolen und Türken, Russen und Engländer haben das Land ausgeplündert, der Waldreichtum ging schon vor Christus verloren, die aus der Antike stammenden Bewässerungsanlagen zerstörte Tamerlan. 1801 wurde Georgien dem russischen Zarenreich als Kolonie einverleibt. Gesetze, die in Rußland Schritt für Schritt erkämpft wurden, wie die Abschaffung der Leibeigenschaft, hatten hier keine Gültigkeit. Die Bewohner waren als Angehörige eines Fremdvolkes rechtlos.

1879 war in Gori die Herrschaft des Mittelalters, repräsentiert durch den Feudaladel und die Geistlichkeit, ungebrochen. Grusien war ein Teil der Welt, die wir heute die dritte nennen, nur gab es damals, acht Jahre nach der Niederlage der Pariser Kommune, die zweite, die sozialistische Welt allenfalls in den Träumen der Unentwegten; die erste, barbarische, imperialistische Welt triumphierte noch unangefochten. In der Gegend von Gori sah es aus wie heute noch in großen Teilen der benachbarten Türkei, in Syrien und Pakistan.

Daß hier in Georgien und anderswo die Zeit nicht stehen geblieben ist und ein gutes Stück jener alten Weltordnung über den Haufen geworfen hat, dafür sorgte nicht zuletzt jener Georgier, der sich als Revolutionär *der Stählerne* nannte und sich zum Lebensziel setzte, die Diktatur der Zaren, der Not und der Gewalt durch die Diktatur des Proletariats zu überwinden. Stalin wurde 1879 in Gori geboren, drei Tage vor Weihnachten, mitten im kalten Winter.

Gori liegt auf dem Wege zu unserem Ziel, der Kolchose Samokedi, und es gelingt mir, meine Begleiter zu einem kleinen Zwischenaufenthalt zu überreden. Zu besichtigen ist die Geburtsstätte freilich nicht, sie wird gerade renoviert. Jesus Christus hätte kaum ärmlicher geboren werden können, das Geburtshaus *des*

Stählernen ist eine unscheinbare Hütte aus Holz und Stroh, aus Lehm und selbstgebackenem Stein, mit winzigen, kaum kniehohen Fenstern, aus denen die Armseligkeit stiert.
Stalins Geburtshaus war eine Schusterwerkstatt. In einem einzigen Raum reparierte der Vater Schuhe, wuchs die vielköpfige Kinderschar auf, wurde gehungert, gegessen und auf dem Fußboden geschlafen. Der Vater, berichtet Guram, verfolgte das Kind mit unbeschreiblicher Brutalität. Je stiller der Junge die endlosen Prügel des Trinkers ertrug, je weniger er weinte, desto wilder wurde die Wut des Alten. Schließlich beschloß Dschugaschwili, daß es wenigstens sein Sohn zu etwas Besserem bringen müsse, und schickte ihn ins Priesterseminar. Die georgischen Priesterschulen standen auf niedrigstem Niveau und behandelten ihre Zöglinge wie Rekruten. Mit Gewalt wurde Stalin noch als Kind ins Kloster verbracht, mit List gelang es dem Sechzehnjährigen, der geistlichen Sklaverei, der heimischen Schusterei und der georgischen Barberei zu entkommen.
Welch ein Weg nahm hier seinen Anfang! Ich wünschte, jene Experten, die uns heute mit einer Geschichte des Stalinismus nach der anderen zu Rate kommen und über die Sowjetunion reden, als hätten sie selbst mindestens siebzehn Revolutionen erfolgreich beendet, hätten sich hier einmal etwas gründlicher umgesehen. Nicht alter Legenden wegen, nein, nur, damit sie begreifen, was es heißt, ein Sechstel der Erde, das Jahrtausende lang in Barbarei und Elend daniedergelegen hat, in einem Menschenalter zu dem fortgeschrittensten Teil des Erdballs zu machen. Stalin, der hier in Gori in einer Schusterwerkstatt und einer kirchlichen Zuchtanstalt groß wurde, ist ein Stück in diesem gewaltigen, weltverändernden Prozeß. Er läßt sich nicht einfach wegdenken. Vor welcher Wahl stand die Sowjetmacht, als der Stählerne die Führung übernahm? Vor der Wahl zwischen einer blutigen oder einer abgehackten Hand. Vor der Alternative, im Schmutz zu ersticken oder sich die Hände schmutzig zu machen. Der Weg aus der Barbarei ist kein Spaziergang über die seligen Gefilde marxistischer Theorie, er trägt mitunter selber barbarische Züge. Der Kommunismus fällt nicht vom Himmel. Menschen bauen ihn auf, keine Engel. Aber gerade darin steckt das Große.
Die Sowjetbürger sehen Stalin mit anderen Augen als wir. Die Zeit Stalins, das waren für sie die schwersten Jahre, geprägt von den Mühen der Ebene, die eigentliche Periode der Bewährung

und der Entbehrung. In diese Zeit fiel der faschistische Überfall, fiel der Große Vaterländische Krieg, in der die Sowjetmacht die Zukunft der ganzen zivilisierten Menschheit auf ihren Schultern trug, fiel der Versuch der atomaren Erpressung durch die USA, eine Epoche, die ihre eigenen Zwänge besaß.
„Stalin", sagt Guram, „das ist Vergangenheit. Und das ist gut so."
„Glaubst du, daß es noch heute Lager gibt?"
„Nein, das glaube ich nicht. Gefängnisse gibt es, sicher, aber keine Lager mehr."
„Hältst du es für denkbar, daß politisch Andersdenkende in psychiatrische Kliniken gesperrt werden, um sie aus dem Verkehr zu ziehen?"
„Unmöglich. Was ist normal, was ist verrückt? Die Antwort hängt offenbar nicht nur vom einzelnen, sondern auch von der Gesellschaftsordnung ab. Bei euch ist es normal, daß um des Profites willen Waren vernichtet werden. Würde bei uns jemand auf die Idee kommen, Milch auszuschütten, Schweine zu vergiften, Getreide zu verbrennen, nur um den Preis zu halten, würden ihn die meisten Menschen für regelrecht verrückt halten. Aber für solche Vergehen haben wir keine Irrenanstalten, sondern Gefängnisse."
„Du sagst also, es gibt keine Lager mehr. Aber wenn ich dich zur Stalinzeit danach gefragt hätte, dann hättest du vermutlich auch nein gesagt."
„Vermutlich ja, aus Angst. Heute sage ich nein aus Überzeugung. Das ist der große Unterschied. Damals haben die Leute aus Angst geschwiegen. Heute empfinden sie alles andere, nur keine Angst. Vielleicht sogar Haß wie einige dieser Dissidenten, aber Angst haben heute nicht einmal die Sowjetfeinde mehr."
„Und kommen heute keine Fehler mehr vor wie zu Zeiten Stalins?"
„Fehler werden heute bestimmt auch gemacht, aber andere. Zum Beispiel der Personenkult: Kommt nicht mehr vor. Heute haben wir im Politbüro eine wirklich kollektive Führung. Breschnew steht an der Spitze, er führt in diesem Sinne, aber die Verantwortung trägt das gesamte Führungskollektiv. Es kontrolliert ihn, er ist ihm rechenschaftspflichtig, nicht umgekehrt wie zu Zeiten Stalins. Ich meine, Stalin hat nichts zu tun mit unserem politischen System. Als er starb, hat er wohl Trauer, aber keine Dynastie, kein Bankguthaben, keine Diadochen hinterlassen. Der Sozialismus hat ihn auf dem Wege der Selbstreinigung ausgeschieden, er

ist selber damit fertig geworden."
Warum es denn kein Stalindenkmal in der Sowjetunion mehr gibt, frage ich Guram. „Ja, verstehst du, die Lager, die Verbrechen, der Personenkult, das hat unsere Partei verurteilt. Dieses Urteil bleibt bestehen."

11.

Kolchos Samokedi

Die Landschaft Georgiens ist von antiker Schönheit, immer wieder erinnert sie an die klassischen Gefilde Griechenlands oder Italiens. Schon in alter Zeit versorgte das Land die Griechenstädte mit Naturprodukten und ihre Mythologie mit dem Argonautenstoff. Hier, in der Heimat der Medea, landete Jason, der Führer der Argonauten, um das Goldene Vlies zu holen. Auch Odysseus hat sich hier herumgetrieben. Die Spuren späterer Eindringlinge, der Römer, Araber, Kreuzfahrer, Mongolen und Russen, sind gesicherter und sichtbarer. Noch heute ist Grusien eine Art Freilichtmuseum, eine weit gedehnte Ausstellungsfläche für antike, frühchristliche und mittelalterliche Baudenkmäler. Zu den Ruinen gesellen sich heute die Ungetüme der Ölpumpen: Rieseninsekten heben und senken sich unaufhörlich und saugen mit ihren Rüsseln das flüssige Gold aus der Erde, nach dem die antiken Glückssucher vergeblich gefahndet haben. Auf den kaum bewaldeten Hügeln und Hängen sieht man Hirten mit ihren Herden. Entlang den Straßen und Flüssen blühen Pfirsiche, Aprikosen, Kirschen und Apfelbäume. Auf den Dorfstraßen tummelt sich trotz zunehmender Motorisierung viel Federvieh, Puten, Pfauen, Gänse, Enten, Hühner. Rinder und Pferde sind deutlich kleiner als in unseren Breiten, dafür haben die Kühe siebenzitzige Euter. Die Schafböcke sind noch deutlich als Böcke zu identifizieren, sie sind schwarz und haben widderähnliche Hörner. Die Schweine zeichnen sich durch große aufrechtstehende Elefantenohren und durch Buntscheckigkeit aus.

Doch die Idylle täuscht. Was auf den ersten Blick wie romantische Zurückgebliebenheit aussieht und bei uns Mitteleuropäern nostalgische Empfindungen auslöst, ist kein Relikt früherer Jahrhunderte; seine Frühlingsbuntheit dankt das Land der Revolution. Die alte Zeit, die sich in Georgien zwischen 1917 und 1921 noch einmal mit Tod und Teufel verband, eh sie ein durchaus unrühmliches Ende fand, hinterließ ein durch und durch rückständiges, ausgepowertes, ausgelaugtes Land. Sogar die Kunstschätze waren in Londoner, New Yorker und Petersburger Museen abgewandert. Erst der rote Oktober schuf Abhilfe. Die Dürrezonen wurden bewässert, Wälder und Windschutzstreifen wurden gepflanzt, es stellte sich nach und nach jene Üppigkeit wieder her, für die das alte Grusien berühmt war. Die Kultur des Weinanbaus war in den Jahren vor der Revolution weit heruntergekommen; erst der Sozialismus sorgte dafür, daß Georgien in den Kreis der Weinlandschaften zurückfand und längst nicht mehr nur ZK-Empfänge mit wahrheitsförderndem Getränk bereichert.
Die Kolchose Samokedi liegt gut zweihundert Kilometer nordöstlich von Tbilissi, in einer gottverlassenen Gegend, in der vor dem roten Oktober nur Schafe, Wölfe und Schakale heimisch waren. Die Weizenfelder grenzen am Alosan-Fluß an Aserbaidschan, jenes Steppenland, das die Geographen seit Alters her schon zu Asien zählen. Wie die Arche Noah ist der Kolchossitz an einem Bergrücken gestrandet und ermöglicht seinen Bewohnern einen Blick über beide Kontinente, von Europa nach Asien. Genau 26.666 Hektar des umliegenden Landes gehören dem Kolchos, drei Hektar davon sind bestanden von den Ruinen der Festung Hornaburi, die Georgiens Zarin Tamara im neunten Jahrhundert als Bollwerk gegen Asiens Nomaden bauen ließ. Übriggeblieben ist davon nicht viel mehr als ein blaugrünes Blütenfeld, wie ich es vorher nur auf französischen Teppichen gesehen habe: auf einen Untergrund von blauen Scillas, von Veilchen und wilden Stiefmütterchen sind Buschwindröschen, Knabenkräuter und Narzissen gestickt. Gern würde ich einigen meiner Genossen davon einen Strauß pflücken und ihn heimlich in ihren Kapital-Band schmuggeln, damit seine graue Theorie ein wenig Farbe bekommt.
Von der Höhe aus erklärt mir der Kolchosvorsitzende, Genosse Arsen Alexewitsch Kobaidse, nach Burgherrenart den samokedischen Besitzstand. „Unten am Fluß, in den Wiesen, halten wir

unser Vieh, dreitausend Kühe. Auf den Feldern, die etwas höher gelegen sind, bauen wir Getreide an: wir wechseln zwischen Weizen, Mais und Sonnenblumen. Auf den Hügeln weiter oben ernten wir das meiste Geld. Letztes Jahr waren es 3150 Tonnen Weintrauben, 7100 Zentner Wassermelonen, 950 Zentner Knoblauchzehen und 570 Zentner Zwiebeln. Äpfel, Pfirsiche und Aprikosen nicht mitgezählt. Oben auf den Berghängen weiden wir 12.600 Schafe."

So üppig waren die Erträge allerdings nicht immer. Als Samokedi 1925 noch als Kommune gegründet wurde, besaßen die Kommunarden gerade sieben Pferde und zwei Eisenpflüge. Erst 1933 kamen die ersten drei Traktoren. Heute verfügt der Kolchos über 87. Dazu kommen 310 vollmechanisierte Erntemaschinen, drei Agrarflugzeuge für die Aussaat von Getreide, Schädlingsbekämpfungsmitteln und Kunstdünger und zwei Raketenstationen – zur Bekämpfung der vom Westen, von den Kaukasusbergen, drohenden Hagel-Anschläge. Vermutlich sind sie von den amerikanischen Spionagesatelliten längst als strategische Objekte ausgemacht worden. Verdächtiger für das Satellitenauge dürften allerdings die sieben Wachttürme des Kolchos auf den Bergen ringsum sein. Sie sind im Sommer ständig von bewaffneten Schafhirten besetzt. Bricht irgendwo im trockenen Gebüsch, das in der Hitze wie Zunder brennt, ein Feuer aus, geben die Hirten sofort Warnschüsse ab und lösen damit überall Feueralarm aus. Sogar die Flugzeuge, die während der heißen Jahreszeit mit Wasser vollgetankt sind, starten dann zur Brandbekämpfung.

Als die Leute von Samokedi ihre Arbeit begannen, fanden sie härtere Bedingungen vor als Adam und Eva nach ihrer Vertreibung aus dem Paradies. Der Lohn wurde zur Hälfte in Naturalien – Mehl, Fleisch oder Dörrobst – ausgezahlt. Daran gemessen sitzen die Kolchosbauern heute an den Fleischtöpfen Ägyptens, fließen für sie Milch und Honig. Ihr Durchschnittsverdienst beträgt 205 Rubel im Monat, fast sechzig Rubel mehr als die Arbeiter in der grusinischen Industrie; dazu kommen noch allerhand Prämien und der Zugewinn, den mancher Kolchosbauer aus seiner eigenen Viehhaltung zieht. Jedes Mitglied der Kolchose kann selber bis zu 0,4 Hektar Land bewirtschaften und eine Kuh, ein Schwein, bis zu zehn Schafe und Geflügel und Bienenvölker in unbegrenzter Anzahl halten. Seine Erzeugnisse kann der Bauer entweder selber verbrauchen, an den Kolchos verkaufen oder selbst zum Markt tragen. Allerdings wachsen die Bäume der Privatbauerei nicht mehr in den Himmel. Die Lust an der eigenen Kuh geht allmählich zurück und reduziert sich nach und nach auf die Pflege des häuslichen Blumen-, Gewürz- und Gemüsegartens. Und dabei wird es sicher noch lange Zeit bleiben. Von zuhaus weiß ich, daß die auf dem eigenen Mist gewachsenen Frühkartoffeln, die jeden Abend mit frischer Jauche gedüngten Erdbeeren, die Eierpflaumen aus dem eigenen Garten um nichts in der Welt zu ersetzen sind. Gebt also dem Kolchos, was des Kolchos ist, und gebt dem Schrebergärtner, der in jedem richtigen Kolchosbauern steckt, was ihm gefällt!

Auf dem Weg zum Kommunismus müssen viele Opfer gebracht werden. Mir zu Ehren sterben auf dem Kolchos Samokedi ein Hammel, ein Ferkel, ein Lamm, eine Pute, zwei Enten und drei Hühner den Opfertod. Unter der Last dieser Opfergaben, die verschwenderisch mit Petersilie, Salat, Rettich, Endivien, Lauch, Paprika, Tomaten, Zwiebel, Knoblauch, Kohlrabi und Käsestükken garniert sind, biegt sich der Altartisch. „Was würde aus der Sowjetunion werden, wenn es die Georgier nicht gäbe?“ scherzt der Kolchosvorsitzende. „Sie würde mit Grünzeug zuwachsen.“ Und nimmt sich einen ganzen Salatkopf vor. Dazu gibt es blondes, braunes, knuspriges Weizenfladenbrot. Der Hausherr bricht es in Stücke und reicht seinen Gästen ein Stück: wie in der Bibel ist das Brotbrechen noch immer die Willkommensgeste für den Gast, der damit in die Gemeinschaft des Hauses aufgenommen wird. Zum Brot gehört der Wein. Auf einem Nebentisch stehen wenigstens acht Sorten zur Auswahl, herbe und süße, tiefrote, weiße und gelbe. Jedem der Weine ist ein besonderer Trinkspruch zugedacht, den lieblichsten trinkt man den Frauen zuliebe, den süffigsten auf die Völkerfreundschaft, den dunkelroten für reiche Nachkommenschaft.

Essen und Trinken: schätzungsweise ein Viertel meiner Reisezeit habe ich im Sowjetland damit zugebracht. Was bei uns Nahrungsaufnahme zur Aufrechterhaltung des Lebens ist, nimmt drüben oft genug rituelle Formen ein. Bei uns geht es meistens so zu: erst wird was gegessen, und hinterher trinken wir noch einen! Drüben hält man sich an die strenge Regel: Nichts trinken, ohne zu essen, und nicht umgekehrt. Das oberste Gebot lautet: viel und in Ruhe und abwechslungsreich und mit Genuß essen und zwischendurch nach einer strengen Zeremonie soviel trinken, daß man sich auf

dem Nachhauseweg fühlt wie ein Löwe und hinterher im Bett wie ein Bär.
Mir selber geht es freilich öfter wie dem Wolf, der mit lauter Wackersteinen in seinem Magen aufwacht.

12.
Auf dem Flug nach Taschkent

Im Flugzeug sitzen lauter gewöhnliche Leute, kein Jetset wie bei uns, sondern: Frauen mit Kopftüchern, lärmende Kinder, Monteure, Soldaten, Bauern mit Schweißfüßen, runde Mongolengesichter, Georgier mit Falkennasen, Spitzbuben mit Segelohren. Die Stewardeß besitzt das Gesäß einer Bäurin von der Niederelbe und hat ersichtlich Mühe, sich durch den Mittelgang zu zwängen. Zu Beginn des Fluges kontrolliert sie die Flugkarten, irgendwelche Speisen und Getränke serviert sie nicht. Die Leute versorgen sich selbst. Umständlich packen sie ihre Butterbrote, russisch: *Butterbrot,* aus, ihre gekochten Eier, eingelegten Tomaten, Gurken und Zwiebeln, und essen schmatzend drauflos. Und mir, der ich nichts eingepackt habe, werden von vorn und von hinten, von rechts und von links, von schräg und von quer Brote und Bonbons gereicht. Je entschiedener ich das mir Angebotene ablehne, desto entschiedener werde ich versorgt.
Schräg vor mir schluchzt ein junges Mädchen leise vor sich hin. Ich sehe ihr den Liebeskummer an der Nasenspitze an. Ja, so ist das, die Liebe höret nimmer auf, und nicht der Liebesschmerz, auch nicht im Kommunismus. Es wird alles nur noch schlimmer! Die Gefühle werden intensiver, das Schmerzempfinden nimmt zu, die Leiderfahrung. Eigentlich waren die bisherigen Leiden allesamt nur Vorspiele, sie waren durch äußere Zwänge verursacht, durch Krieg, Gewaltanwendung, Hungersnot; die wirklichen Schmerzen, die von innen her kommen, die aus Sehnsucht gebo-

ren werden und dem Streben nach Selbstvollendung, gelangen erst im Kommunismus voll zur Entfaltung.
Weiter vorn sitzt eine Barlachsche Muttergestalt, Mütterchen Rußland in Person. Sie hat ihre Pfunde mit einiger Mühe in den Flugsessel gespannt und beginnt eben, hundertfadentief zu schnarchen. Ihr Fingerring ist wie ein Drahtgeflecht in die Borke ihres Ringfingers hineingewachsen. Auf den Sitzen „Für Mutter und Kind" beschäftigt sich eine junge Frau mit einem temperamentvollen Säugling, dessen Schreie das Schnarchen von Mütterchen Rußland, das Schmatzen der Eßwütigen und das Brummen der Motoren übertönt. Die junge Frau öffnet schließlich ihre Bluse und gibt dem Kind die Brust. Während sie ihren Kleinen tränkt und ihm auf dem Wickeltisch die Windeln wechselt, flirtet sie in aller Unbefangenheit und Keckheit mit dem Soldaten, der neben ihr sitzt, aber offensichtlich nicht zu ihr gehört. Am Ende legt sie dem Uniformierten das Kind in den Schoß und legt sich selber schlafen, trotz des Lärms. Im Gang spielen unter den Anfeuerungsrufen von zwanzig Männern zwei Knirpse mit einem Wollknäuel Fußball. Der Rest wechselt dauernd die Plätze, tauscht Adressen aus, erneuert alte Bekanntschaften. Es herrscht ein Betrieb wie in einem Überlandbus, wie im Bummelzug zwischen Stade und Cuxhaven; in der Sowjetunion ist das Flugzeug mit anderthalb Kopeken pro Kilometer bei weitem das billigste Massenverkehrsmittel.
Unsere Maschine überfliegt nach dem Kaspischen Meer weite Wüstenzonen, Sandwüsten, Lehmwüsten, Felswüsten, Salzwüsten, die Wüste Karakum, die Wüste Kyselkum. Jeder Wüstenstrich hat seine eigenen Farben. Einmal entdecke ich die Farben Helgolands, helle Sanddünen, rote Felshänge und grüne Flußtäler. Das andere Mal sind ganze Tuschkasten ausgeschüttet. Alle Gelbtöne von Schwefel bis Ocker liegen zuhauf. Man brauchte nur einen großen Pinsel nehmen, ihn in das Wasser eines Staudamms, des Amur-Daja oder des Syr-Daja tauchen und könnte damit die halbe Welt anstreichen. Weiter im Osten ziehen sich Kanäle durch die Wüste, schnurgerade die einen, die andern zickzackförmig, wie eine genähte Linie. Wie Schachbretter erstrecken sich die neuen Kulturen, jeder Baum, jedes Haus, jeder Strohschober fügt sich in die strenge Neulandgeometrie. In Vietnam haben die Amerikaner fruchtbares Land in Wüste verwandelt, hier geschieht das Umgekehrte, das Naturgewollte: Wissenschaft

und Technik machen die Wüste fruchtbar, verwandeln die Hungersteppe unter uns in eine Zone des Überflusses. So werden die Fehler der Schöpfung korrigiert, die Schlampereien und das Zerstörungswerk früherer Generationen aus der Welt geschaffen.
Als wir auf Taschkent zufliegen, sind plötzlich hohe Berge da, wolkig, himmelan. Die höchsten Berge begrüßen uns im weißen Schneeturban, die mittleren haben kahle, graue Schädel, die kleineren sind grün bemoost. Unten sieht es aus, als stünden die Berge um uns wie Zuschauer an einer Tribüne und redeten über das, was sich zu ihren Füßen zuträgt.

13.

In der usbekischen Hauptstadt

Für mich bleibt das Zufußgehen die produktivste Art, sich in einer neuen Stadt umzutun. Stadtrundfahrten in gläsernen Doppeldekkerbussen machen eine Stadt der nächsten gleich. Auch in Taschkent gibt es Regierungspaläste, Theater, Kunsthallen, Museen, Fabriken, Kaufhäuser, Denkmäler und Kulturparks wie in jeder anderen Republikhauptstadt. Da macht es auch nichts, daß in Taschkent seit dem Erdbeben vor elf Jahren alles neu gebaut wurde. Was eine Stadt unverwechselbar macht, ist, wie sich die Menschen in ihren Mauern bewegen, gelöst oder gezwungen, ob sie mit sich reden lassen oder verschlossen sind, mit welchen Traditionen sie leben, wie sie sich kleiden, wie sie essen und trinken. In welcher Art die Leute miteinander sprechen, kann man ausgezeichnet beobachten, wenn man ihre Sprache nicht versteht. Man sieht, daß die Menschen sich im Gespräch einander viel mehr zuwenden, daß sie ganz anders aufeinander eingehen. Meistens redet nur einer, und wenn er zu Ende ist, entsteht eine Pause des Nachdenkens. Keiner will den anderen überreden, ihn mit Worten zur Seite drängen, ihm ins Wort fallen. Mir sagt diese bedächtige, mitunter umständliche Gesprächsform durchaus zu, sie ist mir ungleich lieber als das hektische Drauflosplappern, das in unseren Breiten mehr und mehr zur Mode wird. Bei uns Deutschen beginnen die Unterhaltungen fast immer bei der Sache, in Usbekistan kommt man erst auf Umwegen, nicht ohne Umschweife zum Gesprächsziel. Zuerst holt man Erkundungen über den Gesprächspartner ein, dann ist man bestrebt, eine Brücke zu ihm zu schlagen, prüft sie gründlich, um endlich zur Sache zu kommen. Zugegeben, sehr rationell, computergerecht ist diese Art, miteinander zu reden, nicht. Überhaupt sollte, wer die Eile zum Lebensinhalt gemacht hat, Taschkent besser meiden. Vergeblich sucht man in der Stadt alles, was bei uns schnell geht: die schnelle Ecke, den Bockwurststand, die Stehbierhalle, den Imbiß oder McDonalds Hamburgerladen. Es ist alles zu haben, nur hat alles seinen Preis, und der heißt Zeit.

Öfter noch trifft man in Taschkent und Umgebung Männer und Frauen auf den Fersen hockend, ein deutlicher Beweis dafür, daß die Welt in Usbekistan aus anderer Perspektive betrachtet wird. Ich habe diese orientalische Hockweise ausprobiert, mit dem Ergebnis, daß mir nach zwei Minuten die unteren Gliedmaßen abstarben. Im Schneidersitz hockend warten die Mittelasier auf den Bus, diskutieren sie miteinander, denken sie über den Lauf der Welt nach. Das verhütet offenkundig allzu frühe Ungeduld, fördert die Tiefe der Gedanken und die Verbundenheit mit dem Irdischen.

Die Usbeken sind wahre Teealkoholiker, und darum muß man sich in ein Teehaus setzen, um ihre Lebensweise zu studieren. Am zweiten Tag finde ich den Mut, mich unter die Teetrinker zu mischen. Am Eingang, an einem Holzgeländer, ziehe ich meine Schuhe aus, ich gehe zum Samowar und setze mich mit einer Teekanne und einer flachen Schüssel auf den Teppich. An sich ist das Auf-dem-Teppich-Bleiben, noch dazu mit orientalisch untergeschlagenen Beinen, nicht meine Sache, aber dieses So-vor-sich-hin-Sitzen, den würzig-bittren Geschmack des grünen Tees auf den Lippen, läßt mich begreifen, was wirkliches Ruhen für unsere Menschenseele bedeutet. Eine ganze Zeit bin ich wie zur Einkehr mir selber überlassen, dann bietet ein uralter Usbeke im himmelblauen Kaftan mir mit einer Verbeugung einen Schluck aus seiner Teekanne an. Von den anderen werden mir Gebäck- und Konfektstücke gereicht, ich muß erzählen, wer ich bin und woher ich komme. Ohne Dolmetscher lebt die

Verständigung natürlich nur von Bildern, Zeichen und Wortfetzen. Da bin ich froh, eine Stadt als Heimat nennen zu können, deren namen jeder Sowjetbürger kennt und sofort mit Ernst Thälmann verbindet. Die Männer, die mich in ihre Mitte genommen haben, erinnern mich an meine Kinderbücher, an Karl May; sie sehen aus, wie sie in meiner Phantasie lebendig sind, und sind doch Bürger unserer Epoche. Einer von ihnen nennt Berlin, Schwerin und Rostock, er hat als Rotarmist in der DDR Dienst getan. Der Alte im Kaftan zählt die deutschen Vokabeln auf, die ihm im Gedächtnis geblieben sind: *Stillgestanden, Marsch, ihr Schweine, Arbeit, im Dreck verrecken.* Er war in deutscher Kriegsgefangenschaft. Kaum vorstellbar, was er als Angehöriger einer mongolischen Rasse im faschistischen Deutschland erlebt hat. Dennoch, keiner läßt mich eine Spur von Haß empfinden.

Taschkent vermittelt ein ganz neues Stadtgefühl. Der Gegensatz von Stadt und Land scheint aufgehoben, der Garten durchdringt die ganze Stadt, der lärmende Verkehr ist entweder unter die Erde oder an den Stadtrand verbannt. So fehlt, trotz der anderthalb Millionen Einwohner, die Hektik unserer Citys, die Aggressivität unserer Stoßzeiten. Taschkent ist modern und altehrwürdig in einem, es beschränkt sich nicht auf eine Renommierallee, sondern hat neben den großen Prospekten viele, oft gewundene und verschlungene Nebenstraßen, die fürs Wohlbefinden ebenso wichtig sind wie die Nebenhandlungen in einem Roman. An Hochhäusern mangelt es nicht, aber im Unterschied zu den modernen Zweckbauten, die sich in vielen kapitalistischen wie sozialistischen Großstädten wie ein Ei dem anderen gleichen, entsteht nirgends der Eindruck der Uniformität. Jedes Bauwerk unterscheidet sich durch spezifische Merkmale von seinen Nachbarn, verhält sich aber anderen Bauten gegenüber nicht unsolidarisch und fügt sich vorbehaltlos in das Ensemble ein.

„Das große Erdbeben," berichtet Taschkents Chefarchitekt Adamow, „war für unsere Städtebauer in mancher Hinsicht ein Geschenk des Himmels. Zum ersten Mal in der Geschichte Usbekistans konnten wir eine Millionenstadt entwerfen und innerhalb eines Jahrzehntes bauen, bei der es für uns keine anderen Grenzen gab als die Phantasie der Architekten, den Stand unserer Technologie und den Rahmen der bereitgestellten Finanzen. Sonst hatten wir die günstigsten Voraussetzungen. Grund und Boden gehören dem Volk, und darum gab es nicht die geringsten

räumlichen Beschränkungen. Aus der ganzen Sowjetunion kamen Spezialisten, Bautechniker und Baumaschinen zu uns, und vor allem konnten wir frei und ungezwungen über alle Elemente unserer nationalen Architekturtraditionen verfügen. Ich sage: frei, denn die Periode folkloristischer Übertreibungen, in der wir jeden Schweinestall national drapiert haben, war ebenso vorbei wie die nachfolgende Tendenz, jede Republikhauptstadt mit einer Nachbildung des Moskauer Kalininprospektes auszustatten.
Die Vielfalt der Bauten haben wir dadurch gesichert, daß wir unseren Architekten so viel Freiheit wie möglich gelassen haben. Jeder konnte seine individuellen Vorstellungen, seine eigene Kombination zwischen der usbekischen Bautradition und der modernen Sachlichkeit voll verwirklichen. Allerdings verlangen wir bestimmte Rücksichten auf die Ensemblewirkung. Hier in Taschkent sind wie im alten Samarkand nur blaue und grüne Farbtöne zugelassen. Bei diesen Farben denkt der Betrachter an Wasser, Feuchtigkeit, Kühle, Regen, Bad oder Oase, ihm wird kühl zumute. Unsere Wohnhäuser sollen nach Möglichkeit den Charakter einer Hofanlage bewahren, um noch im kleinsten Bereich grüne Inseln zu schaffen, mit Bäumen, Schatten und Brunnen. Alle Neubauten sind erdbebensicher, dafür sorgen elastische Stahlbetonkonstruktionen, Stahlreifen in jedem Stockwerk und stoßdämpfende Vorkehrungen. Damit haben wir unseren Bürgern die Angst vor den Beben abgenommen, tatsächlich haben wir seit 1966 schon mehrere Erschütterungen ohne größere Schäden überstanden."
Egon Erwin Kisch beschrieb 1930 das alte Taschkent: „Die Straßen der Altstadt unterscheiden sich noch immer kilometerweit durch nichts von den Negerdörfern der nördlichen Sahara, durch nichts von den schmutzigen Außenbezirken von Tunis. Hier wie dort die fensterlose Wand aus Lehm, der mit Stroh, Häcksel, Urin von Kamelen verrührt, von den Händen der Menschen abgeklatscht, von der Hitze der Sonne gebacken und vom Zahn der Zeit zerbissen wird." 1966, kurz vor dem Beben, reiste Hans-Werner Richter auf Kischs Spuren nach Mittelasien und beschrieb in seinem Report *Karl Marx in Samarkand,* wieviel von dem, was Kisch an Relikten aus der Vergangenheit gesehen hatte, noch übrig war: in seinen Augen eine ganze Menge. Vergleiche ich meine mit Richters Beobachtungen, komme ich zum Schluß, daß sich in den Jahren vom großen Beben bis heute mehr zum Guten

hin verändert hat als in den vierzig, fünfzig Jahren vorher.
Das kühle Blaugrün ist zur Wappenfarbe der neuen Stadt geworden. Die usbekischen Ornamente an den Hochhäusern wetteifern in ihrer Üppigkeit mit den vielen Bäumen und Brunnen, mit den Grünstreifen und Kulturparks. Jeder große Platz hat in seiner Mitte eine schlanke Fontäne, die das Sonnenlicht mit Regenbogengirlanden krönt. Während man bei uns schon jedem Gebäude von weitem ansieht, wozu es dient, als Bank, Rathaus, Einkaufszentrum, Hotel oder Fabrik, versagen in Taschkent alle hierzulande gültigen Funktionskennzeichen. Ein Bauwerk, das aussieht wie ein Kulturpalast, entpuppt sich als Dienstleistungszentrum, hinter einer kaufhausverdächtigen Fassage verbirgt sich ein Industriebetrieb, ein Fleischverarbeitungskombinat sieht von außen aus wie ein Nationalmuseum. Orient und Okzident, westliche, asiatische und arabische Bautraditionen, die alten usbekischen Kultzeichen – Bockshorn, geflügeltes Pferd und Stier – sind in das neue Taschkent einbezogen. Es ist nicht mehr bloß die *brotreiche Stadt,* als die sie den Kämpfern des roten Oktober erschien, sie hat auch Rosen in Fülle, die Reize des Orients, jenes Mehr, das alle, die für eine bessere Welt kämpfen, zu ihrem täglich Brot hinzurechnen.

14.
Sogenannte Dissidenten

Nicht alle sind in der Sowjetunion mit allem einverstanden. Warum sollten sie auch? Selbst der weise Lenin hat dem alten Adam wenigstens drei Generationen lang Zeit gelassen, sich an die miesen Zustände nach der Vertreibung aus dem kapitalistischen Paradies zu gewöhnen. Wesentlich schwieriger noch als der Sturz der Bourgeoisie sei der Sieg über die eigene Trägheit, über den kleinbürgerlichen Egoismus, den der Kapitalismus den Arbeitern als Erbe hinterlassen hat.

Im Taschkenter Hotel Usbekistan, das Witzbolde wegen seiner Bauweise auch US-Bekistan nennen, spricht mich ein Ärzteehepaar aus Rostock an. „Aus Hamburg kommen Sie? Und warum reisen Sie denn ausgerechnet hierher?"
„Aus Neugier", antworte ich. „Und Sie? Warum sind Sie nach Taschkent gekommen?"
„Wohin soll unsereins denn schon fahren? In Moskau und Leningrad waren wir schon zu oft, das Schwarze Meer kennen wir in- und auswendig, in Ungarn, Rumänien, am Baikal waren wir auch. Wissen Sie, unsereinem bleibt ja keine große Auswahl, wenn man mal in den Süden will."
Auf die, denke ich, kann der Sozialismus verzichten. „Auf ihre Einstellung," meint Dimitri, „aber noch nicht auf ihre ärztliche Kunst, dafür ist seine Ausbildung viel zu teuer."
Aber es kommt noch schlimmer. Im Duft der großen großen, weiten Welt, in der bahnhofsgroßen Hotelhalle, spricht mich ein etwas heruntergekommener, unrasierter Mann in gebrochenem Englisch an, schon bei meiner Ankunft früh morgens war er mir aufgefallen, als er laut schnarchend in einem der mächtigen Ledersessel hing. Ob ich Journalist sei, fragt er; er sei bereit, mir Informationen zu geben, die ich sonst nirgends bekäme. Auch politisch interessante Dinge.
Ich bekunde meine Interesse. „Und wie kann ich Ihre Informationen bekommen?" Er zögert. „Haben Sie vielleicht einige Devisen?"
Selbstverständlich, antworte ich, ich habe einige Mark aus der DDR. Mein Gegenüber macht einen ziemlich verlegenen Eindruck. „Entschuldigen Sie, ich hätte schwören können, Sie wären aus Deutschland!" Er hat es mit einem Mal eilig, fortzukommen.
„Machen Sie sich nichts draus," meint der Hotelportier, „er spielt hier den Dissidenten. Ich werfe mitunter ein wachsames Auge auf ihn."
„Was ist er von Beruf?"
„Schwarzhändler, ein Vagabund. Immer wenn die Miliz ihn fragt, sucht er gerade eine neue Arbeit. Ein armer Teufel, nicht mal als Dissident macht er Karriere!"

15.
Einer von ganz weit her

„Und woher kommen Sie?“ frage ich höflich den Mann, der mir in der Teestube des Taschkenter Pädagogischen Instituts gegenübersitzt, ein Professor, wie er im Buche steht, mit allen Anzeichen berufsbedingter Zerstreutheit und Überlastung.
„Aus Birobidschan.“ Ich stutze, irgendwo habe ich den Namen schon gehört, er klingt für mich ebenso unheimlich wie Workuta oder Stalingrad. „Birobidschan,“ frage ich, „ist das nicht das Gebiet, das im Westen als das letzte jüdische Ghetto bezeichnet wird?“
„So ungefähr, Birobidschan ist die Autonome Jüdische Region nahe der chinesischen Grenze. Dort bin ich 1942 geboren, meine Eltern waren von Polen nach dort geflohen, ein ziemlich langer, komplizierter Fluchtweg. Nach meiner Schulausbildung bin ich von Birobidschan fortgegangen, ich hab in Wladiwostok studiert, und jetzt arbeite ich hier schon seit zehn Jahren am Institut.“
„Sie können überall hingehen?“
„Überall wo ich Arbeit finde, wie jeder andere Sowjetbürger auch. Wenn es schwierig wird, liegt es meistens an der Wohnung; die ist überall schwer zu kriegen, vor allem in den großen Städten. Die meisten jüdischen Sowjetbürger ziehen das Zusammenleben und -arbeiten mit anderen Völkern vor, sie sehen keinen Grund, in einer fernöstlichen Region nur unter ihresgleichen zu leben. Unter uns Juden hat in den letzten zehn, fünfzehn Jahren durch Heirat, Beruf und Lebensgewohnheiten ein ziemlich starker Verschmelzungsprozeß begonnen. Zum Beispiel bei mir: meine Frau ist Usbekin, und unsere Kinder gehen in die russische Schule. Jiddisch sprechen sie nur noch bei der Großmutter in den Ferien.“
Die Sowjetunion und die Juden. Es vergeht kein Tag, an dem unsere Zeitungen zu diesem Thema nicht irgendeine böse Notiz bringen. Dazu kommt bei fast jedem von uns Deutschen aufgrund des in der Vergangenheit Geschehenen eine Spur von schlechtem Gewissen und von Unsicherheit, die nicht so rasch verschwinden

wird, zumal der Antisemitismus bei uns in der Bundesrepublik immer wieder aufflackert. Durchfährt uns nicht schon beim Aussprechen des Wortes „Jude“ der böse Verdacht, jemand sollte gebrandmarkt werden? Haftet dem Wort nicht immer noch, zumindest in unserer Sprache, ein Rest von Diskriminierung an?
„Erlauben Sie, Genosse Rosenstam, eine Frage?“
„Bitte!“
„Bei uns im faschistischen Deutschland wurden die jüdischen Bürger gezwungen, ein J in ihrem Paß und schließlich sogar den Davidstern auf ihrer Kleidung zu tragen. In unserer Presse lese ich immer wieder, gegenwärtig sei die Sowjetunion das einzige Land auf der Erde, das die Juden zwingt, sich in ihrem Paß als Juden auszuweisen.“
„Sie haben Glück, ich habe meine Papiere grad bei mir. Am besten, ich zeig's Ihnen. Hier, dieser Paß weist mich als Sowjetbürger aus. Eine Zugehörigkeit zu einer unserer Unionsrepubliken wird nicht angegeben, auch keine Weltanschauung. Nur die Nationalität, hier in dieser Reihe.“
Ich lese in der letzten Spalte, noch unter den besonderen Kennzeichen: Jewrej, Jude.
„Ja und,“ frage ich ratlos, „das haftet Ihnen also wie ein Kainszeichen ihr Leben lang an?“
„Unsinn, die Nationalität hängt von dem ab, der sie beantragt, von seinem freien Entschluß, nicht von seinem Stammbaum oder von seiner Ahnentafel. Wenn meine Kinder sich in einigen Jahren einen Paß besorgen, werden sie sicher Russen oder Usbeken sein wollen. Meistens richtet man sich bei uns nach der Umgangssprache und nach den Lebensgewohnheiten.“
„Dann sind Sie also nicht gezwungen, sich als Jude eintragen zu lassen?“
„Wo denken Sie hin? Mein Kollege Isaak Mertzen, der abstammungsmäßig derselben Herkunft wie ich ist, seine Eltern kommen aus Breslau, hat in seinem Paß die Nationalitätenbezeichnung „deutsch“, weil in seiner Familie viel deutsch gesprochen wurde und er sich sehr stark mit der deutschen Kultur verbunden fühlt, er ist Heine-Spezialist. Andere, die ich noch aus Birobidschan kenne und die jetzt in Moskau oder Leningrad arbeiten, bezeichnen sich heute als Russen. Das ist es ja, was die altkonservativen Juden und Zionisten wütend macht: daß mit dem Verschwinden der Vorurteile und der Diskriminierung zugleich die alten guten

Gründe für den engen Zusammenhalt des Judenvolkes unwirksam werden und daß in ein paar Jahren oder Jahrzehnten die Juden wirklich nur noch eine der 142 Nationalitäten der UdSSR sind, kein auserwähltes Volk mehr. Darum ihre Torschlußpanik, darum möchten sie jeden, der sich noch als Angehöriger des Volkes Gottes fühlt, nach Israel bringen."

„Und wie sehen Sie selber die Perspektiven für Ihr Volk in der Sowjetunion?"

„Sie sind nicht anders als die Perspektiven der anderen 141 Völker und Nationalitäten. Für auserwählte Völker ist in der kommunistischen Gesellschaft sicher kein Platz, obwohl wir Juden eigentlich nicht schlecht dastehen. Was den Anteil der Professoren und der Leute mit wissenschaftlicher Qualifikation betrifft, so stehen die Sowjetbürger jüdischer Nationalität an der Spitze. Ein jüdischer Name hat in der Forschung einen guten Klang, überall zwischen Nurek und Workuta, und darum sind auch so viele Juden von Birobidschan weggezogen, so daß sich dort der Anteil der Nichtjuden ständig vergrößert. Was die Sprache betrifft, bin ich eher skeptisch. Die bucharischen Juden, die im vierzehnten Jahrhundert nach Mittelasien gekommen sind und noch heute an ihrem Käppchen zu erkennen sind, sprechen einen ziemlich altmodischen hebräischen Dialekt, die anderen sprechen jiddisch. Beide Sprachen haben es wesentlich schwerer als viele andere Sprachen in der Sowjetunion, sich den modernen Realitäten anzupassen, und so wird in den Familien eben viel mehr russisch, usbekisch oder deutsch gesprochen, und erst recht natürlich am Arbeitsplatz oder in der Ausbildung. Dazu kommt, daß den allermeisten inzwischen der mosaische Glaube abhanden gekommen ist; damit richtet sich die Liebe nicht mehr nach der Stammeszugehörigkeit, sondern nach dem Herzen. Die Juden mischen sich endgültig unter die Menschen, genauso wie all die anderen Völker auch. Damit verlieren sie ja nicht ihr Gesicht, sie gewinnen nur neue Züge hinzu. Das ist, wenn man so will, der Anfang vom Kommunismus."

Unterwegs höre ich zur nationalen Frage allerdings auch ganz andere Ansichten. Im Gegensatz zum Genossen Rosenstam vertreten nicht wenige Sowjetbürger, vor allem Angehörige der jungen Völker, die Ansicht, daß auf dem Weg zum Kommunismus die nationalen Unterschiede eher zu- als abnehmen, ja daß erst der Kommunismus den Nationen ermöglicht, zu sich selber zu finden und die jahrhundertelang vom Feudalismus und Kapitalismus unterdrückten eigenen Kulturfähigkeiten voll zur Entfaltung zu bringen. Das Verfassungsprinzip, daß die Kultur national in der Form und internationalistisch dem Gehalt nach sein soll, findet aber, bei aller Vielfalt der Akzente, allgemeine Anerkennung.

16.

Im Textilkombinat

Die Arbeiter in der Sowjetunion sind stolz, stolz auf das Geschaffene, stolz auf ihre Geschichte. Die kleineren Betriebe verfügen zumindest über ein Traditionskabinett, die größeren unterhalten regelrechte Betriebsmuseen. Wer bei uns etwas über die Geschichte eines Werkes erfahren will, der wendet sich am besten an die Polizei- und Verfassungsschutzarchive; dort sind die revolutionären Aktivitäten der Arbeiter sicher noch am sorgfältigsten registriert. Als kürzlich Hamburgs Traditionswerft Blohm und Voss ihr hundertjähriges Firmenjubiläum feierte, waren die städtischen Museumsleitungen in arger Verlegenheit. Die Dokumente reichten nicht einmal für eine kümmerliche Dokumentation.

Das Museum für die Arbeitergeschichte des Taschkenter Textilkombinates wird von der Genossin Norija Maximowa geleitet, sie hat selber ein ganzes Arbeiterleben, 34 Jahre, im Werk gearbeitet und sich nach ihrer Pensionierung über ein Fernstudium noch zur Museologin qualifiziert. Sie selber ist ein Stück Werksgeschichte, Arbeitergeschichte, nicht nur des fahnenroten Kopftuches wegen und der schlohweißen Haare darunter. Wenn sie über die Anfänge der Textilindustrie in den dreißiger Jahren erzählt, spielt sie wie eine Helene Weigel ihre Rolle selber vor. Sie schreitet durch den Ausstellungsraum, um vorzuführen, wie der Bauleiter 1930 mit einer Fahne in der Hand mit großen, kraftvollen Schritten das Baugelände begrenzt hat, sie hält ihre Hand vors Gesicht, um ihre Trauer darüber zu zeigen, daß jeder vierte Belegschafts-

angehörige im Krieg gefallen ist, und sie reißt feierlich die Arme hoch, als sie zum Ausdruck bringen will, wie großzügig befreundete Betriebe aus der ganzen Sowjetunion dem Textilwerk zuhilfe gekommen sind, als 1966 das Erdbeben neun Zehntel der Produktionsanlagen zerstört hatte. Trotz aller Begeisterung der Genossin Maximowa weist die Kombinatsgeschichte weiter keine dramatischen Höhe- oder Tiefpunkte auf. Das Imponierende besteht eher in der Norm, in der kontinuierlichen Aufwärtsentwicklung von der Pionierwerkstatt der dreißiger Jahre, in der noch mit mehr Glück als Sachverstand gearbeitet wurde, zum leistungsstarken Großbetrieb. Heute sind im Werk 13.000 Frauen und Männer beschäftigt. Sie schafften im letzten Jahr immerhin 205 Millionen Meter Stoffe und 80 Millionen Zwirnspulen, genug, um damit die halbe Bundesrepublik, was ihren Textilbedarf betrifft, einzuwickeln. Im Betrieb, das zeigt der Rundgang, begegnen sich überall Altes und Neues, gußeiserne, gotisch verzierte und martialisch lärmende Webstuhlgiganten stehen neben hochmodernen Maschinen, die nicht mehr klappern, sondern nur noch leise vor sich hinschnurren. Jährlich investiert das Kombinat zwischen dreißig und vierzig Millionen Rubel für die Rationalisierung.
Auch in den Erzeugnissen des Werkes scheiden sich die Epochen. In einer Abteilung werden schwarze Tuche für die traditionelle Kleidung der Frauen in Mittelasien hergestellt, in anderen Hallen fließen Stoffe für zartgeblümte Damenunterhöschen, für bügelfreie, bauschige Röcke und seit neuestem sogar für Jeans made in USSR vom Band.
„Wir haben mehrere Jahre experimentiert, um die richtige Elastizität und die richtige Imprägnierung zu entwickeln," berichtet die Direktorin des Werkes, Frau Sinaida Sinkewitsch.
„Und sind die Käufer mit Ihrem Jeansangebot zufrieden?"
„Was wir nicht ersetzen können, das ist der Nimbus des amerikanischen Originals, die hierzulande weitverbreitete Jeansmystik, aber dabei handelt es sich nicht so sehr um ein technologisches, sondern um ein Bewußtseinsproblem. Würden wir unsere Nietenhosen mit einem anderen Etikett versehen, würden viele den Betrug wahrscheinlich gar nicht merken. Seit neuestem liefern wir sogar in die USA Stoffe. Es gibt im Westen immer mehr Modeateliers, die unsere hundertprozentig reinen Baumwollstoffe anderen Angeboten vorziehen."
„Sie haben nicht die Absicht, Ihrer Baumwolle Kunststoffe beizu-

mischen oder ganz auf Chemiefasern umzustellen?“
„Nein, auch nicht im Geheimen. Für uns ist und bleibt die Baumwolle der billigste Rohstoff. Die Ernte steigt in Usbekistan Jahr für Jahr um sieben Prozent. Bis 1990 orientieren wir auf einen ständigen und kontinuierlichen Zuwachs unserer Produktion.“
„Selbst wenn neue synthetische Verfahren erarbeitet werden?“
„Sicher, wir sind vor Wundern nicht gefeit, auch vor Wundern unserer eigenen Erfinder nicht. Aber unsere Pläne haben Gesetzeskraft. Wir erhöhen sowohl die Synthetik- wie die Baumwollerzeugung. Sogar das Schafwollaufkommen wollen wir steigern.“
„Absatzkrisen gibt es nicht?“
„Unser Ziel ist die ständige Erhöhung des materiellen und kulturellen Lebensniveaus, und da ich mir einen solchen Vorgang nur schwer als Rückkehr zum Adams- und Evaskostüm, als Übergang zur allgemeinen Textilfreiheit, als Umkehr zur chinesischen Einheitskleidung vorstellen kann, bleibt uns noch genug zu tun. Bedenken Sie, was wir alles herstellen: rote Fahnen für den Ersten Mai, rote Teppiche für unsere Staatsgäste, Wolldecken für die Armee, Zelte für die Jugendbrigaden des Komsomol, Anzugstoffe für traurige Anlässe, für unsere Bräute Schleier und Brautkleider. Fast ein Viertel unserer Stoffe geht in den Export, vor allem in die dritte Welt.“
„Haben Sie genug Arbeitskräfte?“
„Augenblicklich suchen wir neunhundert Arbeiter in den verschiedensten Abteilungen. Wir könnten unsere Leistung wesentlich erhöhen, wenn wir alle Arbeitsplätze wirklich besetzt hätten. Wenn es bei uns eine Textilkrise gibt, dann besteht sie darin, daß wir den rasch wachsenden Quantitäts- und vor allem Qualitätsansprüchen unserer Bevölkerung nicht schnell genug nachkommen können. Statt einem Kleid möchten unsere Frauen heute gern drei neue Kleider im Jahr, und selbst wenn bei uns wie im Westen der Büstenhalter außer Mode kommen sollte, braucht sich unsere Miederwarenindustrie keine Sorge zu machen. Unsere Frauen lieben vermutlich mehr die Romantik, auch in Wäschefragen.“
„Zum Schluß, Genossin Sinkewitsch, eine unromantische Frage: Wie sind Sie Direktorin geworden?“
„Durch Arbeit. Ich habe hier im Werk mit sechzehn angefangen. Habe alle Stationen durchlaufen, meinen Ingenieur übers Fernstudium gemacht und wurde irgendwann Werkhallenleiterin. Ich stamme aus einer richtigen Weberdynastie. Meine Eltern sind

1932 aus Magelan, einer alten russischen Weberstadt, hier ins neue Werk gekommen. Meine beiden Töchter und mein Sohn arbeiten auch bei uns. Aber das ist bei uns nichts Ungewöhnliches, aus manchen Familien haben wir sechs, sieben Arbeitskräfte, oft aus zwei oder sogar drei Generationen."
„Sehen Sie Probleme, was die Gleichberechtigung von Mann und Frau betrifft?"
„Juristisch haben wir die Gleichstellung natürlich überall. Aber die Frage, die mich augenblicklich beschäftigt, heißt eigentlich: Wie weit soll die Gleichberechtigung gehen? Wollen wir die restlose Gleichschaltung? Frühere Epochen, der Feudalismus und der Kapitalismus, haben die Unterschiede zwischen Mann und Frau überbetont, aber wir Bolschewiken haben diese Unterschiede manchmal zu wenig beachtet."
„Welche Unterschiede, Genossin Sinkewitsch?"
„Es gibt Merkmale, die auch der Kommunismus nicht beseitigt hat und nicht beseitigen will. Das Kinderkriegen wird man uns Frauen auch in absehbarer Zeit nicht abnehmen können. Im Kommunismus hat jeder Mensch Anspruch auf die freie Entfaltung der Persönlichkeit, als Russe, als Usbeke, als Deutscher, und natürlich auch als Mann oder als Frau. Und dazu gehören für uns Frauen nicht nur schöne Kleider, Kosmetika und das Recht, Kinder nur nach unserem Wunsch zur Welt zu bringen, dazu gehört wohl auch das, was Ihr Kollege Goethe das Ewig-Weibliche genannt hat."
Ich weiß nicht, ob die Genossin Sinkewitsch mit diesen Auffassungen vor dem Tribunal unserer Feministinnen bestehen könnte. Eines hat sie ihnen allerdings voraus: Sie ist wie ihre 8500 weiblichen Kollegen im Textilkombinat tatsächlich und nicht bloß dem Anspruch nach gleichberechtigt. Und von den Spuren des Ewig-Weiblichen im Produktionsbereich profitieren sogar die männlichen Kollegen: der Betrieb ist nämlich von einer großzügigen werkseigenen Garten- und Parkanlage umgeben, in der über Mittag die Arbeiter spazierengehen, Skat spielen und verliebt sein können. Jede Werkhalle hat ihre eigenen Blumenrabatten, und zur Würzung der Kantinenspeise steht dem Küchenpersonal ein richtiger orientalischer Gewürzgarten zur Verfügung. Entsprechend kräftig nach Knoblauch schmeckt die Hammelsuppe und schmeckt der Kuß, den mir die Direktorin zum Abschied auf die linke und die rechte Wange drückt.

17.

Auf den Spuren der Emanzipation

Ich weiß nicht, ob es irgendwo anders auf der Welt so etwas noch einmal gibt: ein Denkmal der Emanzipation. Vor dem Taschkenter Literaturmuseum steht, bedrängt von einer ganzen Korona männlicher Standbilder, die Statue einer unverschleierten, aber im übrigen züchtig bedeckten Frau. Auf dem Sockel stehen nur Name, Machlar-Ajum, Geburts- und Todesjahr, 1772 bis 1842. Nadira, wie das Volk Usbekistans seine Jeanne d'Arque nennt, setzte sich hundert Jahre vor der juristischen Befreiung der Frau, noch mitten in der Barbarei, für die Entlassung ihrer Geschlechtsgenossinnen aus der Leibeigenschaft des Mannes ein, sie schrieb heimlich Verse, Flugblätter und Pamphlete für die Frauenrechte und wurde dafür 1842 auf viehische Weise zu Tode gesteinigt – auf allerhöchsten Befehl des Emirs von Buchara, der selber zu dem Schluß kam, Nadira, die Schamlose, habe gegen die Scharia, gegen den überlieferten Sittenkodex, verstoßen.

Der Islam war und ist überall dort, wo wie in den Ländern Arabiens seine weltliche und geistliche Macht noch heute ungebrochen ist, ein religiöser Männerbund. Der Koran spricht nur die Männer an, macht den Frauen sogar die Seele streitig und zwingt sie zeitlebens hinter die Gitter des Tadschwan, durch den die Frau die Welt und die Welt die Frau schwarz sieht. Allah hatte nie etwas dagegen, es war ihm sogar recht, wenn man die Frauen schlägt und demütigt. Noch heute werden in vielen Ländern außerhalb der Sowjetunion Millionen Mädchen auf bestialische Weise beschnitten, verstümmelt und – leider kennt auch unsere parteiliche Sprache nur die männliche Variante des Vorgangs – entmannt. Solche barbarischen Sitten wurden nach der Oktoberrevolution in den befreiten Gebieten Mittelasiens auf revolutionäre Weise, im äußersten Fall unter Androhung und Anwendung blutiger Gewalt, ausgerottet: Verstümmelungen konnten mit dem Tode bestraft werden.

Die Befreiung der Frau ist in Mittelasien nicht von selber gekommen. Noch in den ersten Jahren der Sowjetmacht trugen die meisten Frauen weiter furchtsam ihren Schleier. Larissa Reisner, die große russische Revolutionsdichterin, die 1923 nicht nur einen Bericht über den Hamburger Aufstand, sondern auch eine ungeschminkte Reportage über den Süden der Sowjetmacht veröffentlichte, traf unverschleierte Frauen nur im Gefängnis der Lust, im Harem. Und 1930 sah Egon Erwin Kisch in Taschkent und weiter südlich noch jede zweite Frau verschleiert und beobachtete, wie im Theater verschleierte Frauen im Parkett den unverschleierten Frauen auf der Bühne zujubelten.

Revolutionsmuseen lassen selten etwas vom Atem der Revolution spüren. Anders im Museum für die Geschichte Usbekistans, zumal in der Abteilung *Befreiung der Frau.* Unvergeßlich eine Aufnahme vom Fünften Weltkongreß der Kommunistischen Internationale im Jahr 1924 in Moskau. Am Pult die Zetkin. Eine usbekische Frauendelegation begrüßt den Kongreß mit erhobenen Fäusten, mit roten Fahnen und noch mit schwarzen Schleiern. Sie halten das neue Tuch schon hoch, haben das alte aber noch nicht heruntergerissen. Es gibt Bilder von Frauen auf der Schulbank, die durch den Schleier hindurch lesen und schreiben zu lernen versuchen, und Fotos von Müttern, die selber noch tief verhüllt ihr nacktes Neugeborenes dem Arzt zur Untersuchung anvertrauen. Da hängt das Foto mit dem verstümmelten Körper der Dschamaila Dschuma, einer usbekischen Parteifunktionärin. Ihr Mann, ein islamischer Fanatiker, hatte ihr beide Brüste ab- und dann die Kehle durchgeschnitten. Das war 1931, vierzehn Jahre nach dem Roten Oktober. Daneben sind Preistafeln zu sehen. Sie zeigen an, was Frauen damals wert waren, was sie heute noch in Persien oder Afghanistan wert sind. Neunjährige Nomadentöchter waren schon für drei junge Hammel zu haben, für die Tochter eines Emirs mußte man dagegen mehr als hundert Kamele zahlen. Der Durchschnittspreis für eine heiratsfähige Frau lag bei drei bis fünf Kamelen. Bei den islamischen Nomaden standen die Frauen hoch im Kurs, sie waren mehr wert als beispielsweise Grund und Boden. Die islamische Reaktion fand sich darum mit der Enteignung des Grundbesitzes eher ab als mit der Befreiung der Frau. Sie verteidigte verbissen und mit Blut ihren kostbarsten Besitz.

Von den Klassikern stammt der Satz, daß sich der Fortschritt einer Epoche immer am besten am Verhältnis des Fortschritts zu den Frauen ablesen läßt. So gesehen, haben die sechzig Jahre

Sowjetmacht in Asien mehr Fortschritte gebracht als die drei, vier Jahrtausende vorher. Wer das im Auge hat, der begreift, warum so viele Mädchen aus Taschkent vor ihrer Hochzeit allein, ohne männliche Begleitung, zum Denkmal der Nadira kommen und dort als Dank für ihre Befreiung aus der Leibeigenschaft des Mannes einen Blumenstrauß niederlegen.

18.
Beim Mufti

Mit geistlichen Herren hatte ich es in meinem früheren Leben des öfteren zu tun. Vor dem Dorfpastor hatte ich eine Kindheit lang Angst. Der Erzbischof von Osnabrück bestrafte später meinen Freisinn, indem er mir ein dreijähriges Schreib- und Redeverbot in theologischen Angelegenheiten auferlegte. Als ich vor dreizehn Jahren im römischen Petersdom auf die Knie fiel, verweigerte mir ein Jesuitenpater ausgerechnet in der Osternacht den Nachlaß meiner Sünden, weil er an meiner Beichtgesinnung zweifelte. Das war mir eine Lehre fürs irdische Leben, ich wurde dem himmlischen abtrünnig.
Der Mufti von Taschkent ist der erste geistliche Würdenträger, dem ich seit meinem Abfall vom christlichen Glauben gegenübertrete, der erste, dem ich nicht gebeugt oder auf Knien gerutscht komme. Nie hätte ich mir träumen lassen, daß ich meine erste Begegnung mit der Religion des Islam ausgerechnet den gottlosen Kommunisten verdanke.
Mufti Jussuf Bogdachonoff, das geistliche Oberhaupt aller Mohammedaner im Lande Lenins, empfängt mich in seinem Amtssitz, der Maidresse in der Altstadt von Taschkent, einem klosterähnlichen Komplex aus dem fünfzehnten Jahrhundert, zu dem ein Priesterseminar, eine Bibliothek und mehrere Moscheen gehören. Ringsum Häuser, die Erdbeben, Sanierungen und Jahrhunderte überstanden haben, Häuser, die sich noch gegenseitig wärmen,

die, wie man in Hamburg sagt, sich Backe an Backe drücken, mit flachen Dächern, die durch blinde Mauern miteinander verbunden sind. Auf ihnen hüpfen die Kinder wie Katzen von Dach zu Dach. Das Amtszimmer des Mufti hat nicht gerade päpstliche Ausmaße, aber strahlt doch Würde und Kühle aus. Es ist kreisrund, überwölbt von einer azurblauen gekachelten Kuppel und nach drei Seiten durch Rundbogentore offen. Gegenüber dem Haupteingang ist auf einem niedrigen Ledersessel der Platz des Mufti; als ich zusammen mit meinem Dolmetscher und meinem Betreuer den Empfangsraum betrete, bringen Bedienstete rasch ein paar Stühle hinzu, und zusammen mit zwei geistlichen Mitarbeitern des Maidresse bilden wir um seine Eminenz einen Kreis. Ganz anders als die geistlichen Herren, denen ich früher gegenübersaß, strahlt der Mufti Heiterkeit aus statt mönchischer Strenge. Sein grauer Spitzbart, der sich beim Reden eifrig auf und ab bewegt, gibt ihm sogar ausgesprochen lustige Züge. Statt nach meinen Sünden erkundigt er sich nach meinem Wohlergehen. Er fragt nach den Berufsverboten und den Lebensbedingungen für Kommunisten in der Bundesrepublik und möchte vor allem wissen, ob die mohammedanischen Gastarbeiter bei uns in ihren religiösen, kulturellen und sozialen Rechten beeinträchtigt werden. Als ich meine Gegenfragen stellen will, unterbricht er mich und lädt mich zu einem kleinen Mahl in einen Seitenflügel. Er fordert mich als Gast auf, das Brot zu brechen, und reicht mir eigenhändig eine Schüssel mit Hammelfleischsuppe. Während wir essen, serviert er mir in kleinen Bröckchen die Geschichte des Islam in Mittelasien. Er bestreitet nicht: die Revolution hat den islamischen Geistlichen die weltliche Macht genommen, seither beschränken sie sich auf die Ausübung der geistlichen Gewalt. Die sowjetischen Gesetze begrenzen die Tätigkeit der Religionsgemeinschaften auf den religiösen Bereich. Insofern haben die Bolschewiki endlich Gottes Gebot verwirklicht, nach dem man Gott geben soll, was Gottes ist, und dem Kaiser, dem Staat, was ihm gehört. Dabei übersieht auch der Mufti nicht, daß Gottes Bezirke auf Erden immer kleiner werden und daß sich der Mensch immer mehr die Hoheitsrechte aneignet, die früher nicht von dieser Welt gewesen sind.

„Ich bin mir darüber im klaren," bestätigt der Mufti, „daß die eigentliche Epoche der Religionen vorerst vorbei geht. Der Verweltlichungsprozeß schreitet überall voran, im Osten wie im Westen. Daß das Zeitalter der Religionen nicht das glücklichste in der bisherigen Menschheitsgeschichte gewesen ist, ist jedoch nicht die Schuld der Religionen, sondern der schlimmen Lebensumstände in den zurückliegenden zwei Jahrtausenden. Die Weltreligionen bedeuten für die Menschheit ein großes geistiges und kulturelles Erbe; neben zweifellos negativen Momenten des Aberglaubens und der Trägheit sind in diesem Erbe viel vorwärtsweisende Ideen und Impulse enthalten, ohne die der Aufbau der modernen Welt schwer vorstellbar ist."

Gegenwärtig umfaßt das geistliche Reich des Mufti noch fünf Millionen Gläubige in Usbekistan und weitere drei Millionen in der übrigen Sowjetunion. Zweihundert große und eintausendfünfhundert kleinere Moscheen sind noch in Betrieb, seit 1946 gibt es in allen Republiken Mittelasiens wieder theologische Hochschulen zur Ausbildung des geistlichen Nachwuchses. Staatliche Zuschüsse erhalten die islamischen Institutionen nicht, sie sind ausschließlich auf Spenden und freiwillige Beiträge der Gläubigen angewiesen. Jeder Muslim in der Sowjetunion hat das Recht und die Möglichkeit, nach Mekka zu pilgern. Jährlich reisen mit Hilfe der Islamischen Liga etwa achttausend Sowjetbürger zu den Heiligen Stätten nach Saudiarabien.

Wie die Muftis von Bagdad, Jerusalem und Kairo, so hat auch der von Taschkent das Recht, den Koran für den Glaubensgebrauch zu deuten. Seine jüngste Koranauslegung, die Fetwa von 1957, betrifft den Fastenmonat Rahmadan. Seine Eminenz Bogdachonoff versteht darin die Arbeit der Industriearbeiter und der Bauern als gottwohlgefälliges Opfer und entbindet dadurch die Berufstätigen von der Pflicht, Jahr für Jahr dreißig Tage lang zu fasten. Frühere Fetwas seiner Vorgänger hatten bereits mit der Entrechtung der Frauen Schluß gemacht und allzu rigorose Gebetsvorschriften gelockert. Auf diese Weise versöhnt der Mufti den Islam mit der modernen Welt und wirkt mit seinen progressiven Korandeutungen unaufdringlich, aber nachhaltig in die gesamte islamische Welt. Er erzählt von seinem Besuch bei Lybiens Staatschef Ghaddafi vor zwei Jahren, mit dem er über brennende theologische Fragen diskutiert hat, und von Delegationsreisen nach Algerien, Bangladesch und dem Senegal. Besonders intensiv sind die Kontakte zum Irak.

Der Mufti ist überdies Mitglied des Weltfriedensrates. „In der Mission für den Frieden," meint seine Eminenz, „sehe ich in der

Gegenwart die wichtigste irdische Aufgabe der Gläubigen. Mir scheint, als hätte Allah uns gerade dazu ausersehen. Uns Mohammedaner sind die Ideen der Koexistenz und des Friedens nicht fremd. Wir haben unseren Glauben niemals mit dem Schwert verbreitet, wir haben weder Christen noch Juden gegenüber Gewalt angewendet. Und die neueste Zeit beweist, daß wir sogar mit den Marxisten in Frieden leben können."

Anders als viele Vertreter des europäischen Christentums spricht der Mufti von Taschkent vom Frieden ohne Scheinheiligkeit und ohne Jenseitsvertröstung. Der Friede, den er meint, ist durchaus von dieser Welt und keineswegs höher denn alle Vernunft. Als er mich am Tor der Maidresse mit einem festen Händedruck und mit dem Gruß *Salemaleikum, der Friede sei mit Dir* verabschiedet, habe ich das gute Gefühl, von einer geistlichen Autorität weder abgekanzelt noch ins Gebet genommen worden zu sein. Spricht es nicht auch für den Sozialismus, daß unter seiner Sonne selbst die Religion so aufgeklärte, weltfromme, menschenfreundliche Züge annimmt?

19.
Usbekfilm-Studio

Plötzlich taucht vor meinem Auge auf, wonach ich auf meiner Reise bislang vergeblich Ausschau gehalten habe: ein Wachtturm, Stacheldrahtverhaue, Anzeichen eines Lagers. Jetzt ein paar Fotos, und meine Karriere daheim wäre gesichert: Neues Geheimlager bei Taschkent entdeckt! Aber leider ist alles nur Attrappe, ein modernes Potemkinsches Dorf. Ich befinde mich in den Freilichtstudios der Usbekischen Film- und Fernsehgesellschaft. Gerade wird ein neuer Dokumentarstreifen über den antifaschistischen Widerstand und die Zusammenarbeit von deutschen und russischen Hitlergegnern im Konzentrationslager gedreht. Ein Thema, das in den sowjetischen Medien ohne Frage öfter behandelt wird als bei uns.

„Warum?“ frage ich Direktor Umarbekow.
„Uns wird gelegentlich vorgeworfen, wir würden mit unserer Themenwahl zu sehr an der Vergangenheit kleben, wir beschäftigten uns zu viel mit dem Krieg und dem Faschismus. Ich glaube, daß wir damit immer noch ein ehrliches Bedürfnis unserer Bevölkerung erfüllen. Vergessen Sie nicht: mehr als zwanzig Millionen Sowjetbürger sind im Krieg umgekommen. Es gibt kaum eine Familie, die ohne Opfer geblieben ist. Über zehn Millionen Frauen blieben nach dem Krieg ohne Mann und ohne Familie. Diese Trauer, dieser Schock verlangen immer neu nach Antwort. Wir haben außerdem keinen Anlaß, unsere Vergangenheit zu verdrängen. Aus der Geschichte unseres Landes holen wir uns ein Gutteil der Beispiele, der Erfahrungen und der Vorbilder, die wir brauchen, um unsere gewaltigen Gegenwartsaufgaben zu bewältigen.“
„Sollen die Kriegsfilme nicht von der Auseinandersetzung mit anderen Problemen, zum Beispiel der Stalinfrage, ablenken?“
„Durchaus nicht. Schon darum nicht, weil es sich um ein und dieselbe Zeit handelt, um unsere schwersten Jahre. Wo es Probleme bei uns selbst gegeben hat, in der politischen Führung, stellen wir sie auch dar. Eine andere Frage ist, ob wir diese Filme auch ins Ausland geben. Für mich ist die Zeit Stalins ein wichtiger Abschnitt unserer Geschichte; wir haben in dieser Epoche Erfahrungen gesammelt, die heute der ganzen kommunistischen Weltbewegung zur Verfügung stehen. Direkt oder indirekt stecken diese Erfahrungen sogar in fast jedem unserer Gegenwartsfilme.“
Direktor Umarbekow berichtet, daß zeitgenössische Themen den Hauptanteil der Produktion ausmachen. Von den vierzig Produktionen des zurückliegenden Planjahrfünfts befaßten sich sechzehn mit aktuellen Gegenwartsfragen, meistens aus dem Produktionsbereich. Zehn behandelten Abschnitte aus der Geschichte Usbekistans, vor allem der vorrevolutionären Zeit, neun waren internationalistischen Themen wie Chile, Vietnam, Spanien, Südafrika und Indien gewidmet. Nur drei haben aus Anlaß des dreißigsten Jahrestages der Befreiung Ereignisse aus dem Großen Vaterländischen Krieg aufgegriffen.
Usbekische Filme, erfahre ich, haben seit Beginn der siebziger Jahre nicht nur in der Sowjetunion zahlreiche Preise bekommen. Als Gründe für das mittelasiatische Filmwunder nennt Genosse Umarbekow vor allem die vom Staat zur Verfügung gestellten

Produktionsanlagen und -bedingungen, eine vielseitige und schöpferische Atmosphäre in der Kulturszene Usbekistans und die geglückte Aneignung der nationalen Kulturtraditionen. Der erste Sekretär des ZK der KP Usbekistans, Scharaf Rashidow, selber ein begabter Schriftsteller, habe an dieser Entwicklung einen starken persönlichen Anteil.

Die Filmproduktion vollzieht sich auf der Grundlage von Fünfjahresplänen, die von den Filmschaffenden zusammen mit den staatlichen Leitungen ausgearbeitet werden. Sie legen nicht nur die Zahl, den Aufwand und die Ausstattung der einzelnen Filme fest, sondern liefern auch den thematischen Rahmen. Zahlreiche Autoren arbeiten langfristig mit Usbekistan zusammen. In einer Drehbuchwerkstatt werden junge Schriftsteller mit den Gesetzen der Film- und Fernsehdramatik vertraut gemacht. Zum Schriftstellerverband der Republik besteht ein fester Kooperationsvertrag.

An der Beliebtheit und der Massenwirksamkeit gerade der in Usbekistan, Kirgisien und Georgien gedrehten Filme besteht kein Zweifel. Ich frage darum Direktor Umarbekow, ob es in der Sowjetunion auch so etwas wie einen Filmstarkult gibt. Seine Antwort: Jein.

„Unsere Kulturschaffenden und Künstler sind bei unserer Bevölkerung und bei der Jugend sehr beliebt, beliebter sicher als die Helden der Produktion. Auch manche Schauspieler werden von jungen Leuten manchmal geradezu verehrt, aber sie werden, soweit ich sehe, nirgends nachgeahmt. Bei uns will keiner wie Marlon Brando aussehen oder wie Brigitte Bardot, und das liegt sicher nicht nur am Busen unserer Schauspielerinnen. Nein, was die Mode anbetrifft, da hat Jewgenij Jewtuschenko mehr Furore gemacht; vor zehn Jahren haben alle jungen Leute ihre Köpfe wie er in den Nacken geworfen."

„Muß eine Schauspielerin schön sein, wenn sie Karriere machen will?"

„Nein, aber vielleicht hat sie es dann leichter."

„Kann ein Regisseur ‚sein Mädchen' für den Film entdecken? Ich meine: Kann er am Strand des Kaspischen Meeres spazierengehen, das hübscheste Mädchen anmachen und ihr versprechen: Ich geb Dir eine Rolle in meinem nächsten Film?'"

„Es heißt zwar, im Kino sei alles möglich, aber wir lesen unseren Nachwuchs weder auf der Straße noch am Strand auf. Unsere

Schauspieler haben alle eine Ausbildung, die allermeisten haben vorher am Theater gearbeitet, manchmal auch in Laienensembles. Wir glauben nicht an den geborenen Filmschauspieler. Ich halte die Arbeit des Schauspielers für einen schweren Beruf, in dem vor allem Erfahrung zählt und in dem einem nichts geschenkt wird. Ich kenne eigentlich nur eine Ausnahme: den Hauptdarsteller für unseren Erfolgsfilm *Der Spitzbub* haben wir durch Annoncen in Schülerzeitungen gesucht, er mußte nämlich Sommersprossen haben wie Sie, und die sind in Usbekistans Breiten ziemlich dünn gesät. Aber nach seinem Filmdebüt hat der Junge jetzt mit einer soliden Berufsausbildung als Schauspieler begonnen."

Auch über die Moral und die Lebensweise der fast neunhundert usbekischen Darsteller und Filmschaffenden gibt Direktor Umarbekow Auskunft. Einzelne Fälle von exzentrischem Verhalten möchte er nicht ausschließen; letzten Endes prägt ja auch die Arbeit den Menschen. Die Scheidungsrate liegt um ein Viertel über dem Republikdurchschnitt, aber das ist in seinen Augen kein Zeichen von lockerer Moral, sondern von Ehrlichkeit. Aufs Ganze gesehen, sorgt schon der Lohn – ein Schauspieler verdient nicht besser und nicht schlechter als ein qualifizierter Facharbeiter – für die allmähliche Angleichung der Lebens- und Verhaltensformen. „Bei uns," sagt der Direktor, „werden die Schauspieler Arbeiter, und die Arbeiter werden mehr und mehr zu Hauptdarstellern, sie spielen bei uns die größte Rolle, sie stehlen uns mehr und mehr die Schau."

„Im Ernst?"

„Ja, im Ernst. Früher träumten die meisten Jungen und Mädchen davon, sich auf der Bühne oder auf der Leinwand verwirklichen zu können. Heute hat unsere Jugend andere Träume. Wenn sie sich irgendwo in Szene setzen möchte, dann anderswo, an der Großbaustelle, im Forschungslabor, im Kosmos meinetwegen, aber bestimmt nicht bloß im Film. Das Leben ist bei uns spannender geworden, wir hinken mit unserer Darstellungskunst hinter der Wirklichkeit hinterher."

Ich begreife: schlechte Zeiten für solche, die anderen bloß was vormachen wollen.

20.
Samarkand

Als unser Flugzeug in Samarkand landet, ist die Sonne gerade in den Wüstenhügeln hinter dem Stadtrand versandet. Für einen Augenblick scheint es, als gäben die Berge im Westen und Norden ein Abendmahl und ließen ringsum einen Becher mit rotem Wein kreisen, dann senkt sich der Vorhang der Nacht über Samarkand. Später, im Vollmondlicht, erscheint mir die Stadt wirklich wie ein Traumbild aus Tausendundeiner Nacht, unwirklich zeichnet sich die Silhouette der Moscheen und Minarette gegen den dunklen, aber immer noch kobaltgrün und -blau getönten Himmel ab. Samarkand: ist das nicht ein Name aus der Kinderzeit? Schon im Wort reihen sich die Konsonanten und ein einziger Vokal abwechselnd wie schwarze und weiße Perlen aneinander. Ist Samarkand, die Stadt märchenhaften Reichtums und biblischer Grausamkeiten, Stadt der Sagen und Legenden, das Herz des Timuridenreiches, Ausgangspunkt für Tamerlans Feldzüge, ist dieses architektonische Wunderwerk des Orients noch, was der Name verspricht? Oder hat die Stadt ihr Gesicht verloren, seit Taschkent die Hauptstadt Usbekistans wurde? Ist sie nur noch ein Museum wie Rothenburg ob der Tauber, Avignon oder Sevilla? Am Abend will es fast so scheinen, als habe sich seit Timurs und Kischs Zeiten nur wenig verändert. Gestalten von gestern reiten auf ihren Eseln über lehmige Seitenstraßen, mit weißen Turbanen, buschigen Bärten und regelrechten Raubvogelnasen.

Aber der erste Eindruck täuscht. Die junge Frau, die mich am nächsten Morgen vom Hotel abholt, um mir die Stadt zu zeigen, trägt keinen Schleier, sondern einen himmelblauen Minirock. Ihr Gesicht ist voller Sommersprossen, ihre Eltern kommen aus der Ukraine und sind durch den Krieg nach hier verschlagen worden. Natascha, so heißt mein Schutzengel, ist von Beruf Deutschlehrerin und spricht ein wahres Bilderbuchdeutsch, als habe sie alle Reisebeschreibungen von der Barockzeit bis zur Gegenwart verzettelt und auswendig gelernt. Sie nennt die Stadt eine *Perle in kostbarer Fassung,* sie vergleicht die Minarette mit

Timuridendegen und preist die Moscheen als *Kleinodien des Orients*. Für sie sind die Märchen der Vergangenheit noch allesamt lebendig, und wenn sie mich geheimnisvoll anlächelt, lächelt Timur Lenk, der lahmende, hinkende Tamerlan, lächelt sein geköpfter Enkel Ulug Beg, lächelt seine Lieblingsfrau Bibi Chanum, deren Liebesabenteuer hier Stadtgespräch sind wie bei uns die neuesten Callgirl-Geschichten.

Wie der Teufel den Herrgott, so führt mich Natascha zuerst auf einen Hügel vor der Stadt, um uns das Rom des Ostens aus der Perspektive seiner Belagerer zu zeigen. Ein wahrhaft verführerischer Anblick: aus der lehmbraunen Wüste, die Samarkand noch immer umschließt, ragen lauter türkisblaue und lindgrüne Lasurkuppeln, ragen Maidressen, Minarette, Moscheen und Mausoleen empor und leuchten in der Sonne wie tausend Wasserspiele.

„Ein frohlockendes Bild," meint Natascha.

„Wieso frohlockend?"

„Verzeihung, ich glaube, es heißt: verlockend."

Aber auch der Hügel, auf dem wir gottgleich stehen, hat es in sich. Er birgt in seinem Schoß das berühmte Sternobservatorium des Ulug Beg.

„Ulug Beg," erklärt Natascha, „war der Enkel Timurs und Erbe seines Reiches, vor allem aber war er ein Mathematiker und Astronom von herausragender Bedeutung. Um 1420 baute er hier über der Hauptstadt diese Sternwarte. Er stellte hier seinen Sternenkatalog auf, in dem 1018 Himmelskörper beschrieben und bestimmt werden. Die Dauer des Jahres berechnete er mit Hilfe seines Observatoriums auf eine fünfundzwanzigstel Sekunde genau."

Jahrhundertelang war die Sternwarte unter Sanddünen verschüttet, erst zu Beginn dieses Jahrhunderts wurde sie von russischen Archäologen aufgrund alter Karten wieder ausgegraben. Elf Meter des ursprünglich 46 Meter langen steinernen Sextanten, mit dem Ulug Beg den Lauf der Erde um die Sonne berechnete, haben alle Stürme der Zeit überstanden und sind jetzt in einem kühlen unterirdischen Gewölbe zu besichtigen. Dieses einmalige Denkmal aus der Geschichte der Wissenschaften macht Samarkand zu einem Mekka der Ungläubigen, zumal die Himmelskunde im Lande Juri Gagarins ganz oben rangiert.

„Ulug Beg," erzählt Natascha, „regierte bei Tag und beobachtete die Sterne bei Nacht. Nacht für Nacht schaute er in die Sterne.

Und in der Nacht wurde er auch meuchlings ermordet."
„Warum?"
„Weil er die Existenz des Siebenten Himmels geleugnet hat."
In der Tat: Ulug Beg war eine galileigleiche Gestalt. Er widerrief seine wissenschaftlichen, systembedrohenden Erkenntnisse nicht, und obwohl er der gottbegnadete Herrscher des Reiches war, wurde er mit dem Bannfluch der Ketzerei belegt und schließlich heimtückisch von der feudalen Reaktion umgebracht. Der Ermordete, der noch am folgenden Tag in einem feierlichen Staatsbegräbnis beigesetzt wurde, gilt heute nicht nur in Usbekistan als einer der großen Aufklärer der Menschheit. Vermutlich war er einer der ersten Politiker, der seine Gesellschaftsordnung auf ein wissenschaftliches Weltbild, auf die Erkenntnisse der Astronomie, gründen wollte. Kein Wunder also, daß Natascha Ulug Beg mit Marx und Engels in einem Atemzug nennt und mir von tausend Gedichten, Romanen und Filmen über den Nationalhelden berichtet.
Doch Natascha verehrt auch Tamerlan, jenen Timur, der in unseren Schulbüchern als Schreckbild asiatischer Grausamkeit gebrandmarkt wird. In Gur Emir, dem achteckigen, kuppelgekrönten Grabmal der Timuriden, erzählt sie von dem anderen Timur, dem Förderer der Künste und der Wissenschaften, dem Freigeist und dem Schöpfer eines nach mittelalterlichen Begriffen höchst modernen, zentralistischen Staatswesens. Ihre Stimme wird unwillkürlich leiser, als sie auf die Öffnung der Gräber zu sprechen kommt.
„Als im Jahre 1941 Timurs Sarkophag von Wissenschaftlern zum ersten Mal geöffnet wurde, jammerten die Alten, der Geist des Krieges werde sich wieder aus der Versenkung erheben. Tatsächlich überfielen drei Tage später die Faschisten unser Vaterland. Die Archäologen entdeckten, daß Timur seinen Beinamen *der Lahme* zu Recht trug, denn das linke Bein war drei Zentimeter kürzer als sein rechtes, und sie fanden auch den Beweis dafür, daß Ulug Beg wirklich ermordet worden ist. Sein Haupt lag getrennt neben dem Rumpf. 1945 wurden alle Gräber wieder geschlossen, unter strenger Einhaltung der mohammedanischen Riten."
Auf der sechsunddreißigstufigen Treppe von Schah-i-Sinda, die der gläubige Moslem knieend ersteigen mußte, um von seinen Sünden loszukommen, bringt Natascha mir die ergreifende *Geschichte vom lebenden Schah* nah. „An dieser Stelle, auf der ober-

sten Stufe, betete der Schah, als ein Räuber kam und ihm mit einem gewaltigen Hieb seines Schwertes den Kopf abnahm. Aber der Kaiser betete unerschrocken weiter."
„Ohne Kopf?" frage ich und denke dabei an die Historie vom kopflosen Störtebeker.
„Obwohl er schon enthauptet war," bestätigt Natascha. „Dann stieg er in einen tiefen Brunnen hinab, und dort lebt er bis heute und wartet, bis alle bösen Menschen von dieser Erde vertilgt sind."
Schah-i-Sinda, das ist der legendäre Kusam ben Abbas, der Vetter Mohammeds. Sein majolikagekachelter, strahlendblauer Sarkophag steht in einem Mausoleum auf zwei mit goldenen Inschriften und Verzierungen geschmückten Podesten, umgeben von einem Gitter aus Edelsteinen und Edelmetallen. Über ein Jahrtausend war dieses Prophetengrab das Ziel der Wallfahrer. Barfüßig knieten sie hier, mit gesenktem, Mekka zugewandtem Haupt. Frauen war es streng verboten, hier zu beten, sie waren je seelenlos. Ihnen blieb nur eins: um vom Fluch der Kinderlosigkeit erlöst zu werden, durften sie im Vorraum einige Fetische berühren, eine Kugel aus Kupfer, ein Widderhorn und einen Stierschwanz, uralte Fruchtbarkeitssymbole, die ihnen die Fähigkeit vermitteln sollte, sich noch williger dem Manne hinzugeben.
„Und heute?" frage ich Natascha.
Sie lächelt ihr Timuridenlächeln. „Die Frauen, die vielleicht noch daran glauben, sind trotz ihres Glaubens zu alt, um Kinder zu kriegen. Und die Frauen, die Kinder kriegen, sind zu jung, um an diesen Zauber zu glauben."
In Schah-i-Sinda sind die Beter, die Kisch hier noch dicht gedrängt angetroffen hat, verschwunden. In einer benachbarten Moschee wird dafür eine kleine atheistische Ausstellung gezeigt, die Natascha mir am liebsten vorenthalten möchte. Ich sehe Requisiten aus dem gläubigen Zeitalter Mittelasiens, aus der Vergangenheit, die beispielsweise im benachbarten Persien noch heute Gegenwart ist: den Roßhaarschleier, hinter dem die Frauen ihr Gesicht und ihre Seele verbergen mußten, die Lederpeitsche, Zeichen der absoluten Gewalt des Mannes über die Frau, die Darstellung eines Harems: zwölf Frauen dienen ihrem Herren, indem sie ihm Tee nachschenken, die Wasserpfeife stopfen, sein Geld zählen, sein Lager zurechtrücken und sich für seine Lust fertigmachen. Eigentlich ist der so umhegte Mann zu bedauern. Inmitten

gekrümmter Rücken und geöffneter Schöße blieb ihm das Schönste des Lebens vorenthalten, eine Frau, die freiwillig und von Herzen liebt, die zärtlich ist aus Neigung. Der lahme Timur hat vielleicht geahnt, welches Glück ihm der islamische Glaube verwehrte. Seinen sieben Lieblingsfrauen baute er rings um das Prophetengrab sieben Mausoleen, eines schöner als das andere. Sie lehnen sich wie ein Geländer aus Architektur an die sechsunddreißig Treppenstufen hinauf zum unsterblichen Schah. Jeder dieser Grabpaläste ist von außen wie von innen mit Mosaiken geschmückt, mit Majolika gekachelt, von Girlanden umwunden, von Säulen gestützt und von Kapitellen gekrönt. Den Grundriß bildet in jedem Fall ein strenges Quadrat. Die Wände laufen in der Höhe zu einem Achteck zusammen, das weiter oben in ein Sechzehneck mündet; darüber wölbt sich die strahlendblaue, 32 oder 64 Mal gerippte Lasurkuppel, ein Wunderwerk geometrischer Phantasie. Alle Mausoleen sind durch Tore miteinander verbunden und setzen so die alte mohammedanische Vorstellung in Steine um, die Menschen stürben nicht, sondern gingen nur von einer Tür in die andere.
In jedem Mausoleum ruht eine Frau. „Begreifst Du, eine Frau!“ sagt Natascha. Es mußte die altgläubigen Mohammedaner auf das tiefste beleidigen, daß der neubekehrte Mongole neben dem Weg zum Propheten seine Lieblingsfrauen wie Könige begraben ließ. Sonst wurden Frauen ohne Grabstein in der Wüste verscharrt.
Moschee der Schirin Beka Aka, der Schwester Tamerlans, lese ich auf einer Tafel. Gehörte die Schwester auch zu den Lieblingsfrauen des lahmen Kaisers?
Natascha nickt. „Sie war sehr schön,“ sagt sie, als wäre die Schöne erst gestern gestorben.
Sie war erst siebzehn Jahre alt, als sie starb, und sie war so schön, daß Timur sie mehr als seine Lieblingsfrau Bibi Chanum verehrte. Er weinte drei Tage lang über ihren Tod und verfügte seinem Reich eine Landestrauer von einem Monat. Von der Liebe Timurs zu seiner Schwester zeugt der arabische Vers am jadegrünen Kuppelknauf. *Hier ruht ein Mädchen, schön wie der Mond, schlank wie die Zypresse, klug wie Sokrates. Ihr Anblick hätte selbst König Salomon in Verlegenheit gebracht.* Ein Vers, wie er in Goethes *Westöstlichem Diwan* stehen könnte, vielleicht ein Zeugnis wirklicher Liebe, denn in jenen Breiten und Zeiten waren unter Geschwistern eher partnerschaftliche Beziehungen

denkbar als in der Gefangenschaft des Harems.
Moschee der Bibi Chanum, der Lieblingsfrau Timurs. Wir stehen vor der berühmtesten aller Moscheen Mittelasiens. „Bibi Chanum," erfahre ich aus Nataschas nimmermüdem Mund, „war überaus klug und schön. Sie ließ diese Moschee bauen, als Timur nach Indien feldgezogen war . . ."
„Du meinst, als er zu seinem Feldzug nach Indien aufgebrochen war." „Ja, entschuldige, das wollte ich sagen."
Bibi Chanum sehnte sich nach dem Kaiser, und dieses Bauwerk ist das Denkmal ihrer verzehrenden Liebe. Noch liegt der Liebestempel in Trümmern, eine Augenweide für Ruinenromantiker. Die großen Gewölbe, die einst den Himmelsbogen nachahmten, sind eingestürzt, die Hauptkuppel, hoch wie der Petersdom, ist seit dem Erdbeben von 1870 eingebrochen, nur die Minarette ragen als Ausrufungszeichen unerschrocken in den Himmel. Aber Bibi Chanum wird restauriert, eine Spezialwerkstatt, in der die Majolikakacheln nach alten usbekischen Rezepten zweimal gebrannt werden, hat ihre Arbeit aufgenommen, Baugerüste versperren den Blick und den Zugang zur Moschee. Die Restauration wurde 1970, zur 2500-Jahr-Feier der Stadt, in Angriff genommen und soll spätestens 1983 abgeschlossen sein.
Natascha erzählt mir die Geschichte von Bibi Chanum und dem schönen Architekten, als wäre sie grad gestern passiert. Timurs Erstgeliebte hatte einen eleganten jungen Mann mit dem Prachtbau beauftragt, der sich prompt und bis über beide Ohren in sie verliebte. Sie aber wollte von dieser Liebe nichts wissen. Der kecke Baumeister drohte mit Streik. Er wollte auf der Stelle die Bauarbeiten einstellen, falls sie sich nicht von ihm küssen lasse. Schließlich befahl Bibi Chanum einem Diener, auf einem Tablett zwölf bunte Eier zu bringen. „Sehen Sie bitte, mein Herr Architekt, diese Eier, alle haben sie eine andere Farbe, und doch sind von innen her alle gleich. So ist das auch mit den Frauen, sie gleichen sich wie ein Ei dem anderen." Darauf ließ der Architekt ein Tablett holen, auf dem zwölf Gläser standen, elf waren mit Wasser, eines mit Wein gefüllt. „So verhält es sich, Verehrteste, mit den Frauen, äußerlich sind sie alle gleich, inwendig unterscheiden sie sich wie Wasser und Wein." Beeindruckt von soviel Intelligenz, ließ sich Bibi Chanum von ihrem Baumeister küssen. Doch der Kuß geriet ihm so vortrefflich, daß ein Mal auf der geliebten Wange zurückblieb. Als Timur von seinem indischen

Feldzug zurückkehrte, entdeckte er natürlich sofort das Unheil. Er stürzte sich in die Moschee, um den frevelhaften Baumeister zu erschlagen, doch der liebestolle Architekt entfuhr eilends durch die Kuppel in den Siebenten Himmel. Ob auf den Flügeln des Gesanges oder auf einem fliegenden Teppich, ist ungeklärt. Jedenfalls inspiriert er von seinem himmlischen Fluchtort bis heute alle usbekischen Baumeister.

Sein guter Geist ist selbst in der Gegenwart nicht zu leugnen. Der Sitz der Bezirksparteiorganisation, an dem Nataschas Pilgerweg vorbeiführt, verrät in seinen Schnörkeln, Bogen und Portalen unverkennbar den Geist der orientalischen Tradition. Ein Schuljunge, dem Natascha schnell einen Bonbon in den Mund schiebt, möchte wissen, warum sie den fremden Leuten immer bloß die alten Gebäude zeigt. Die neuen seien doch viel schöner. Aber Natascha wehrt ab: „Davon verstehst du nichts, mein Junge!"

Nein, mein Junge, davon verstehst du wirklich nichts. Du ahnst überhaupt nicht, welchen erhebenden Eindruck der Registanplatz auf den Fremden macht, dieses Blendwerk aus Rundbogen, Spitzbogen, Haupt- und Nebentoren und -türen, aus Kuppeln und Kacheln, aus Symmetrie und Ornament, aus Moscheen und Minaretten, die, heißt es auf einer Inschrift, zwar den Saum des Himmels, aber nie die Höhe des menschlichen Geistes erreichen. Nein, mein Junge, das verstehst du nicht.

Vor der Schönheit des Registan kapitulierte sogar der wortmächtige Egon Erwin Kisch. Wie kann man auch in Worte fassen, was allein für das menschliche Auge gedacht ist. Trinkt, ihr Augen, was die Wimper hält, von dem goldnen Überfluß des Registan. Und du, liebe Natascha, hältst am besten deinen Mund, dein Reiseführerdeutsch ist diesem Stück Himmel auf Erden nicht gewachsen.

Ein Platz, den man höchstens mit dem Petersplatz in Rom, mit dem Roten Platz in Moskau vergleichen kann, ein Mittelpunkt der Welt. Von drei Seiten ist er von den Gebäuden der Maidresse Ulug Beg umfaßt, dieser ersten, einzigen weltlichen Universität des Mittelalters, deren geistige Ausstrahlung zu Beginn der Neuzeit bis nach Europa reichte. Nach Westen ist der Platz zur Wüste hin offen und mündet in die uralte Karawanenstraße, die von hier auf der einen Seite nach Arabien und Europa, auf der anderen Seite nach Indien und China führte. Vielleicht liegt in dieser Offenheit, in diesem Am-Wege-Liegen das Geheimnis des Registan-

platzes.
Tausend Geschichten ranken sich um diesen Platz. Sie berichten von blutigen Kriegen, Nomadenüberfällen, Hungersnöten, schändlichen Niederlagen und Heldentaten, ein Nibelungenlied der Wüste. Aber mehr als die Sagen des Mittelalters ergreift mich eine Episode. 1924, am 8. März, dem Internationalen Frauentag, versammelten sich auf dem Registan hunderttausend Frauen aus ganz Usbekistan und legten demonstrativ ihren Schleier ab, jenen Schleier, mit dem Timur einst alle Frauen strafen wollte, als er über den Seitensprung der Bibi Chanum in Zorn geriet. Als sich die Nachricht von dieser Entschleierung in Mittelasien verbreitete, wagten die islamischen Feudalen einen letzten Aufstand und erschlugen in einem Jahr mehr als sechstausend Frauen, die sich auf so dramatische Weise emanzipiert hatten. Hier auf dem Registan ist dieser Kampf Geschichte, Geschichte wie der kopflose Schah und der lahme Timur.

21.

Auf dem Basar

Im letzten Frühjahr hat der größte Kaufmann in meinem Heimatdorf seinen Laden gründlich renoviert, die Preise heraufgesetzt und das Geschäft in *Super-Bazar* umbenannt. Wenn es eine Strafe gäbe für den Mißbrauch von Worten und Begriffen, dann hätte Kaufmann Langner Lebenslänglich verdient. Was ist der Basbecker gegen den samarkandischen Basar, das Urbild aller Basare dieser, der vergangenen und der künftigen Welt! Als die Klassiker von der Abschaffung des Geldes träumten, kannten sie Samarkand nicht, sonst wären ihre Theorien vielleicht anders ausgefallen. Das Kaufen ist auf dem Basar kein billiges Geschäft, kein einfacher Handel, sondern ein Ritus, der Zeit verlangt, Liebe und Lust; am Ende steht ein feierlicher Vertrag, der mit einem Handschlag besiegelt wird. Auch die Gesetze des Sozialismus haben an diesen Formen wenig geändert. Die offiziell angezeigten Tarife verstehen sich als Höchstpreise, und je mehr sich die Sonne dem Zenit nähert, desto höher steigen die Chancen geschickter Käufer, den vorgeschriebenen Preis herunterzuhandeln. Zeit ist auch hier Geld: je länger das Kaufgespräch dauert, desto weniger Rubel wechseln schließlich den Besitzer.

Wie Dantes *Inferno,* so empfängt auch der Basar den Besucher mit Losungen, die über dem Eingangstor angebracht sind: *Seid freundlich zueinander!, Vorwärts auf dem Weg zum Kommunismus!* und *Herzlich willkommen!* Die Sprüche mögen sich wandeln, aber der Ort des Handels ist seit eh und je derselbe: hier, hinter dem Registan, im Schatten der Bibi-Chanum-Moschee, hier in diesem Gewirr von Läden, Ständen, Buden, Werkstätten, Markthallen und Stellflächen, wird schon seit über tausend Jahren gefeilscht, seit Mohammeds Zeiten. Und wenn es auch allenthalben Lautsprecher, Lastwagen und zur Verkehrsregelung und zur Überwachung des Marktgeschehens sogar Fernsehkameras gibt, so überwiegt doch der Eindruck, in eine mittelalterliche, vorindustrielle Welt zurückversetzt zu sein. Um mich herum bewegen sich Gestalten aus dem Märchen von Ali Baba und den vierzig Räubern. Auf Knotenstöcke gestützt, bekleidet mit dem knielangen, ungeknöpften, blauen Chalat, streichen die Männer bedächtig ihre Ho-Chi-Minh-Bärte. Ihre Gesichter sehen aus wie verwittertes Gestein in der Wüste. Am Rande des Basars, entlang der Stadtmauer, stehen Esel, als hätte Don Quichotte sie hier stehengelassen; nur die Ohren und der Schwanz sind in Bewegung, alle übrigen Körperteile sind zum Eselsdenkmal, zum Lob der Faulheit, erstarrt. Mitten zwischen den Lastautos parken einzelne Kamele. Ihre Decken unterscheiden sich nur wenig von den Planen, die über die Motorfahrzeuge gespannt sind. Beide sind von der braunen Farbe der Dünen, Hügel und Wüstenberge vor den Toren der Stadt.

An den Verkaufsständen stehen automatische Waagen, aber die Waren sind so arrangiert, als hätte die Menschheit erst gerade gestern ihr Paradies verlassen. Rote, gelbe, grüne Äpfel: mit Rilke zu reden, *sonnig, erdig hiesig! Erfahrung, Fühlung, Freude: riesig!* Blaue, gelbe und braune Weintrauben, die in tiefen Kellern frisch geblieben sind, und Rosinen, Korinthen, Sultaninen säckeweise! Auf dem Boden gestapelte Melonen aller Rassen und Klassen, groß wie Fußballbälle, Medizinbälle, Sonnenbälle! Walnüsse, Haselnüsse, Paranüsse, getrocknete Hagebutten, Quitten, Mandeln und Erdnüsse! Paprikaschoten, Granatäpfel – schrumpelig die einen, pfirsichglatt und -gelb die anderen – und Dattelpalmdolden! In einer Ecke des Basars sammeln sich ganze Ensembles von meterhohen Zwiebel- und Knoblauchtürmen. Barrikaden aus Sellerieknollen, Wurzeln und roten Rüben stellen sich dem Kaufunwilligen in den Weg. Weiter zur Moschee hin ist das Land, wo der Pfeffer wächst. In Säcken, Tüten und Tütchen, in Hütchen und Häufchen stehen schwarze, rote, weiße, braune, körnige und gemahlene, gestoßene, gestampfte und geriebene Gewürze zum Dranriechen, Dranschmecken und Dranniesen bereit! Es folgt das Essigreich. Wie Fische in Aquarien drängen sich in unzähligen Glashäfen eingelegte Gurken, grüne Tomaten, Kürbisse, Bohnen, Kohlköpfe, Wurzeln, Rüben und rote Bete. Wieder und wieder wandere ich über diesen Markt und sauge alles in mich auf: die Farben, das endlose Palaver und die Gerüche aus Honig, Feigen, Datteln und Rosinen, aus Knoblauch und Urin, aus frischem und verbranntem Hammelfleisch, aus Schweiß und Blut, Rettich und Lauch, aus Parfüm und Eselsgestank, die Wohlgerüche Arabiens, die kein Duftspray unserer Chemieindustrie ersetzen kann.

Die Menschen scheinen dem Bilderbuch vergangener Jahrhunderte entnommen zu sein. Usbekische Bauersfrauen sehen aus, als trügen sie Trauer. Sie tragen schwarze Kopftücher, schwarze Röcke, schwarze Pluderhosen. Sie verkaufen, vielleicht am Rande der Legalität, selbstgestrickte Wolljacken. Am Boden hocken junge Mädchen in bunten Seidenhosen mit geflammten Seidenkleidern darüber, schwarzhaarig, schwarzäugig, mit sechsunddreißig dünnen Zöpfen über dem Rücken. Am Rande des Marktes haben sich Kinder gesammelt und schauen einem Vogelspiel zu. Zwei alte Männer, bärtig, verwegen, zahnlos, mit Tjubeteikas, Turbanen und Galoschen geschmückt, reiten auf Eseln. Jeder hält eine Amsel in der Hand, mit der er versucht, den Vogel des andern zu reizen, bis sich am Ende die Vögel, aus den Händen entlassen, wütend aufeinander stürzen und sich einen Kampf liefern, der nach Punkten entschieden wird. Im Schatten der Mauern kauern Männer, die Beine untergeschlagen, mit Bärten, die dünn, ausgebleicht und lang sind wie ihre Turbane. Eine junge Frau, sehr aufrecht im Gang, trägt auf dem Kopf ein metergroßes Wollknäuel. Auf einer Tachta, einer Art niedrigem Bettgestell, liegt ausgestreckt ein Mann. Über ihm hängen sechs Hammelkeulen, in einem Holzblock steckt ein Beil, die Waage daneben steht auf Null: der Schlachter hält Siesta. Eine Frau, dick in Tücher gehüllt (denn was gegen Kälte schützt, ist auch gut gegen Hitze und große Gerüche) brät in einer wagenradgroßen Pfanne Fische in siedendem Öl.

Sie wirft die lebenden Fische aus dem hinter ihr stehenden Bassin direkt ins heiße Öl und befördert die gebratenen Fische mit derselben Zange, die auch die Fische vom Leben in den Tod befördert, auf die Pappteller der Fischliebhaber. Eine andere Frau, blau in blau gekleidet, verkauft Nadel und Zwirn. Muß sie ausnahmsweise großes Geld herausgeben, schiebt sie ihren Überrock hoch hinauf und zieht aus der Pluderhose darunter das Wechselgeld. Schuhmacher, Uhrmacher, Kammacher, Juweliere und Änderungsschneider hocken im Schneidersitz in ihren winzigen Werkstätten. Über ihren Köpfen rotiert ein elektrischer Ventilator, sie benutzen moderne Präzisionslampen und gehören Handwerkerkollektiven an, aber ihre Arbeit verrichten sie immer noch mit der Hand, mit jahrhundertealten Griffen, Tricks und Kniffen. Wie lange hat diese alte Welt noch Bestand? Wann hat die neue Zeit die alte gänzlich aufgesogen? Ich wünsche mir, daß die Essenz dieser arabisch-orientalischen Zauberwelt aufgenommen wird in die sozialistische Weltkultur, in die auch wir eines guten, fernen Tages einbezogen werden. Zum Sozialismus soll alles gehören, was uns reich und Freude macht: deutsche Lieder, die Farben Frankreichs – und die Farben Asiens, die Wohlgerüche Arabiens und die Reize aus Tausendundeiner Nacht!

22.
In Nurek

Welch ein Morgen: Osterhymnen kommen mir in den Sinn! Der junge Tag steht mit betauten Wimpern vor meinem Fenster, aus der Kapuze des Himmels verstreut er blankes Silber, und Schlag sechs ruft der Muezzin der Fabriksirenen: Ihr Arbeiter von Duschanbe, ihr Kolchosbauern, ihr Dichter, steht auf! Eure Zeit ist gekommen! Wir fahren im Frühtau zu Berge. Kaum haben wir die Stadt verlassen, kommt die Sonne über die weiße Wand des Pamir gerollt. Wie ein mächtiger Stier packt der siebentausendeinhundert Meter hohe Pik Lenin den Feuerball mit den Hörnern und schleudert ihn aufs Dach der Welt; so heißt hier der Pamir.
Etwas später schwingt sich der Wind aufs Pferd und eilt davon. Wo immer wir mit unserem Jeep hinkommen, wie hoch wir auch klettern, er ist wie der schlaue Igel von Buxtehude immer schon da.
Die Steppe wird zu den hohen Bergen hin immer höckriger. Nur gelegentlich wird ihr aschgraues, mitunter braungetöntes Fell durch eine grüne Decke aus junger Saat unterbrochen. Die Häuser in den winzigen Dörfern sind von gleicher Farbe wie die Steppe. Aus den weit offenstehenden Fenstern und Türen schauen sie einander verwundert an. Über jedem Haus weht eine Rauchfahne.
Wir fahren an einem Friedhof vorbei. Jedes Grab ist eingezäunt. Es sieht aus, als stünden lauter Bettgestelle beieinander, in denen die Toten ihrer Auferstehung entgegenschlafen. Über den älteren Grabinschriften verwittert ein Halbmond, über den jüngeren leuchtet ein roter Sowjetstern.
Wir klettern höher. Jeder Gipfel ist wie mit der Rasiernadel in den Himmel geritzt. Die Steine sind entweder nackt wie in den ersten Schöpfungstagen oder mit einem grünblauen Flausch überzogen. Nur selten klammern sich Krüppelkiefern oder Ginstersträuche an den Hängen fest.
Endlich sind wir auf der Paßstraße nach Nurek. Wer uns auf der Landkarte sucht, findet uns dort, wo die Landkarte Asiens das

tiefste Braun zeigt, wie sonst nur noch in Tibet. Die weißen Flekken stellen Gletscher dar, in der Natur Tadschikistans sind sie hundert Kilometer und mehr lang. Durch die Frontscheibe stürzen die Felsen auf uns zu und fliegen übers Verdeck nach hinten. Ich möchte am liebsten jedem Berg einen Namen geben: der Bär, das zweihöckrige Kamel, der Saurier, der Philosoph. Von meinen beiden Begleitern weiß keiner, wie die Klötze heißen. Unter uns, über uns kriechen auf steilen Serpentinen Lastautos wie kleine Mäuse den Paß hoch, hinter ihnen wedeln lange Schwänze aus Staub. Eine Hammelherde versperrt die Paßstraße, alle Autos halten an. Der Hirt trägt einen leuchtend blauen, knopflosen Mantel, einen roten Turban, schwarze Schaftstiefel. Seine Herde klettert ohne Hast eine steile Böschung zum Fluß hinunter. Unten schießt flaschengrünes Gletscherwasser durchs Tal und wirbelt an den Felsbrocken zu weißer Gischt auf. Wo die Sonne den Wasserstaub trifft, bilden sich überall Bruchstücke von Regenbogen.

Gegen Mittag sind wir endlich am Ziel unserer Reise angelangt, dem Tal, der Stadt und dem Staudamm von Nurek. Trotz der Höhe von über tausend Metern und des Schnees auf den weiter oben liegenden Hängen ist es unten in der Schlucht glühend heiß. Hier, an dieser Stelle, haben schon andere, berühmtere Weltreisende im Schweiße ihres Angesichtes gebadet. Marco Polo machte hier in diesem Nadelöhr auf dem Kamelpfad nach Indien Station, und 1930 drang Egon Erwin Kisch zu Pferde bis hierher vor, schimpfte über die *Sturzwellen von Staub,* die ihn *wie eine Totenmaske* einhüllten, und informierte sich rein spekulativ über die Möglichkeit, gerade hier einen Staudamm zu bauen. Heute, siebenundvierzig Jahre später, geht Kischs Dursttraum der Vollendung entgegen. Auch andere Kollegen von der schreibenden Zunft, Zeitgenossen und Landsleute, waren in den letzten Jahren hier in Nurek zu Gast, sie waren, ihren Eintragungen ins Gästebuch der Damm- und Kraftwerksbauer zufolge, über alle Maßen beeindruckt und schrieben hinterher, zur Enttäuschung ihrer sowjetischen Gastgeber, so gut wie keine Zeile. Ich ahne, warum. Sie hatten einfach Angst vor dem Umgang mit Superlativen, Angst vor Stilsünden.

Die alten Tadschiken hatten für diese Gegend einen treffenden, geradezu plastischen Namen, sie nannten sie, durchaus ohne Hintergedanken, den *Arsch der Welt.* Nurek, den Ort, wo der Waschch, zu deutsch der Unbezähmbare, aus dem Pamir in die

Ebene stürzt, muß man folgerichtig als der Welt Arschloch bezeichnen, ein Riesenarschloch, zwischen zwei mächtigen Felsbrocken eingezwängt. Marco Polo und alle anderen, die zwischen der Antike und der sozialistischen Epoche zu Fuß, zu Roß oder zu Kamel von Mittelasien nach Indien herüberwollten, überwanden die peinliche Stelle mit einer Seilbrücke, die in sechshundert Meter Höhe über dem Flußbett von Fels zu Fels gespannt war. Bis 1961 die Bolschewiken einen der Felsen einfach in die Luft jagten.

Seither arbeiten hier mehr als neuntausend Spezialisten, die Hälfte von ihnen mit alpiner Ausbildung, um den Unbezähmbaren zu zähmen. Aber einem Riesen den Durchfall zu verstopfen, ist kein leichtes Stück, zumal der Riese von Zeit zu Zeit mächtig in Rage gerät und anfängt, inwendig zu donnern und zu grollen. Nurek und das Waschch-Tal zählen zu den erdbebenreichsten Gebieten der Erde. Bei tausend Beben im Jahr wackeln hier die Stühle durchschnittlich dreimal am Tag, zum Frühstück, zum Mittagessen und zum Abendbrot, die künstlichen Sprengungen gar nicht mitgerechnet. Beton als Baumaterial schied darum grundsätzlich aus, und es wurde über zwei Jahrzehnte herumexperimentiert, bis man endlich eine bebensichere Substanz gefunden hatte. Der Kern des Nurek-Staudamms besteht aus elastischem Lehm, darüber kommen verschiedene Schichten von Sand und Kies, und ganz obendrauf werden ähnlich wie bei den Küstenbefestigungen zuhaus dicke Felsbrocken aufeinander geschichtet. Wackelt die Erde, dann drücken die Steine auf den Kies, der Kies preßt den Lehm, der Damm wird dadurch immer fester.

Der Waschch-Fluß hat es in sich: er fällt auf einer Strecke von weniger als fünfhundert Kilometern von fünftausend auf sechshundert Meter über dem Meeresspiegel, und dieses Riesengefälle macht ihn trotz der Breite von nur acht Metern zu einem der energieträchtigsten Ströme der Erde. Das Nurek-Kraftwerk soll nach seiner für 1980 geplanten Fertigstellung 3,6 Millionen Kilowatt pro Stunde liefern, soviel wie der gegenwärtige Strombedarf ganz Mittelasiens. Da bis dahin auch das Verbundnetz des gesamten sozialistischen Lagers geschlossen sein wird, ist es denkbar, daß die Energie vom Arsch der Welt bis nach Rostock und an die Tore Hamburgs fließen wird. Mir wäre jedenfalls tadschikische Fernenergie lieber als Brokdorfer Atomstrom!

Noch gewaltiger sind die Perspektiven für die Bewässerung Mit-

telasiens. Durch sieben verschiedene Felsentunnel soll das Wasser aus dem Stausee in die Wüsten Tadschikistans geleitet werden. Der Amur-Daja wird regelmäßig und nicht bloß zur Schneeschmelze mit Wasser versorgt, das neue Bewässerungssysteme in Usbekistan ermöglicht, und schließlich wird der Aralsee vor dem drohenden Austrocknen bewahrt. Ein Jahrhundertbauwerk, aber dahinter tauchen bereits die Umrisse eines größeren Projektes auf, das spätestens an der Schwelle zum neuen Jahrtausend in den Dienst der Menschheit gestellt werden soll. 1980, wenn Nurek fertig ist, werden die Staudammbauer fast tausend Meter höher steigen und flußaufwärts das Kraftwerk Hogin bauen, mit doppelt so starker Mauer und dreimal so hoher Energieleistung.
Ich fahre mit dem Lastauto in Zickzackserpentinen bis auf den Kamm des Staudamms. Er ist jetzt runde 270 Meter hoch, gut sechzig Meter sind noch zu bauen. Eine Art Cheopspyramide des wissenschaftlich-technischen Zeitalters, kühl berechnet, tollkühn ausgeführt! Ein Weltwunder am Arsch der Welt! Nirgendwo auf unserer Erde gibt es derzeit einen höheren Staudamm!
Hinter dem Lehmkiesfelsendamm dehnt sich flaschengrün der Nurek-Stausee, er teilt sich in dunkle und helle, spiegelglatte und gekräuselte Wasserflächen. Einzelne Grate, die aus dem Wasser ragen, lassen die Vermutung zu, daß irgendein sensationsgieriger Journalist hier irgendwann ein neues Loch-Ness-Untier ausmachen wird. Seit sich das Waschch-Tal von Jahr zu Jahr mehr mit Wasser füllt – der Stausee ist bereits siebzig Kilometer lang –, verändert sich das Klima. Die Luftfeuchtigkeit erhöht sich, die Berghänge bekommen einen grünen Überzug.
Allah, Du hast die Hölle geschaffen: wozu dann noch Nurek! so hieß es im alten Tadschikistan. Allah hat endlich die Beschwerden der Ungläubigen erhört und ist dabei, mit Hilfe der Bolschewiken die Hängenden Gärten Babylons hierher, an den Arsch der Welt, zu verlegen.

23.
Befragung der Staudammbauer

Unterhalb des Damms ist in einer Baracke ein Erfrischungsraum für die Bauleute untergebracht; der Raum dient zugleich als provisorisches Fernsprechzentrum. „Wer Wolgograd bestellt hat, bitte zum Apparat!“ ruft die Telefonistin, und der Glückliche rennt in die Zelle, die kein Postgeheimnis erlaubt. „Gallia, hörst du mich? Hörst Du mich? Du kannst kommen! In zwei Wochen wird unsere Wohnung fertig! Glaubst du nicht? Doch, ganz bestimmt, hab ich selber gesehen!“
Die anderen, die ein Telefongespräch angemeldet haben, lächeln ein wenig verlegen. Eigentlich ist es ja nicht sehr taktvoll, hier sitzenzubleiben und zuzuhören, aber wohin sollen sie gehen? Die Ohren zuhalten, wäre zu viel verlangt, und so gleicht die Reihe der Wartenden Barlachs berühmtem *Fries der Lauschenden:* alle sind ganz Ohr und ganz freudiger Erwartung. Gleich sind sie selber an der Reihe, und ihre Stimme bahnt sich einen Weg hinweg über Tausende Kilometer nach Moskau und Leningrad, nach Wladiwostok oder Minsk. Ihre Mütter und Frauen, ihre Bräute und Brüder erfahren dann, daß bei ihnen in Nurek alles nach Plan geht, daß ihre Mauer bald so hoch wie der Eiffelturm sein wird und daß sie gerade das vierte Aggregat in Probebetrieb genommen haben. Hier in dieser verqualmten Kantine wechselt ein Telefongespräch das andere ab, und jedes geht in eine andere Ecke dieses weiten Landes. Jetzt begreife ich, was der Spruch über der Einfahrt zur Baustelle heißt: „Hier bauen 42 Städte“. Aus 42 Städten der Sowjetunion, aus allen Republiken und Nationalitäten kommen internationale Brigaden, die hier Hand anlegen.
Ich frage ein paar Männer, warum sie nach Nurek, an den Arsch der Welt, gekommen sind. „Was soll's?“ sagt einer, der aussieht wie eine antike Atlasgestalt, breit, als trüge er ein Sechstel der Erde auf seinen eigenen Schultern. „Was soll's? Du schreibst ja doch nur, was in der Zeitung steht. Alle Reporter schreiben dasselbe: *Wie der Stahl gehärtet wird* und so weiter, aber die Zeiten sind für mich vorbei. Wie es hier wirklich zugeht, mußt du auf-

schreiben. Und daß ich hauptsächlich wegen der achthundert Rubel im Monat hier bin."
„Gut, das will ich schreiben, da du das gesagt hast."
„Ich?"
„Ja, du. Nicht deinen Namen, der tut vielleicht nichts zur Sache, aber daß einer von euch, ein Bursche wie du, das so gesagt hat, will ich schreiben."
„Meinetwegen. Wir sind hier nämlich keine Heiligen, wir mögen diesen Heldenglanz nicht."
Einer widerspricht: „Aber das heißt nicht, daß wir nur hierher gekommen sind, damit wir in dreißig Jahren mal 'ne dicke Pension beziehen und alle unsere Datsche haben. Ich glaub nicht, daß bei uns das Geld die Hauptrolle spielt. Viele wollten einfach mal raus von zuhaus, raus aus der Stadt, raus aus dem Alltag."
„Wieso, ist hier dauernd Sonntag?"
„Nein, aber hier ist sowas wie Subbotnik-Stimmung. Hier ist jeder ganz anders mit der Arbeit verbunden. Jeder sieht und erlebt mit eigenen Augen, am eigenen Leib, wie der Damm in die Höhe kommt."
„Bist du in der Partei?"
„Klar, muß ich doch."
„Mußt du? Warum?"
„Ich bin schließlich Arbeiter, Qualitätsarbeiter."
„Den darfst du nicht fragen," sagt ein anderer, „das ist unser Stachanow. Wenn ich den seh, gratuliere ich immer gleich. Der hat inzwischen bestimmt wieder einen neuen Orden in der Tasche oder war mal wieder in der Zeitung."
„Du weißt nicht, wie ich hier zum *Held der sozialistischen Arbeit* geworden bin. Heiraten wollte ich endlich, meine Frau kriegte aber nur Donnerstag frei, und mir wollten sie in der Woche überhaupt keinen Urlaub geben. Da hab ich gesagt, ich mach die Arbeit von fünf Tagen in dreieinviertel Tagen. Und richtig, Donnerstagmorgen, viertel vor zwölf, war ich fertig, und um eins war ich dann beim Standesamt."
„Aber dann hast Du verdammt losgelegt . . ."
„Unfug, ich stell einfach ein paar Ansprüche. Vom Arzt, der mich behandelt, wenn ich krank bin, vom Schneider, der mir den Anzug macht, vom Lehrer, der meine Kinder erzieht, verlang ich Qualität. Also verlang ich auch von mir Qualitätsarbeit. Ich hasse alles, was bloß durchschnittlich ist, das ist unter unserem Niveau.

Unsere Aufgabe hier ist groß, da verlang ich auch von jedem von uns Größe."
„Und wie bist du nach Nurek gekommen?"
„In Nowosibirsk hatte ich einen richtigen Schreibtischberuf, war Ingenieur, hab aber nur mit dem kleinen Finger und vielleicht noch mit meinem Sitzfleisch gearbeitet. Ich wollte aber mal mit der ganzen Hand, mit dem ganzen Körper, mit Leib und Seele arbeiten, darum bin ich hergekommen."
„Ich bin hier," meint ein anderer, dessen Gesicht wie mit dem Stemmeisen modelliert aussieht, „weil's mein Beruf ist. Ich bin Ingenieur und war schon in Assuan dabei, und zwischendurch war ich in Bratsk. Überall hab ich meinen Namen in Beton geritzt, aber hier in dem Kies ist es schwerer, sich zu verewigen."
Ein anderer: „Ich war vorher Schafhirt hier in der Gegend, hatte Viehzucht studiert, war sozusagen akademischer Schafshirt. Was blieb einem in Tadschikistan auch schon übrig? Dann brachte ein neues Wort, *Wasserkraftwerk Nurek,* Unruhe und Aufregung in unser Dorf. Ich bin hingegangen zur neuen Baustelle, hab die Schafe Schafe sein lassen und bin Baggerführer geworden. Wenn dieser Damm fertig ist, geh ich mit nach Hogin."
„Wollt Ihr anderen auch mit rauf an die nächste Baustelle?"
„Ich glaub, in drei Jahren hab ich die Landstreicherei satt, dann geh ich zurück zu meiner Frau in die Ukraine. Man kann sein Familienleben nicht auf den St. Nimmerleinstag vertagen."
„Kann deine Frau nicht hierher kommen?"
„Nein, sie arbeitet in der Baumwollverarbeitung. Sie ist Spezialistin, da ist hier für sie nichts zu machen. Und meinen Kindern mag ich die Umstellung auch nicht einfach zumuten . . ."
Sieben Arbeiter. Sieben verschiedene Ansichten.

24.

Im Jawan-Tal

Die Straße von Duschanbe ins Jawantal läßt nicht mehr ahnen, daß Egon Erwin Kisch und seine Begleiter hier vor fünfzig Jahren nur auf Kamelen vorwärtskommen konnten und zum Schutz gegen den Sand nasse Tücher vor den Mund nehmen mußten. Das Tal ist jetzt grün von Obstbäumen, Plantanen und Ahornbäumen, von Zypressen und Zitrussträuchern; es gibt keinen Sand, keinen Staub, keine Wüste mehr. Auf der Straße bewegt sich ein reger Überlandverkehr, Lastwagen mit Baumaterialien, Traktoren, Schafherden, vereinzelte Kamele und häufiger Pferde mit schilfrohrspitzen Ohren, mit flatternden Mähnen und stolzen, feierlichen Reitern kommen uns entgegen. Früher, erzählt German Rafijew, gab es hier nur Hyänen und Schakale.

„Und was ist aus den wilden Tieren geworden? Sind sie ausgerottet?"

„Nein," antwortet German, „man hat sie eingefangen und weiter nach Norden umgesiedelt."

„Auch umerzogen?" frage ich.

„Vielleicht, im Zoo von Duschanbe sind die Hyänen fromm wie Schoßhunde."

Rechts wie links der Landstraße ist die Feldbestellung in vollem Gange. „Alles jungfräulicher Boden." sagt German. Um im Bilde zu bleiben, er wird von Traktoren mit zwölf tiefen Pflugscharen defloriert, und Agrarflieger schwängern ihn aus der Luft mit Weizensamen.

Das ganze Land ist von einem dichten Netz schnurgerader Kanäle durchzogen. Durch sie werden Minute für Minute zweitausend Kubikmeter Wasser auf die dürstenden Felder verteilt, Wasser, das durch unterirdische Tunnel aus dem Nurekstausee herangeführt wird. Die Dörfer bestehen aus lauter Bilderbuch- und Baukastenhäusern, die der Landschaft zusammen mit den Wasserläufen ein fast holländisches Aussehen geben. „Früher," erzählt German, „lebten hier die Menschen nur in Lehmhöhlen. Lehmhütten waren eine Art von Luxus."

„Aber du stammst nicht von hier?"
„Nein, an meinem Namen, an meiner Stimme und an meinen blonden Haaren kannst du sehen, ich komme aus der Gegend von Leningrad."
„Und wie bist du hergekommen?"
„Mit dem Flugzeug, das war nicht das Problem. Frag lieber, wie ich hiergeblieben bin. Das ist eine komplizierte Geschichte."
„Erzähl!"
„Ich war in Leningrad Ingenieur und hab da an die zehn Jahr in der Rekonstruktion gearbeitet, aber irgendwann wurde mir das dann zuviel, ich wollte nicht bloß alte Schlösser wieder aufbauen, ich wollte mal was Neues machen. Da hab ich von der Erschließung des Jawantals gehört und mich zum Tunnelbau gemeldet. Meine Frau studierte an einem pädagogischen Institut, sie hatte Angst vor Mittelasien und vor dem Leben in der Wüste. Dann war sie einverstanden, daß ich zunächst allein fahre. Sie wollte in Leningrad zuendestudieren und in zwei, drei Jahren nachkommen. Ich hab sie besucht, so oft ich fahren konnte, aber sie ist nie runter gekommen. Zuhaus hat sie mich immer in schönen Kleidern und hübsch angemalt empfangen. Beim Abschied hat sie jedesmal geweint und versprochen, sie wollte bald kommen. Aber sie kam nicht, auch nach dem Studium nicht. Dann schrieb sie mir irgendwann, sie halte es nicht mehr aus, und schlug mir die Scheidung vor. Das war ein schwerer Schlag für mich, und vielleicht einer der Gründe, warum ich nicht mehr zurück nach Leningrad wollte.
Was sollte ich da? Im Krieg brauchte uns Leningrad, und jetzt braucht uns Mittelasien, sagte ich mir. Die Wüste verlangt viel, dafür war meine Frau nicht stark genug. Nicht weil sie eine Frau ist, nein, hier machen auch Männer schlapp. Der erste Mann von meiner jetzigen Frau zum Beispiel . . ."
„Du bist wieder verheiratet?"
„Ja, seit einem knappen Jahr, und Vater bin ich auch schon geworden."
„Gratuliere! Und deine Frau stammt von hier?"
„Nein, aus Alma-Ata stammt sie. Sie war verheiratet mit einem richtigen Träumer, der war wegen der Romantik hierhergekommen, Lagerfeuer, Zelte, den hatte die Lektüre angesteckt. Aber dann kam die Langeweile, harte Arbeit, der tägliche Kleinkram. Er wurde krank hier, richtig krank. Ging schließlich zurück nach Alma-Ata."

„Und seine Frau, deine Frau?“
„Blieb hier. Das heißt, erst fuhr sie mit ihm zurück nach Alma-Ata, pflegte ihn gesund, und kam dann zurück in den Sowchos. Sie ist von anderer Art, sie gehört hierher. Als wir uns wiedertrafen, sagte sie nur: ‚Ich bin Tierärztin, hier ist meine Arbeit, mein Sowchos.‘ Ja, da hat es mich gepackt, diese kleine Gestalt mit dem krausen dunklen Haar und so viel Entschlossenheit, da hab ich mich in den Kampf geworfen. Leicht war es nicht, aber heut ist Lydia, wie gesagt, meine Frau.
Wir sind ja beide geschieden, und manchmal kommt es schon vor, daß ein Genosse so seine Fragen stellt. Aber ich sage dann, das ist hier ein außergewöhnliches Land mit außergewöhnlichen Aufgaben, das bringt mitunter außergewöhnliche Entscheidungen mit sich, mit gewöhnlichen Lebensformen kommt man hier nicht aus.“
Im Kulturhaus des Rayonzentrums lerne ich Germans Frau kennen. Er hat nicht übertrieben; für die würde ich auch in die Wüste gehen, und allemal in eine Wüste, die sich in der Zeit der Liebe in fruchtbares Land verwandelt. Die Gastgeber führen einen kurzen Dokumentarfilm vor. Die Aufnahmen zeigen, wie im Mai 1968 das erste Wasser durch den Tunnel aus dem Stausee von Nurek ins Tal strömt. Ich sehe alte Männer vor Freude weinen. Sie besprengen sich mit dem frischen Wasser, als wäre es Weihwasser. Früher hatten sie Wasser mit Maultieren über eine sechzig Kilometer lange Paßstraße ins Tal gebracht. Heute, berichtet der Parteisekretär, leben im Jawantal schon siebzigtausend Menschen. Vor zwanzig Jahren waren es kaum mehr als tausend Seelen, die Kommunisten und die Frauen, denen die Altgläubigen die Seele absprechen, mitgerechnet.
Zum Beweis für die gewaltigen Veränderungen zeigt mir der Genosse die neueste Ausgabe der Jawaner Tageszeitung. Dreiviertel der Meldungen wären vor zehn Jahren nicht denkbar gewesen: da hat der Fischer Faktallo Bobojew den Orden *Held der sozialistischen Arbeit* erhalten, weil er in seinen Fischteichen mehr als 75 Zentner Fisch je Hektar Wasserfläche geerntet hat. Die Melkerin Anna Raschidewa hat eine Prämie bekommen, weil sie ihren Kühen im letzten Jahr mehr als dreitausend Liter pro Stück abgezapft hat, die Brigade Jefim Schmidt hat ihre hundertzehn Hektar Baumwolle vorfristig bestellt und leistet jetzt im Nachbarsowchos Nachbarschaftshilfe. Meldungen aus dem proletarischen Helden-

leben, wie sie beinahe jede sowjetische Zeitung füllen. Die Nachrichten, die unsere bundesdeutsche Lokalpresse so unverwechselbar machen, wie „Kaufmann Langner neuer Schützenkönig“, „Schulmädchen unsittlich berührt“, „Sturz vom Heuboden“ sucht man allerdings vergebens; insofern ist das Jawantal publizistisch eine unterentwickelte Zone.

Ich gebe zu, manche Nachricht wirkt auf mich unangemessen pathetisch. Aber bestehen hier nicht gute Gründe dafür? Nicht nur, weil die Berge nicht weit von hier auf über siebentausend Meter steigen und wie der Pik Lenin jährlich um weitere zwei Zentimeter wachsen. Nicht nur, weil hier hundert Kilometer keine Entfernung, hundert Rubel kein Geld, hundert Gramm kein Wodka sind. Vor allem weil sich hier im Jawantal in kaum neun Jahren mehr verändert hat als in neun Jahrhunderten vorher. Wer wollte denen, die das am eigenen Leibe miterleben, ihre Begeisterung, ihren Überschwang verübeln! Ich möchte nicht wissen, wie manche unserer Landsleute, wie unsere Zeitungen und Meinungsmacher den Mund vollnehmen würden, könnten sie vergleichbare Leistungen vorweisen.

Wir sitzen an langen Tischen beieinander, Degenhardt-Lieder kommen mir in den Sinn. Auf dem Tisch liegt ein Tuch, schneeweiß wie die Blusen der Frauen. Silberne Bestecke werden gereicht, die Speisen nehmen kein Ende. In meinem Trinkspruch danke ich den Gastgebern, beglückwünsche die Jawantaler zu ihrem Garten Eden, sage ich, daß ich mich schon nicht mehr als Fremder fühle. Am Ortsausgang verabschieden mich Rafijew, seine hübsche Frau und der Parteisekretär nach Landessitte. Hier, am Rande der weiten Felder, riecht es nach Estragon, nach Salbei und anderen würzigen Kräutern. Lydia füllt einen großen Kelch mit Wein und bittet uns der Reihe nach, auf die *Mutter Erde* zu trinken, *die uns alles gibt und uns am Ende friedlich vereint.* Wir brechen ein Fladenbrot miteinander und küssen einander auf die Stirn. Rafijew zeigt auf die hohen Berge am Horizont und sagt: „Sie kommen nie zueinander, wir Menschen aber treffen uns wieder und wieder!“

25.
Duschanbe

Duschanbe. Vor der Zeitenwende, das heißt hier: vor der Revolution, war hier nur ein Dorf. Das Dorf hieß Duschambe, und Duschambe heißt Montag. Am Montag war Markt, und an allen anderen Tagen war nichts. Als die Republik Tadschikistan gegründet wurde, machten die Bolschewiken das größte Dorf des Landes zur Hauptstadt. Was gehört zu einer sozialistischen Hauptstadt? Ein Regierungsgebäude, ein Zentralkomitee, Revolutionsmuseum, Elektrizitätswerk, Wasserwerk, Krankenhaus, Universität, Theater, Polizeipräsidium, Justizpalast, Postamt, Bibliothek, Opernhaus, Kinos, Schulen, Straßen, Fabriken, Wohnungen und so weiter und so fort! Und was ist da, wo früher nur Dorf war? Da hat man vor allem Platz. Also baut man als erstes einen riesengroßen Platz, und darauf stellt man einen Lenin. Und dann nimmt man ein Lineal, zieht in westöstlicher Linie einen Strich, das ist die Hauptstraße, zieht ein paar Querstriche, möglichst im rechten Winkel, das sind die Nebenstraßen. Die Gebäude, die man braucht, stellt man der Reihe nach links und rechts der Straßen auf und ordnet sie so an, daß sie alle in einer Beziehung zum Lenin in der Mitte der Stadt stehen. So ist Duschanbe, die Hauptstadt Duschanbe, entstanden, eine Stadt, die sich sehen lassen kann, wenn man sie vor lauter Bäumen im Stadtkern auch kaum noch sehen kann.

Da es für meine Begriffe unanständig heiß ist, versuche ich mir die Stadt auf andere Weise zu erschließen. Ich flagge mich im zentralen Kulturpark, in Reichweite des zentralen Lenindenkmals, ins haushohe Gras und lasse die sprichwörtlich schöpferische Atmosphäre der tadschikischen Hauptstadt möglichst allseitig auf mich einwirken. *Glocken und Zyanen, Thymian und Mohn, ach ein fernes Ahnen hat das Herz davon. Und im sanften Nachen fahr ich so dahin, zwischen Traum und Wachen frag ich, wo ich bin.* Auf Lenins Porphyrkopf und auf seinem ausgestreckten Zeigefinger turtelt ein Turteltaubenpaar, ihr Nistplatz ist schräg gegenüber auf General Frunses Maschinengewehrmagazin. Lenins

Rückwand dient als eine Art poetischer Datenbank. Dort werden handgekritzelte Gefühlsdaten vom Typus „Natascha liebt Wadim" gespeichert. Liebespfeile durchbohren Herzen. Kinder entdecken ihre sexuelle Phantasie. Auf den quadratischen Steinplatten rings um den Denkmalsockel spielen kleine Mädchen Hinkepott und Hüpfen – wie überall auf unserer Welt. Ein Milizionär geht vorbei, beäugt mich kritisch, dann nickt er freundlich und legt sich einige Schritte weiter selbst ins Gesträuch, um dort in einer Lyrikzeitschrift zu schmökern – bei uns würde ein Polizist Gedichte sicher nur „dienstlich" lesen. Langsam dreht sich im Park ein Karussel – zum Nulltarif. Die Kinder hängen dran wie bunte Früchte.

Weiter weg ist ein Bücherstand. Der Literaturvertrieb funktioniert hier offensichtlich nach dem Prinzip des Gemüsemarktes: morgens geliefert, mittags schon an den Mann gebracht, abends verschlungen. Durchs Grün fällt mein Blick auf einen Verkehrspolizisten, der auf dem Hauptplatz, auf einem sockelähnlichen Postament stehend, für Ordnung sorgt. Jedes Verkehrssignal ist eine perfekte Turnübung. Statt der eckig-lässigen Handbewegungen unserer Ordnungshüter vollführt dieser hier geradezu akrobatische Kunststücke. Von Zeit zu Zeit spielt er geradezu mit seinem Bizeps, um Verkehrssündern zu zeigen, daß er sie nötigenfalls eigenhändig zum Pik de Kommunismo heraufbefördert. Der steht 7425 Meter hoch gleich hinter ihm. An seiner Brust ruhen die Wolken, um sein weises Haupt hat er einen Schneeturban geschlungen. Darüber weht ein Hauch von Äonen.

Zu seinen Füßen spielt eine tadschikische Mutter mit ihrem Kind. Sie wirft einen Spielzeugreifen fort, und der Junge läuft stolpernd los, um ihn zu holen: so lernt er laufen. Später wird die Mutter ihren Jungen ins Wasser werfen, so lernt er schwimmen. Und eines Tages wird sie ihn hinaufwerfen auf den Riesenberg und zu den Sternen, so lernt er fliegen und wird ein Kommunist.

Ein optisches Signal veranlaßt mich, meine Gedanken heimwärts auf eine Umlaufbahn um die halbe Erde zu schicken, den Kugelschreiber als Startrakete, meinen Notizblock mit der Eppendorfer Kirche auf dem Umschlag als Kosmodrom benutzend: auf einer Litfaßsäule entziffere ich in kyrillischen Buchstaben den Namen Dietrich Buxtehude, die Ankündigung eines Orgelkonzertes mit seinen Werken. Es erfüllt mich mit regelrechtem Heimatstolz, daß hier, im Herzen Asiens, über achttausend Kilometer von zuhaus entfernt, in einer Stadt ohne Kirchen, die Orgeldichtungen eines der großen niederdeutschen Tonschöpfer gespielt werden, die über Jahrhunderte hinweg von der Würde heimischer Backsteindome, vom Wechsel der Gezeiten, von der Weite unserer Küsten künden.

Zuhaus geht jetzt gerade die Sonne auf, die Arbeit beginnt, sicher frösteln die Leute. Hier hat die Mittagshitze ihren Höhepunkt schon überschritten. Wie groß sind doch die Unterschiede! Unser Land daheim, weit hinter den hohen Bergen, ist von zahmer Natur, von gemäßigtem Klima, ohne Wüsten und Gebirge mit ewigem Schnee, ohne fünfzig Grad Kälte im Winter und fünfzig Grad Hitze im Sommer, ohne Erdbeben und ohne reißende Ströme. Welche Anstrengungen sind hier allein nötig, um die Kräfte der Natur zu bezwingen. Und wieviel mehr Energie war nötig, um die Zeit auf Trab zu bringen. Bei uns geht seit Generationen alles seinen kapitalistischen Gang, hier standen seit Adams Zeiten alle Räder still.

Früher wurde hier nur in Jahrtausenden gerechnet. Vierundzwanzig Stunden, heißt es, brauchten die Tadschiken, um zu schlafen, sechs Stunden, um sich den Schlaf aus den Augen zu wischen, und noch mal zwölf Stunden, um sich die Gedanken für den Tag zusammenzusammeln. Heute haben sie es hier so eilig, daß die Realitäten, die ich unterwegs zu Gesicht bekomme, schon überholt sind, wenn mein Buch ein gutes halbes Jahr später auf den Markt kommt. Überholt durch stärkere Turbinen, höhere Staudämme und Ernteerträge, durch gewaltigere Bauten und Projekte. Immer schneller arbeitet die Zeitmaschine . . .

Die Sonne scheint mir auf den Pelz, ich trolle mich fort und erlebe zwischen Traum und Wachen eine Märchenszene aus Tausendundeiner Nacht. Im Kulturpark führen auf einer Freilichtbühne Schulmädchen alte tadschikische Tänze vor. Sie hüpfen fortwährend im Kreis, mit dem Charme und dem Rhythmus einer längst versunkenen Epoche. Es tanzen nicht nur die Beine, auch die Arme, die Hände, die Köpfe bewegen sich ruckartig hin und her. Die 36 Zöpfe umschlingen den Leib der Mädchen im Tanz wie ein wehendes schwarzes Tuch. Sie verdrehen mir die Augen und den Kopf. Alles dreht sich in ihrem Tanz. Duschanbe, Lenin und das Pamirgebirge. Dann ändert sich die Rhythmik. Die Zöpfe zittern, sie fallen die Schultern herab wie Wasserfälle, die Berge und Bäume ringsum vibrieren. Wieder drehen sich die Mädchen um sich

selber, schnipsen mit ihren Fingern den Takt, streifen mich fast mit ihrem Rocksaum, tanzen hinauf zu den Bergriesen und sinken endlich ihren Müttern erschöpft und selig in die Arme.
Endlich greifen drei ältere Frauen nach dem Tamburin und schlagen mit der flachen Hand einen ekstatischen Rhythmus. Zögernd kommt eine getragene, sich nach und nach zur Leidenschaft steigernde Melodie hinzu. Eine andere Frau steigt auf die Bühne und beginnt zu tanzen, sie wiegt ihren vollen Körper in den Hüften hin und her, hebt die bloßen Arme in die Höhe und dreht sich immer rascher im Kreise. Ein Taumel scheint sie zu erfassen, wie eine Flamme brennt ihr Seidenkleid, die Brustspitzen treten um so plastischer hervor, jc mehr das Tempo ihrer Bewegung den Stoff gegen den Körper preßt. Ihr Tanz ist eine Pantomime der Liebe und der Liebeswerbung, der Leidenschaft und der Verführung. Entstanden im Harem, im Gefängnis der Lust, ist er heute und hier zum Freiheitsritus der zum Bewußtsein ihrer Schönheit gefundenen Frau geworden.
„Komm, trink!" fordert mich Dimitri auf und reicht mir einen Becher Kumys, mit gegorener Stutenmilch. „Das ist gut gegen Hitze und Sonnenstiche." Ihr säuerlich herber Geschmack wirkt lange nach, wie die Erzählungen Tschingis Aitmatows, er kühlt den Kopf und, so heißt es jedenfalls in den alten Epen der Nomaden, schärft den Weitblick.

26.

Begegnung mit einem Narren

Spätabends zieht es mich noch einmal in den Kulturpark, in dem alle Beete und Sträucher inzwischen frisch gesprengt sind und süße tropische Düfte verbreiten. Gar nicht weit vom Vater Lenin kommt mir ein verhutzeltes Männlein auf einem Esel reitend, entgegen, stolz wie unser Herrgott bei seinem Einzug in Jerusalem. In der Hand hält er einen Narrenstab, auf dem Kopf trägt er eine Narrenkappe, am Fuß schellenbesetzte, spitzschnabelige Schuhe. Es ist Hodscha Nasreddin, der mittelasiatische Verwandte unseres Till Eulenspiegel. Redselig wie unser heimischer Dorftrottel, spricht er mich vom Esel herab an und erzählt einfach drauflos.

„Neulich bin ich mit einem Journalisten aus deiner Heimat im Textilkombinat gewesen. Beim Rundgang durch die Werkhallen trafen wir auf eine Gruppe Arbeiter, die spielten hinter den Baumwollballen Skat. Peinlich. Beim Besuch im Chemiefaserwerk wurde gerade die vorfristige Planerfüllung gefeiert, keine Schicht war auf ihrem Posten. Und als wir dann die Zementfabrik besichtigen, gab's da ein richtiges Tollhaus, der Gewerkschaftsvorsitzende hatte gerade eine Betriebsrunde zu seinem Fünfzigsten Geburtstag ausgegeben. ‚Das ist wie bei uns,' meinte dein Landsmann, ‚bei uns arbeitet die herrschende Klasse auch nicht.'"

Witze dieser Art hat er noch dutzendweise auf Lager, Witze über den realen Sozialismus und über reale Schwierigkeiten. Viele habe ich unterwegs auch schon aus anderm Munde gehört. Hodscha aber reitet seit über sieben Jahrhunderten durch Mittelasiens Wüsten, Gebirge und Epochen, über Dünen und an Katastrophen vorbei. Er kommt, jedenfalls der Sage nach, aus der Türkei, kennt den Iran, Usbekistan und Kasachstan. Er kennt keine Grenzen, braucht keinen Paß und keine Fahrkarte. Meistens reist er von Mund zu Mund, wie ein Gerücht pflanzt er sich fort, schneller als Flugzeuge und Raketen. Vor der Revolution hat er sich hauptsächlich mit den Reichen angelegt, mit den Schmarotzern unter den Nomaden. Mit Timur hat er in den Badestuben Samarkands seinen Spaß getrieben und hat dem Lahmen hinterher manche Laus in den Pelz gesetzt. Er hat den Muftis falsche Suren in den Koran gelegt, hat in manchem Harem für Verwirrung gesorgt. Heute trifft man ihn auf dem Basar von Duschanbe ebenso wie im Zentralkomitee der tadschikischen Partei, er hat bei Radio Eriwan volontiert und hat in Chadschent gerade für einen neuen Schildbürgerstreich gesorgt, mit dem er sogar in die Moskauer *Prawda* gekommen ist. Unter seiner Anleitung haben Ingenieure den Plan für ein modernes Schwimmbad vorgelegt, bei dem sie buchstäblich an alles gedacht haben, sogar an einen Ruheraum für die Bademeister, nur an eins nicht: an das Wasser.

Aber seine tollsten Jahre hatte er gleich nach der Revolution; das waren, sagt er, seine tollsten Jahre seit dem hohen Mittelalter, seit

den Mongolen. „1925 war ich hier in Duschanbe bei einer Genossin zu Gast, die ich einmal als sehr junges, noch verschleiertes Mädchen kennengelernt hatte. An der rechten Hand fehlte ihr der Daumen, und ich konnte mir nicht verkneifen, sie taktvoll nach dem Grund ihres Makels zu fragen. Da begann sie zu weinen. ‚Ach, verehrter Freund, mit dreizehn Jahren wurde ich an den Emir von Buchara verkauft. Und weil ich besonders schön war, erfuhr ich seine besondere Aufmerksamkeit. Ich wurde gebadet, gesalbt und parfümiert und dann, nur mit einem durchsichtigen Gewand bekleidet, in das Gemach des Emirs geführt. Ich wußte in diesem Moment nicht, was der Dieb meiner Unschuld nur zu gut wußte. Frunse, der revolutionäre Todfeind aller reaktionären Emire, hatte seinen Palast umstellt, und der mich bedrängte, zitterte in Wahrheit mehr aus Furcht als vor Lust. Er befahl mir, den Daumen tief in seinen Mund zu schieben. Kaum wollte er sich über mich hermachen, da stürmte Frunse mit seinen Mannen in das Gemach. Der Emir biß mir vor Schreck den Daumen ab, ehe er den verdienten Emirstod sterben mußte.'"
„Eine schlimme Geschichte," sage ich. Hodscha gibt mir recht. „Finsterstes Feudalzeitalter, aber das Eingreifen Frunses rettet sie ideologisch einigermaßen."
„Hast du schon einen Titel für das Buch, das du schreiben willst?" fragt er mich, noch immer den Esel reitend. „Wenn ich nicht irre, brauchst du einen farbigen, vieldeutigen Namen, der Leute neugierig macht, die vielleicht nicht so denken wie du. So wie Kischs Buch *Zaren, Popen, Bolschewiken.* Auf den Titel sind sogar Antikommunisten reingefallen."
„Hast du einen Vorschlag?"
„Wart mal! Warst du nicht gestern in Nurek? Und du weißt auch, wie bei uns dieser Ort heißt?"
„Der Arsch der Welt."
„Du mußt zugeben, ein sprechender Titel, ein treffender Name! Ein von der Liebe zur Sowjetunion erfülltes Buch mit dem Reiztitel *Am Arsch der Welt,* das wäre ein Schaf in einem Wolfspelz! Genau das, was ihr bei euch braucht."
„Ich werd's mir überlegen, Hodscha. Und vor allem muß ich meine Freunde und Genossen fragen."
„Feigling," schimpft er, bespuckt mich mit einer deftigen Ladung Sonnenblumenkerne und reitet von dannen. Ab in die Dunkelheit.

27.
Hammelessen

Je weiter ich nach Süden und Osten komme, desto asiatischer tritt mir der allgegenwärtige Lenin entgegen. Der dunkelbraune, über zwanzig Meter hohe Lenin von Tomski auf dem Leninplatz von Taschkent, in dessen Innern man dem Klassiker regelrecht zu Kopf steigen und durch sein Auge hindurch ganz Asien überschauen kann, ist geradezu eine Übergangserscheinung von der zweiten in die dritte Welt. Vor dem Parteizentrum von Samarkand steht ein Lenin, dessen Bart schon Ho-Chi-Minh-hafte Züge hat. Aber reden will ich von dem allerschönsten Lenin, der mir auf meiner ganzen Reise begegnet ist, mitten auf dem Vorhof zum Kolchoszentrum von Podeba im Süden Tadschikistans. Er ist ganz mit goldbrauner Bronze übergossen, die nicht weniger leuchtet als die Gesichter der Baumwollarbeiter ringsum. Rund um den Klassiker stehen drei mit Teppichen ausgelegte Diwane, auf denen die Rentner der Kolchose Karten spielen und Tee trinken. Neben ihnen, an einer Tränke, sind sieben zweihöckrige Kamele angepflockt. In Lenins Achselhöhle und unter dem Kinn haben Schwalben ihre Nester gebaut. Besonders am Hals geht es lebhaft zu. Sobald ein Vogel auf den Klassiker zufliegt, lugen die Jungen rechts und links vom Bart des Propheten hervor und machen ihren Heißhunger geltend. Ein Bild des Friedens, der Eintracht von Mensch und Natur, von Leninschem Geist und nationaler Kultur. Das Tor zum Kolchos erinnert an die Eingangspforten zu den Höfen im Alten Land. Es ist aus kunstvoll verzierten Balken zusammengefügt; nur wird es nicht von lateinischen Gebeten, sondern von Hochrufen auf den Kommunismus, den Frieden und die Völkerfreundschaft gekrönt.

Der Kolchos ist wegen seines Viehzeugs weithin berühmt. Zum Bestand zählen 240 Pferde, 510 Kamele und an die 900 Esel. „Warum sollen wir die Tiere abschaffen," meint der Kolchosvorsitzende, „sie liefern uns Fleisch und Milch, sie verpesten die Luft nicht, brauchen kein Benzin, und nicht einmal Futter, das suchen sich die Viecher selber."

Dazu kommen 1260 Kühe, deren Milchleistung aufgrund ihrer Kleinwüchsigkeit allerdings erst bei dreitausend Litern im Jahr liegt, 22.000 Hühner, die noch das Glück haben, zu je zwanzig von einem Hahn betreut zu werden, und, darin besteht der halbe Reichtum der Kolchose, rund 17.000 Schafe, die von 31 Kolchoshirten auf über zehntausend Hektar Weide mit Höhenunterschieden zwischen 750 und 3900 Metern gehütet werden. Die schwarzen Böcke werden von den weißen Mutterschafen getrennt, sie können allenfalls noch als Leithammel fungieren, alles andere entzieht ihnen die künstliche Besamung, die für einen wollreicheren, besser im Fleisch stehenden Nachwuchs sorgt als die auf natürliche Weise ausgeheckten Lämmer.
Vor Schafen bekomm ich auf diesem Kolchos einen Heidenrespekt. Nie will ich es wagen, jemanden leichtfertig einen Schafskopf zu nennen! Eben kommt der Kolchosvorsitzende, feierlich in einem schwarzen Anzug gekleidet, mit einem silbernen Tablett in den Speisesaal und setzt mir zwar nicht das Haupt Johannes des Täufers, aber immerhin einen ausgewachsenen, ausgekochten Schafskopf vor die Nase. Was sage ich: vor die Nase! Die Nase hat bei alledem noch die angenehmsten Empfindungen. Nein, er stellt das abgeschlagene Hammelhaupt genau vor meine Augen, und die gehen mir im Augenblick, da mir die weißen abgetrennten Hammelaugen Aug in Aug entgegenglotzen, allerdings über . . .
Halten wir einen Moment lang inne, nehmen wir das uns angebotene Wodkaglas zu Hilfe, um über den Schreck hinwegzukommen! Der Hammelkopf gilt in Mittelasien nicht nur wie einst in unserer barocken Schlemmerliteratur als Leckerbissen, er ist zugleich ein Symbol für das Leben und das Glück schlechthin und den Nomadenvölkern beinahe heilig. Jahrtausendelang war das Schaf in diesen Breiten der einzige Lebensspender. Ihm verdankten die Menschen fast alles: Milch und Käse, Fett und Fleisch, Leder für Schuhe und Stiefel, Wolle für ihre Kleidung, Teppiche und Jurten, Sehnen für Pfeil und Bogen, Schmuck und Medizin. Sogar das Licht zehrte vom Hammelfett. Bis heute gibt es in Tadschikistan keinen vollkommeneren Beweis der Gastfreundschaft, als dem Gast einen Hammel zu schlachten und mit ihm zusammen das Opfertier nach uraltem Ritual zu verspeisen.
Also fordert mich der Kolchosvorsitzende auf, von den Augen des Hammels zu nehmen, damit ich alles von der Welt sehe, was

meine Augen begehren, von den Ohren, damit ich alles hören kann, die Stimmen meiner Freunde und die Stimmen meiner Feinde, von der Zunge, damit ich in Zukunft nur Gutes und Kluges sage, und auf keinen Fall das Hirn zu vergessen, damit ich mir alle Weisheit des Himmels und der Erde aneigne. Da sitze ich nun mit seinem Schafskopf und blicke einigermaßen ratlos in die Runde. Ein neuer Begrüßungstrunk, zu dem uns der Parteisekretär auffordert, verlängert meine Frist noch einmal. Endlich, endlich bringt mich Dimitri, der in solchen Fällen über eine Direktleitung zur Moskauer Ideenzentrale verfügt, auf den rettenden Einfall. Ich soll doch einfach die angebotenen Hammel-Reliquien an die Gastgeber weiterreichen. Erleichtert greife ich nach einem Hammelauge und biete es auf einer kleinen Schüssel dem Genossen Kolchosvorsitzenden, damit er allzeit seinen Kolchos im Auge behalte und nie den Überblick über seine Hammelherde verliere. Der Beifall ermutigt mich. Ich übergebe die Ohren dem Parteisekretär, damit die Partei immer ihr Ohr an den Massen und er selber ein Organ für die Wünsche der Kolchosbauern behalte. Die Zunge schiebe ich meinem Dolmetscher weiter, damit er, wenn ich in Wortnot gerate, immer die richtigen russischen Worte für mich findet.

Das Hirn esse ich am Ende selber; kein Zweifel, es schmeckt vorzüglich, wenn man die Weisheit mit Holzlöffeln fressen kann. Ich will nicht beschreiben, was es an diesem tadschikischen Sonntag sonst noch alles zu schlucken gibt, zum Beispiel den Tee auf uigurische Art, gemixt aus starkem grünen Tee, gegorener Stutenmilch, rohem Eigelb, heißem Hammelfett und einigen Tropfen Zwiebelsaft; mir bekommt der ostfriesische Tee besser, aber nachdem ich sogar mit einem Schafskopf fertig geworden bin, kann mich kein bittrer Trunk mehr erschüttern, auch wenn er noch so sehr nach Lebertran schmeckt. Außerdem gibt es genug Brot, mit dem ich den bösen Nachgeschmack beiseite drängen kann. Unter den Dutzend Fladen, die während der Hammelzeremonie herumgereicht werden, ist jeder von anderer Art. Zwar sind alle der Form nach kreisrund, tellergroß und in der Mitte flach, aber von innen sind sie mit den unterschiedlichsten Gewürzstoffen gefüllt, mit Mohnsamen, Rosinen, Mandeln oder Nüssen, mit Zwiebeln oder Knoblauchzehen. Nie könnte man mit diesen Broten Fünftausend in der Wüste speisen, dazu sind sie ganz einfach viel zu lecker; Jesus hat ohne Frage mit Kommißbrot gearbeitet. Der Mensch lebt, um noch einen Moment bei der Bibel zu bleiben, zwar nicht vom Brot allein, aber mit dieser tadschikischen Brotkombination aus Pariser Semmeln, Pizza und Dresdner Christstollen wäre ich bereit, das Experiment wenigstens für eine Zeitlang zu wagen. Im Kolchos Podeba gibt es zum Brot Granatäpfel – und die gehören zumindest botanisch zu den Rosengewächsen!

Der Parteisekretär zeigt mir, wie man aus einem Granatapfel ein Glas roten Saft herauspreßt: „Du mußt die Frucht zuerst massieren, mit beiden Händen. Erst ganz sanft, damit du die gleich unter der Haut liegenden Beeren zerquetschst. Dann stärker, um die tieferen zu zerdrücken, und zuletzt mit aller Kraft, damit du auch das Herz der Frucht erreichst. Solche Granatäpfel mußt du behandeln wie die Brust einer Frau. Dann brauchst du nur noch die Schale zu öffnen, dort wo die Blütenspitze sitzt, und der Saft fließt in einem vollen Strom heraus . . .“

28.

In der Alma Mater von Alma-Ata

Auf den ersten Blick macht die Universität von Alma-Ata einen ausgesprochen friedfertigen Eindruck: keine Parolen an den Wänden, keine spontanen Kundgebungen, keine Lautsprecherdurchsagen. Klassenkampflosungen, wie sie an unseren Hochschulen allenthalben zu sehen, zu hören und zu riechen sind, entdecke ich nirgends. In dem Kolloquium, in dem ich über die kulturpolitische Situation in der BRD berichte, wird die Rednerliste korrekt eingehalten, Zwischenrufe unterbleiben, die Ordnung wird gewahrt. Ein Bild akademischen Friedens, wie es ihn bei uns, dem Scheine nach, allenfalls vor 1967 gegeben hat.

Und doch täuscht die äußere Ruhe. Als wir auf ihre eigene Situation, auf ihre Bewußtseinslage zu sprechen kommen, hagelt es mit einem Mal Beschwerden, Klagen werden laut, eine starke innere

Unruhe, Unzufriedenheit mit Mängeln und Rückständen, ein produktives Vorwärtsdrängen kommt bei vielen Studenten zum Ausdruck. Nicht wenige empfinden es offenkundig als Problem, ständig an der Hand gehalten, umhegt und bemuttert zu werden, und sehen zu geringe Möglichkeiten, aus eigenem Antrieb zu sich selbst zu finden – zweifellos ein Grund dafür, warum sich in der Sowjetunion so viele junge Leute nach Nurek oder zur BAM melden, warum Stücke von Tendrakows *Nacht nach dem Abiturball* so heftig diskutiert werden und warum die sowjetische Pädagogik immer entschiedener nach Wegen sucht, um den Spielraum für die eigene Entfaltung der Heranwachsenden zu erweitern, ohne dabei die immensen Lernanforderungen zu senken. Der Akzent wird dabei deutlich auf die Persönlichkeitserziehung verlegt, denn vor allen anderen Aufgaben wachsen in der jetzigen Phase des kommunistischen Aufbaus vor allem die menschlich-charakterlichen Anforderungen.
Unser Gespräch geht vom Hundertsten ins Tausendste, handelt von Gott und der Welt. Die Publizistik- und Germanistikstudenten von Alma-Ata sind politisch informiert und interessiert, über die Berufsverbote bei uns, über die Meinungsverschiedenheiten unter einigen kommunistischen Parteien, über China, die Dissidenten und die Menschenrechtskampagne in den westlichen Medien. Zu allen Streitpunkten haben sie eine pointierte Meinung, die sie gern polemisch vortragen. Man merkt ihnen an, daß sie gern und mit Eifer diskutieren.
Als wir unsere Ansichten über das kaum mehr als hundert Kilometer entfernte China austauschen, mischen sich Trauer, Bitterkeit und Unbehagen ein. Nirgends ist Haß zu spüren. Aber mehrere Diskutanten variieren den Gedanken: Wenn achthundert Millionen auf der richtigen Seite stünden, wie weit könnten wir sein! In der Debatte über die Auffassungen der französischen und italienischen Genossen überwiegt die Ansicht: Wenn sie uns wirklich einen neuen Weg zum Sozialismus zeigen, ist das eine gute Sache, von der alle Völker nur lernen können. Die Sowjetunion hat als erste den Sozialismus in ihren Ländern aufgebaut, aber sie hat ihn nicht für sich gepachtet, sagt eine Studentin. Nach den Gründen für die heimische Bewegung gegen die Kernkraftwerke werde ich gefragt und antworte sinngemäß: Technischer Fortschritt, der nicht mit moralischem und politischem Fortschritt einhergeht, muß letzten Endes in die Katastrophe führen.

Ein ganzes Bündel von Fragen zielt auf die Perspektiven für den Sozialismus in der BRD. Ich sage, daß ich mich nicht zum Propheten berufen fühle, betone aber, daß eine der wichtigen, vielleicht entscheidenden Voraussetzungen für den Durchbruch sozialistischer Ideen bei uns die für jedermann sichtbare Überlegenheit des Lebensstandards und der Lebensqualität in den sozialistischen Ländern ist; das Sein bestimmt das Bewußtsein. Als Ursachen dafür, daß es gerade im Konsumbereich noch Rückstände gegenüber den am höchsten entwickelten Industriestaaten der kapitalistischen Welt gibt, nennen meine Gesprächspartner vor allem die immensen Ausgaben für den Ausbau der Infrastruktur, den Beitrag, den die höher entwickelten Gebiete des Landes zur Erschließung der zurückgebliebenen Zonen leisten, also die innersowjetische Entwicklungshilfe, und Schwerfälligkeiten bei der Planung. Sie bezweifeln aber zugleich, ob es richtig ist, die sowjetische Politik nur nach den kurzfristigen Zielsetzungen der Erhöhung des Massenkonsums anzulegen. Wichtiger ist es ihrer Auffassung nach, den neuen Menschen, neue Verhaltensformen, eine höhere Form der Solidarität und der Kollektivität zu entwickeln.
Über den Kommunismus machen sie sich vielerlei und die verschiedensten Gedanken. Auf einen Nenner gebracht, sagen sie: Wir nehmen alle Abschied von allzu bequemen, glatten Vorstellungen über unser Ideal. Die Arbeit hört nicht auf, die Anforderungen an uns nehmen täglich zu, unsere Empfindlichkeit wächst. Wir alle haben einen Koffer voll Probleme. Unser Leben besteht aus Lachen und Weinen, im Kommunismus ist das nicht anders.
„Und was bringt der Kommunismus dem einzelnen?“ frage ich.
„Er bringt unsere Möglichkeiten voll zur Entfaltung, mit der Fähigkeit, uns zu freuen, aber auch zu leiden, mit der Fähigkeit zur vollen Hingabe für eine Sache, aber auch für eine Person,“ antwortet ein Assistent, und ein Mädchen ergänzt: „Kommunistisch leben, das heißt für mich, bewußt, intensiv, wirklich zu leben und all das aus mir herauszuholen, was in mir steckt, heißt für mich, am Leben teilnehmen und mich an keiner Stelle abkapseln.“
Nicht wenige Studenten befürchten, sie könnten durch die Anforderungen ihres Studiums zu Fachidioten verkümmern, zu hochgebildeten Dummköpfen, die unendlich viel über unendlich wenig, die alles über nichts wissen. „Heute erscheinen Jahr für Jahr fünf Millionen naturwissenschaftliche Aufsätze, vor hundert Jahren waren es vielleicht hundert. Wie soll ich damit fertig werden?“

fragt mich ein Komsomolfunktionär. Ein anderer Genosse widerspricht ihm: „Neun von zehn Aufsätzen kauen nur wieder, was in den anderen geschrieben steht. Das ist weiter nichts als eine Art Überproduktionskrise, wir müssen unser Wissen besser rationalisieren.“ Ein anderer meint: „Vor allem müssen wir erst mal das Lernen lernen, lernen, wie man am besten Wissen speichern und verarbeiten kann. Unser Kopf ist kein Topf, den man einfach mit Stoff füllt, eher eine Art Motor, der immer mit Brennstoff versorgt werden muß.“
Einige hoffen auf die Computer, daß sie den Menschen die Lernarbeit erleichtern. So wie es Maschinen gibt, die den Menschen die Mühsal körperlicher Arbeit mehr und mehr abnehmen, werde es eines guten Tages auch Geräte geben, die uns die Qual der Wissensaneignung erleichtern. Noch haben die sowjetischen Studenten freilich einen Zehn- bis Zwölfstundentag, jedenfalls behaupten das die Kommilitonen der Alma Mater von Alma Ata von sich. Über sich selber reden sie durchaus ohne Selbstgefälligkeit, ohne Selbstgerechtigkeit. Im Gespräch verflüchtigt sich bald das Musterknabenbild, das der erste Anschein vermittelt. Einen Weg werden diese jungen Menschen bestimmt nicht gehen, den Weg der Anpassung und des geringsten Widerstandes.

29.

Gallia

Vor meiner Reise hat Gallia, Dozentin für deutsche Sprache und Literatur am Almatiner Fremdspracheninstitut, mir manchen Brief der Freundschaft geschrieben, aufrichtige Grußadressen, sprachlich irgendwo zwischen Goethes *Werther* und Erich Honeckers Reden angesiedelt. Als wir uns in ihrer Heimatstadt Alma-Ata zum ersten Mal Auge in Auge gegenüberstehen, hat unsere Freundschaft Mühe, aus den Höhenflügen unserer Briefe zurückzufinden auf den Boden der Tatsachen. So müssen wir erst einmal

nach einer gemeinsamen, für die Realität tauglichen Sprache suchen.
Um ihre Lippen trägt Gallia einen Hauch von Traurigkeit, über ihren tiefbraunen Kasachenaugen vermute ich zuerst einen Anflug von Stolz. Sie ist, das merke ich rasch, mit ihren vierundzwanzig Jahren und ihrer kaum verborgenen Leidenschaft eine durch und durch schwarzweiße Persönlichkeit, sie duldet keinerlei Kompromiß. Zur Vollkommenheit fehlt ihr nur eins: ein Mangel. Ich habe mich während meines Aufenthaltes und hinterher vergeblich bemüht, irgendeine Schwäche an ihr zu finden. Aber sie gestattet sich keine, nicht einmal die Schwäche, die sich bei stillen Wassern, die tief sind, oft einstellt: Überheblichkeit.
Was wird sie einmal werden? Eine bedeutende Wissenschaftlerin, vielleicht eine Dichterin. Wird sie jemals heiraten? Aus Andeutungen erfahre ich, daß sie eine schlimme Enttäuschung hinter sich hat. Ihr Mann zu sein, ist sicher nicht leicht. Immer mit einem Vorbild zu leben, ist anstrengend. Ich habe das Gefühl, alle achten und bewundern sie. Aber empfinden es als schwer, sie zu lieben. Dabei ist sie hübsch, sehr hübsch sogar, eine Schönheit, nach der man sich auch in Hamburg umschauen würde.
Sie liebt es, ihr Wesen in konventioneller Form, in Höflichkeit zu verbergen. Ihre Gesten haben bei aller Spontaneität etwas Abwartendes. Zu meiner Überraschung lädt sie mich zu einem Abendspaziergang hinauf auf die almatinischen Hausberge ein.
Über die kasachische Hauptstadt spannt sich ein Sternenhimmel, wie ich ihn nie vorher gesehen habe. Da paaren sich Auroras Geschützfeuer und die blitzenden Säbel der Reiterarmeen. Später rollt der Mond wie das Stück eines brennenden Rades hinter den Bergen hervor. Mir fällt Claudius' Mondgedicht ein: *... er ist nur halb zu sehen und ist doch rund und schön.* „Das ist ein schlechtes Gedicht," protestiert Gallia. „Ein Halbmond am Himmel befriedigt mich nicht. Ein Glück, das nur halb ist, das ist keins. Sogar ein halber Kummer ist kein rechter Kummer. Ich will alles ganz und ungeteilt, die Sonne, den Mond, die Liebe, den Schmerz."
Dabei spielt sie gretchenhaft mit ihren langen schwarzen Zöpfen, die wie geschaffen für das Spiel „Sie liebt mich, liebt mich nicht" angeordnet sind. Später erzählt sie mir die Geschichte von Kys-Schibek, dem kasachischen Romeo- und Julia-Epos. Ein Krieger, Tolegu, erwählt gegen den Willen seines Vaters die Tochter eines feindlichen Stammeshäuptlings zur Braut. Der Bräutigam wird

nach allerhand Abenteuern am Ende heimtückisch ermordet, die Braut stürzt sich vor Verzweiflung in den See Issyk-Kul.

Ähnlich traurig enden alle anderen Nationalgeschichten, in denen sich Gallia bis in die feinsten Nebenhandlungen genaustens auskennt. Alle handeln von unerfüllter Liebe und stammen aus Zeiten, da den Frauen jede eigene Empfindung vorenthalten wurde. Für mich liegen die Inhalte in exotischer Ferne, aber vieles davon ist für Gallia kaum überwundene, noch immer in ihr tägliches Leben hineinreichende Vergangenheit. Ihrer Mutter fällt es bis heute schwer, einen fremden Mann auch nur anzusehen, und der Gedanke, daß sich ihre Töchter ihren Mann selber aussuchen, hat für sie etwas Unerhörtes. Doch für Gallia ist das Recht auf erfüllte Liebe bereits eine Selbstverständlichkeit, sie akzeptiert keinerlei Rücksichten, keine Bräuche, die ihre Persönlichkeitsentfaltung, ihr Glückstreben einschränken könnten. Wie eine Dichterin erzählt sie mir aus den kasachischen Sagen und Märchen.

In jeder Neujahrsnacht zündeten die Nomaden in ihren Zelten tausend Öllampen an, um das Glück herbeizulocken. Die Mädchen flochten sich 36 Zöpfe ins Haar, aber das Glück war blind und ohne Gewissen und kam nicht in die Zelte der Armen. In der Not erstickten selbst die Tränen des Volkes wie Glut in der Asche. Dann aber kam das Glück nach Kasachstan wie der Föhn vom Pamirgebirge, kam von Norden und trug Lenins Namen.

Oder die Legende von der Einführung der Revolution am Aralsee: Lenin hatte den Fischern einen Brief in kasachischer Sprache geschrieben, den ein reitender Bote in allen Siedlungen rund um den See verlas. Fortan gehört der See allein Euch! Aus Dankbarkeit machten die Aralfischer alle geheimen Vorratslager leer und schickten dem Bruder Lenin mit einer Kamelkarawane 140 Zentner Trockenfisch zur Verteilung an die hungernden Bewohner Moskaus und Petersburgs.

Die Sterne blinzeln noch immer verschmitzt vom Himmel herab, der halbe Mond schleift die Milchstraße wie eine Brautschleppe hinter sich her. Endlich gelingt es mir, mich mit Gallia zu streiten. Ein zufällig am Berghang lehnendes Lenindenkmal kommt mir dabei zu Hilfe.

„Sag mal, geht dir das nicht auf den Wecker, daß überall der gleiche Lenin mit der gleichen Pose steht?“

„Willst du lieber Stalin haben? Chruschtschow vielleicht, oder Breschnew?“

„Gott bewahre!“
„Nicht Gott, Lenin! Unsere Leute wollen ihren Lenin. Lenin ist wie Brot, da brauchen sie nicht jedesmal einen neuen Brotlaib, eine neue Backform. Was hast du gegen Serienfabrikation?“
„Aber muß Lenin immer so imposant, so groß sein?“
Gallia, bestimmt: „Lenin ist groß!“
„Gewiß, und noch viel größer, als eure Denkmäler aussagen. In Budapest habe ich ein Lenindenkmal gesehen, das mir sehr gefiel. Der Sockel ist leer, und auf der Treppe davor steigt Lenin inmitten einer Gruppe von Arbeitern herunter zum Betrachter. Ich halte das für eine gelungene Verfremdung.“
„Du vielleicht. Aber wir lieben solche Verfremdungen nicht sehr. Understatement ist für uns ein Fremdwort. Bei euch doch auch, oder?“
Ich gebe mich geschlagen. Untergehakt gehen wir zurück in die große Stadt.

30.

Ein gescheiter Kellner

Die Sowjetunion ist, das bekomme ich unterwegs auf meiner Reise hundert- und tausendfach zu spüren, das gastfreundlichste Land der Erde. Nur mit der Gastronomie gibt es mitunter Probleme, im Gegensatz zu jenen Ländern, in denen man hinter jedem Gast ein Geschäft wittert und entsprechend hinter ihm herscharwenzelt. Dienen und Bedienen, das sind Tätigkeiten, die in der Sowjetunion seit der Oktoberrevolution mehr und mehr in Verruf geraten sind, und von diesem Schwund alter Untertanentugenden ist leider auch das gastronomisch dienende Personal in Mitleidenschaft gezogen worden. Sowjetische Kellner sind darum eher hochgebildet als ausgesprochen dienstbeflissen.
„Bringen Sie das Fleisch in die Küche zurück!“ sagt Dimitri zum Oberkellner im Almatiner Hotel Intourist. „Damit kann man ja

einen Menschen erschlagen. Im übrigen sind wir hier alt und grau beim Warten geworden."

„Ja, das Altwerden, das ist unser aller Los," stimmt ihm der Kellner zu. „Die Gerontologen an unseren Physiologischen Instituten haben ermittelt: mit dreißig verfügen wir über unser höchstes Leistungsvermögen, danach geht es unaufhaltsam bergab."

„Dann bringen Sie Ihr Schnitzel einem Dreißigjährigen," meint Dimitri, „mir fehlen die Worte".

„Das ist schlecht," pariert der Ober, „die richtigen Worte sollte man immer zur Hand oder besser: auf der Zunge haben. In dieser Hinsicht hält die Natur übrigens eine Überraschung für uns bereit. Bei intelligenten Menschen erweitert sich der Wortschatz mit zunehmendem Alter. Ich rate Ihnen, lesen Sie mehr, das bereichert nicht nur Ihre Wortwahl."

„Was glauben Sie," unterbricht Dimitri den Wortschwall des Kellners, „was glauben Sie, wollen wir hier?"

„Naja," meint er nun wieder und wischt beinahe bekümmert die Krümel vom Tisch herunter auf meine Hose. „Viel machen läßt sich da natürlich nicht, letzten Endes ist der Altersprozeß physisch unaufhaltsam."

Dimitri schlägt mit der Faust auf den Tisch: „Schon eine gute Stunde dösen wir hier vor uns hin."

„Da sind Sie nicht die einzigen, teure Genossen. Oh heilige Einfalt. Viele haben schon auf diese Weise versucht, den Zerfall ihrer Gehirnzellen aufzuhalten. Eine Stunde Dahindämmern, das ist vielleicht ganz gesund, aber vor dem Altwerden bewahrt Sie das auch nicht. Man müßte ein mathematisches Modell vom Alterungsprozeß entwickeln, um das Altern wirklich erfolgreich bekämpfen zu können. Aber wie?"

„Und was, schlagen Sie vor, soll mit diesem Stück Fleisch geschehn? Wir haben beide nur einen Magen, und zwar keinen eisernen."

„Das ist gut beobachtet, der Mensch verfügt tatsächlich nur über einen einzigen Magen. Aber die Chirurgen bewegt schon lange die Aufgabe, Ersatzteile für unseren Organismus zu schaffen. Es gibt schon künstliche Rippen, mechanische Nieren und sogar elektronische Ohren. Aber den Magen zu ersetzen, ist offenbar ungleich schwieriger. Stellen Sie sich nur die Abfallbeseitigung vor ... Wo wollen Sie denn plötzlich hin? Diese plötzliche Hektik ist mir gänzlich unverständlich. Das Beschwerdebuch möchten

Sie? Warten Sie, ich suche es schon."
Der Kellner setzt seine Weltbetrachtungen und freundlichen Belehrungen unbekümmert fort, freigebig serviert er geistige Kost, während wir mit grimmig knurrendem Magen endlich alles stehen und liegen lassen, wütend unsere Mäntel überschlagen und zur Tür hinausstürzen, in der Hoffnung, im nächsten Restaurant einen etwas weniger gescheiten, dafür aber eifrigeren Ober zu finden.

31.

Ein Kindergarten

Überall bin ich von neugierigen Kindern umringt, von Mädchen mit unschuldsvollem Blick, mit Madonnengesichtern und kleinen Zöpfen, die wie Geweihsprossen lustig vom Kopf abstehen, von Jungen, die mit ihren schwarzen Tjubeteikas auf den Köpfen und den roten Pioniertüchern am Hals aussehen wie Nachfahren aus dem Stamm Ali Babas. Sie drängen sich um mich, lachend, plappernd und lärmend. Als wäre der Pfingstgeist eben über sie ausgegossen, reden sie in tausend Zungen auf mich ein.
Der Almatiner Kindergarten Nr. 87 inmitten eines Neubauviertels ist ein wahrer Völkergarten. Die 380 Kinder gehören sieben verschiedenen Nationalitäten an, und in sieben Sprachen vollzieht sich darum die Kindergartenpflege: kasachisch, usbekisch, russisch, deutsch, koreanisch, uigurisch und dunganisch. Die übergreifende Sprache, die alle beim gemeinsamen Spiel, beim Essen oder bei der Mittagsruhe in den Schlafräumen verwenden, ist natürlich Russisch, aber der Vorschulunterricht wird für jedes Kind in der Nationalsprache abgehalten. Die kleinste Volksgruppe sind die Uigurenkinder. Ihr gehören sechs Jungen und Mädchen zwischen drei und sechs Jahren an. Ich frage die Erzieherin, Frau Tochtachodchewa, warum sie den Uigurischunterricht macht.
„Das ist der Wunsch der Eltern, und außerdem ist das ihr erklär-

tes Recht."
„Warum bestehen die Eltern denn auf der nationalen Erziehung? Ist das für die Kinder nicht eine enorme Belastung und eine Benachteiligung gegenüber den Anderssprechenden?"

„Wir Uiguren sind eines der kleinsten Völker der Erde, unsere Vorfahren waren Nomaden und hatten vor der Revolution keine eigene Schriftsprache. An kulturellen Leistungen hatten wir nur rohe Schnitzwerke vorzuweisen, ein paar Märchen, die von Mund zu Mund über Generationen hinweg weitererzählt wurden, ein paar eigene Lieder und Tänze. Vielleicht noch unsere Zauberer, die in ihren Beschwörungen und Kulthandlungen die Erfahrungen unseres Volkes im Umgang mit der Natur gesammelt und gedeutet haben. Unsere Produktivkräfte ruhten, wir erhielten uns gerade noch am Leben, wir vegetierten dahin. In diesem geschichtslosen Zustand traf uns die Oktoberrevolution. Da hätten wir theoretisch und sicher auch praktisch die Möglichkeit gehabt, uns stärkeren und höher entwickelten Nationalitäten anzupassen und unser eigenes, größtenteils barbarisches Erbe so schnell wie möglich abzustreifen. Das wenige, was wir uns selbst geschaffen hatten, wäre in kurzer Zeit vergessen gewesen."

„Und warum sind Sie diesen Weg nicht gegangen?"

„Warum? Vermutlich hat eben jedes Volk seinen eigenen Weg vom Niederen zum Höheren, seinen eigenen Weg zum Sozialismus und Kommunismus. Niemand kann ein Volk dahinbringen, wozu es nicht selber bereit ist, noch nicht bereit ist. Aber vielleicht gibt es noch den einen oder anderen Grund mehr. Gewiß, viel haben die Uiguren der Weltkultur nicht anzubieten, aber möglicherweise besitzt unsere Lebensweise doch einige Züge, die einmalig und unverwechselbar sind und es darum verdienen, aufbewahrt zu werden."

„Braucht man dazu denn die uigurische Sprache?"

„Die Sprache ist in meinen Augen der wertvollste kollektive Besitz einer Nation. Nimmt man ihr diese Möglichkeit, sich selbst auszudrücken, beraubt man sie der wichtigsten Erkennungs- und Unterscheidungsmerkmale. Wir sind Bestandteil der sowjetischen Völkerfamilie, aber nicht als irgendwelche nach Kamelen oder Wildpferden stinkende Nomaden, sondern als Menschen mit eigener Sprache und eigenem Bewußtsein. Wenn ich wissen will, wohin ich will, zum Kommunismus meinetwegen, muß ich zuerst wissen, woher ich gekommen bin und wer ich bin. Darum bringe ich den Uigurenkindern zusammen mit ihren Eltern ihre eigene Sprache bei. Sie lernen ja zugleich Russisch und haben dadurch Zugang zur Weltkultur. Mittags sitzen unsere Kinder alle zusammen an einem Tisch, gleichberechtigt und ohne daß einer auf den anderen herabsieht. Dazu ist aber Voraussetzung, daß jedes Kind weiß, wohin es gehört, zu den Kasachen, den Deutschen, den Uiguren, erst dann fügt es sich in unsere Gemeinschaft ein. Wir machen hier im Kindergarten beides: wir grenzen die Kinder national voneinander ab und führen sie zugleich auf vielfältige Weise zusammen."

Ich besuche auch die siebzehn deutschen Kinder. Bis auf die beiden Töchter eines Angehörigen des DDR-Konsulats sind sie alle Nachfahren deutscher Auswanderer aus früheren Jahrhunderten, und ihr Deutsch hört sich so ostpreußisch und kleinfränkisch an, daß ich ernsthaft Mühe habe, auch nur ein einziges Wort zu verstehen. Mir zu Ehren singen die Kinder das Lied von *Deutschlands unsterblichem Sohn,* von Ernst Thälmann. Ich bin, allen Mängeln ihres Gesangs zum Trotz, bewegt. Ich erzähle den Kindern, die es nicht begreifen, und den beiden Kindergärtnerinnen, die es noch weniger begreifen, daß es für Teddy Thälmann in Hamburg weder ein Denkmal gibt noch eine Straße, die seinen Namen trägt, und daß kein Lehrer ungestraft Thälmanns Sache in der Schule vertreten darf.

Nachdenklich verabschiede ich mich von den 380 fröhlichen Kindern, um gleich danach und nebenan von doppelt so vielen, aber nur noch halb so fröhlichen Elementarschülern begrüßt zu werden. Im Schulflur hat jede Pioniergruppe ihre Anschlagtafel. Die Gruppen heißen zum Beispiel Marguerite, Kornblume, Schneeflocke, Sonne, Frieden, Aurora, Kosmos, Gagarin, Mutter Heimat, Thälmann, Dimitroff, Kinderglück und Kasachstan. Sie haben die Arbeiter aus dem Chemiekombinat zu einem Wettbewerb aufgerufen, und der geht so: Wir Pioniere der Lenin-Schule verpflichten uns, fleißig zu lernen, während des Unterrichts nicht zu stören und Vorbild zu sein für alle anderen Kinder. Wir Chemiewerker verpflichten uns, die Kunststoffproduktion im Jahre 1977 um sieben Prozent zu steigern, die Maschinen sorgsam zu pflegen und pünktlich mit unserer Arbeit zu beginnen. „Einverstanden," schreiben die Pioniere auf ihre Tafeln, „dann verpflichten wir uns eben, hinter der Schule einen bunten Blumengarten anzulegen." „Gut," antworten die Chemiearbeiter, „wir werden euch dabei helfen, wenn ihr im Sommer gute Zeugnisse mit nach Hause bringt." So feuern sich Werktätige und Elementarschüler gegenseitig an. Jede Pioniereinheit hat einen Patenschaftsvertrag mit einer bestimmten Brigade. So bleibt den Kindern gar nichts anderes übrig, als doppelt fleißig zu lernen und nur noch halb so fröhlich und viermal so angestrengt auszusehen wie die ganz Kleinen im Kindergarten nebenan.

32.
Kleinigkeiten

Alma-Ata, ein grauer Montagmorgen. Heute hat das Hotel- und Gaststättenpersonal seinen wohlverdienten Ruhetag, ich muß deshalb mein Tagwerk mit leerem Magen beginnen. Draußen weht ein naßkalter Wind durch die Straßen, viele Frauen haben ihre Kopftücher umgebunden und zeigen ihr häßlichstes Mütterchen-Rußland-Gesicht. Die Leute sind auf dem Weg zur Arbeit, alle Busse und Bahnen sind hoffnungslos überfüllt. An der nächsten Straßenecke rempelt mich zu allem Unglück noch ein Betrunkener an. Im nächsten Moment sehe ich, wie ihn zwei Milizionäre in einen Krankenwagen schleifen. Sicher landet der Arme jetzt in einer psychiatrischen Anstalt in Sibirien. Während ich betroffen den Vorgang beobachte, kommt die Straßenreinigung vorbei und spritzt mir einen Strahl eiskalten Wassers ins Gesicht. Das kann nur ein gezielter Anschlag auf die Unverletzlichkeit meiner Person sein. Für heute ist mein Rußlandbild jedenfalls fertig – fertig für den *Spiegel* oder den *Stern.* Dabei sagen meine mehr oder weniger zufälligen, mehr oder weniger belanglosen Montagmorgenerlebnisse ziemlich wenig über das, was heute früh wirklich Menschen- und Weltbewegendes in Alma-Ata passiert. Daß hier heute den ganzen Tag Montag ist, hätte ich auch zuhaus dem Kalender entnehmen können. Daß es hier ziemlich kalt ist, hätte ich durch einen Anruf beim Seewetteramt erfragen können. Daß ich irgendwann einmal auf einen Trunkenbold stoßen würde, hätte mir der gesunde Menschenverstand beibringen können. Die Sowjetunion ist ein über die Maßen großes Land, und wer durch dieses Land reist, nur um seine und anderer Vorurteile bestätigt zu finden, findet sie mit Sicherheit irgendwo, irgendwann und irgendwie bestätigt. Es müßte doch mit dem Teufel zugehen, wenn nicht irgendwo hinter dem Ural der Putz von den Neubauwänden rieselt, wenn nicht irgendein Klosett verstopft ist, wenn nicht irgendwo die Miliz einschreitet, wenn nicht irgendein Bürokrat irgendeinen Unfug macht oder ein Funktionär im Westauto vorbeifährt. Touristische Vorurteilsjäger kommen sicher auf ihre

Kosten.
Im Museum treffe ich eine Gruppe Kölner Lehrer, die gestern abend viertel vor elf ins Hotel zurückgekommen ist und nichts Rechtes mehr zu essen bekommen hat. Eine Wolke von Verärgerung, von Volkszorn ist um sie; die Damen und Herren haben nur ein Thema. Ich kann ihnen die Enttäuschung nachfühlen und mache mir Sorgen, daß ihr Sowjetunionerlebnis einen bleibenden Schatten erhält. Ich teile ihnen darum mein Rezept gegen nächtlichen Hunger mit. Man wende sich von Mensch zu Mensch an die Etagenfrau, die es in jedem Hotel so viel wie Etagen gibt, und klage ihr sein Leid. Auf der Stelle setzt sie alle Hebel in Bewegung, macht alle Herde heiß und serviert dir binnen kürzester Frist ohne einen Pfennig Bezahlung, Trinkgeld wäre eine Beleidung, ein schmackhaftes, kräftiges Essen zur Nacht. Schon das deutsche Wort „Hunger“, das jede Etagenfrau versteht, löst solche Wunderwirkungen aus. Aber die Herrschaften als Köln sind empört: Das könnte denen so passen, daß wir auf Knien gerutscht kommen und Bitteschön sagen. Dankeschön! Wir haben bezahlt, und für unser Geld wollen wir unser Recht.
Rein rechtlich haben die Lehrer sicher Recht, nur werden sie mit ihrer Rechthaberei in der Sowjetunion nicht weit kommen. Im Gegenteil, sie werden eine Enttäuschung nach der anderen erleben und werden ein Vorurteil nach dem anderen bekräftigt finden. Am deutschen Wesen wird die Sowjetunion schwerlich genesen. Wer nach Alma-Ata reist, um dort ein neues Mallorca oder Benidorm zu erleben, wird bestimmt empört sein und nichts weiter finden als Alma-Ata!

33.
Im deutschen Sender

Man stelle sich vor, ein türkischer Journalist würde eine Reportage über die Stadt Köln, deren Einwohner zu fast acht Prozent Türkisch sprechen, schreiben und darin berichten, er habe ein türkisches Theater besucht, am türkischen Schulunterricht teilgenommen, sich über das Programm des türkischen Verlages informiert und sich in seiner Heimatsprache über Rundfunk und Fernsehen an seine Landsleute gewandt. Die Bundesregierung würde vermutlich bei der türkischen Regierung die Abberufung des Märchenerzählers verlangen, und die CDU würde sich die Adresse des Reporters merken, um ihm eine angemessene Stellung im geplanten Ministerium für Auslandspropaganda zu sichern.
In Alma-Ata, dessen Einwohnerzahl wie die Kölns bei etwas über einer Million liegt, leben ungefähr 75.000 Deutsche, so viel wie Türken in der Stadt am Rhein. Diese Deutschen wohnen allerdings nicht in Türkenghettos, sondern überall in der City, mitten unter den anderssprachigen Bewohnern, aber sie haben eigene, deutschsprachige Kindergärten und Schulen, eine eigene Tageszeitung namens „Freundschaft", deutschsprachige Bühnen, Kinos, Clubs und Kulturhäuser, einen deutschen Verlag, deutschsprachige Rundfunk- und Fernsehprogramme. Sowjetbürger deutscher Nationalität vergessen meistens, eigens darauf hinzuweisen, daß das, was den Deutschen in Alma-Ata recht ist, den anderen Nationalitäten in der kasachischen Republikhauptstadt billig ist: auch die Russen, die Kasachen, Koreaner, Uiguren, Dunganen, Usbeken, Juden und Griechen genießen alle erdenklichen kulturellen Selbstbestimmungsrechte – seit der Oktoberrevolution. Vorher besaßen nur die Russen Bürger- und Menschenrechte, alle anderen galten als Angehörige von Fremdvölkern und waren damit rechtlos.
Ich bin zu Gast in der Deutschen Redaktion des Almatiner Rundfunks. Beim Betreten der Radiostation gibt es, im Gegensatz zu unseren Sendeanstalten, weder Taschenkontrollen noch Leibesvisitationen; Terroristen sind hier seit der Zerschlagung der letzten

konterrevolutionären Banden um 1925 nicht mehr aufgetaucht, und das Häuflein der Dissidenten interessiert sich höchstens für westliche Medien. „Wozu brauchen wir Kontrollen?" fragt Genosse Rau, Leiter der deutschen Abteilung. „Hier ist doch keine Grenze, China ist noch hundertfünfzig Kilometer weiter. Soll hier einer zur Revolution aufrufen? Die hatten wir schon, vor sechzig Jahren. Zur Konterrevolution? Da würden die Leute allenfalls an einen Aprilscherz denken. Außerdem können sie ein solches Kontrastprogramm jeden Tag über die *Deutsche Welle* oder die *Stimme Amerikas* hören."

„Die werden hier empfangen?"

„Zumindest ist das technisch möglich." Zum Beweis dreht Genosse Rau flüchtig an seinem Rundfunkgerät und hat auf Anhieb die Nachrichten der *Deutschen Welle* im Empfang. „Die müssen wir natürlich hören. Zu unserer politischen Aufgabe gehört es selbstverständlich, die gezielten Einmischungsversuche, die Falschmeldungen und Manipulierungen der anderen Seite abzuwehren. Wir kennen die Strategie, die dahinter steckt."

„Und wie setzt ihr euch konkret mit der imperialistischen Propaganda auseinander?"

„Ein Beispiel: seit Monaten bombardieren uns alle ausländischen Angriffsstationen mit der durch nichts belegten Meldung, es wollten 300.000 Sowjetdeutsche in die Bundesrepublik ausreisen. In diesem Zusammenhang bringen wir heute abend ein ausführliches Gespräch mit einer großen Familie, die acht Monate lang im freien Westen bei euch alle Freiheiten einschließlich der Freiheit von der Arbeit genossen hat und jetzt ziemlich reumütig zurückgekommen ist. Wir zitieren viele Zeitungen aus der Bundesrepublik, bürgerliche und linke, um so ein authentisches Bild über die soziale und politische Wirklichkeit des Landes zu vermitteln. Jetzt haben wir gerade eine Serie von Streitgesprächen zur Frage begonnen: Was und wo ist unsere Heimat? Ist sie fern im Westen, wo vielleicht unsere Urahnen herkommen, oder liegt sie dort, wo wir arbeiten und uns eine neue Zukunft aufbauen? Zu lange haben wir den Heimatbegriff den Mystikern und den Konservativen überlassen, jetzt drehen wir den Spieß um. Die Heimat versuchen uns die Kräfte zu rauben, die uns mit aller Macht und List von hier fortziehen wollen. Das sind letzten Endes dieselben, die im letzten Krieg unser Land überfallen und verheert haben."

Sieht man von den hier fehlenden Statussymbolen für die höheren

Ränge der Rundfunkhierarchie ab, unterscheidet sich der Arbeitsplatz des Genossen Rau nicht wesentlich von den Redaktionszimmern im NDR oder WDR. Nur bewegt sich der Almatiner Medienarbeiter ganz und gar anders. Statt der forschen Draufgängerposen, wie sie Redakteure und solche, die es gern werden möchten, bei uns oft vorzeigen, um damit ihre Unterwürfigkeit zu kaschieren, legt er eine geradezu kanzleihafte Umständlichkeit an den Tag. Er vollführt wie eine Gestalt aus den phantastischen Erzählungen E.T.A. Hoffmanns die eckigen Bewegungen altmodischer Höflichkeit. Auch seine Sprache hat etwas Zeremonienhaftes. Ich stelle mir vor, so hätte der Geheimrat von Goethe sich gegeben, falls man ihm die Leitung des Weimarer Hofrundfunks übertragen hätte.

Die Folgen langer sprachlicher und kultureller Abschnürung von der Entwicklung des Lebens im Mutterland sind für unser Auge nicht zu übersehen, aber trotz der Zurückgebliebenheit im Ausdruck und in den Umgangsformen sind die Mitarbeiter des Almatiner Rundfunkstudios bewußtseinsmäßig auf der Höhe der Epoche; von den stets mode- und trendbewußten Karrieristen in unseren Medien läßt sich das nur in den seltensten Fällen sagen. Anhaltspunkte: drei der sieben Redakteure sind Frauen, vier gehören der Kommunistischen Partei an, einer ist sogar *Held der sozialistischen Arbeit.* Einer von immerhin sechzehn Deutschkasachen, Melkerinnen, Traktoristen, Schweinezüchtern, Chemiearbeitern und Journalisten, die im letzten Jahr mit dieser Auszeichnung bedacht wurden. Hat bei uns jemals ein Gastarbeiter ein Bundesverdienstkreuz erhalten?

Hier in der Vielvölkerrepublik Kasachstan gilt es als Selbstverständlichkeit, daß auch die modernen Massenmedien dem multinationalen Charakter des Landes Rechnung tragen. Im Rundfunkhaus sind Tür an Tür neben der deutschen Abteilung ein halbes Dutzend anderer Nationalstudios untergebracht. Eine Besonderheit für die deutschen Hörer besteht lediglich darin, daß ihre Nationalität zu einem weit größeren Sprachraum außerhalb der Grenzen der Sowjetunion gehört, von dem aus die kulturelle Entwicklung wesentlich geprägt wird. Aber in einer ähnlichen Weise gilt dieser Umstand auch für die Juden, die Koreaner und die Dunganen, eine eigentlich zum chinesischen Kulturkreis gehörende Völkerschaft, in der Sowjetunion. Die sowjetische Nationalitätenpolitik ist im Verlauf von sechzig Jahren jedoch so flexibel und einfühlsam geworden, daß sie auch auf neue Fragen neue, unschematische und unbürokratische Antworten zu finden vermag. Sogar auf Platt! Seit neuestem bringt der deutsche Sender von Alma-Ata regelmäßig plattdeutsche Funkglossen und Gedichte für die fast 200 000 „Plohdeitschen“, die als Nachfahren mecklenburgischer Auswanderer fern von Fritz Reuters Heimat hoch im Altaigebirge als Kolchosbauern leben.

Hektik scheint den sieben Redakteuren fremd. Olga Beck, Nelly Hermann, Hermine Wagner, Heinz Pfeffer, Konstantin Ehrlich, Johannes Sauer und Johann Rau sind ausgesprochene Gemütsmenschen, bei aller Steifheit im Ausdruck sind sie das genaue Gegenteil von Bürokraten. Alle sieben sind zumindest im Nebenberuf Dichter und haben im deutschsprachigen Verlag Kasachstans kleine Bände mit volkstümlicher Poesie veröffentlicht. Einer von ihnen, Heinz Pfeffer, versteht sich sogar auf eine besondere Kunst: im Stil der alten Fliegenden Blätter und des Bänkelsangs spricht er im Funk von Zeit zu Zeit gereimte Kommentare zum Zeitgeschehen, eine Übung, die man unseren Kommentatoren nur zur Nachahmung empfehlen kann. Freilich dürfte es bei uns ungleich schwieriger sein, sich einen Reim auf die Ungereimtheiten unseres politischen Systems zu machen.

Das Aufwiedersehensagen, Händeschütteln und Einanderumarmen dauert am Ende so lang, daß sich der Beginn der Sendung um mindestens siebenundvierzig Sekunden verzögert. Macht nichts, sagen die Genossen. Tatsächlich macht den Sowjetbürgern eine solche Verzögerung nichts aus, Pünktlichkeit gilt bei ihnen kaum als höchste Tugend, eher als ein Zeichen übertriebenen, ja krankhaften Arbeitseifers und, bei privaten Verabredungen, als unangemessene Aufdringlichkeit. Im sowjetischen Alltag geht es allenthalben zwanglos, lax, ja antiautoritär zu, nirgends ist etwas von dem straff disziplinierten Ordnungsstaat zu spüren, als der die UdSSR bei uns immer dargestellt wird. Nicht Ordnung, sondern Gemütsruhe ist die erste Sowjetbürgerpflicht. Die Erkenntnis, daß alles seine Zeit braucht, der Mensch, und sogar der Sozialismus, hat sich überall im Leben durchgesetzt.

34.
Im Neuland

Kasachstan: so gedehnt, wie man den Namen dieser zweitgrößten Republik der Sowjetunion ausspricht, streckt sich das weite Land von Horizont zu Horizont. Kasachstan: das ist die unermeßliche Tiefe des Himmels, die Stille grüner Felder und Wiesen, über die der Steppenwind wie ein Kamm fährt, das ist die erhabene Ruhe alter Berge, die schneebewehrt an den Grenzen des Landes Posten stehen, das sind die unendlichen Wüsten aus Sand, Lehm, Kies, Fels und Salz, das von den Tränen der in der Steppe umgekommenen Völker herrührt, Kasachstan, das sind jetzt schnurgerade Kanäle, deren Wasser den Durst neugepflügter Felder stillen, das ist neues, junges Ackerland.
Jetzt im Frühling ziehen sich die Furchen wie endlose Fäden, die Himmel und Erde miteinander verbinden, übers Land. In der Ferne gehen Himmel und Erde tatsächlich ineinander über. Vielleicht ist es kein Zufall, daß gerade hier, in den Weiten Kasachstans, in Baikonur, der Mensch zum ersten Mal den Horizont überwunden und ins All aufgestiegen ist.
Die Steppe kennt kein Ende, wie das Leben liegt sie ausgebreitet unter der Sonne. Sie hat auch dort, wo sie unter den Pflug genommen ist, nichts zu verbergen. Sie liegt da wie eine Landkarte, auf der die Geschichte ihre Spuren hinterlassen hat. Alles ist offen, offen zur Vergangenheit, offen zur Zukunft. Die Gegenwart ist nicht mehr wie ein Windstoß, der übers Land fährt.
Die eintönige Federgrassteppe, ein in der Hitze dahinschmelzender Himmel, in der nur die Geier ihre Kreise ziehen, die sandfarbenen Murmeltiere, die vor ihren Erdlöchern Wache stehen und hin und wieder erschrocken pfeifen, das war im Grunde alles, was die erschöpften Umsiedler nach einem mörderischen Treck von über neun Wochen in ihrer neuen Heimat vorfanden. Man schrieb das Jahr 1906, das Jahr nach der geschlagenen Revolution. Auf der Flucht vor der Polizei des Zaren, vor der Willkür der Gutsbesitzer, vor der allgemeinen Not und dem Massenelend waren Tausende landlose Bauern und Dorfarme bis in die Steppen und

Wüsten Kasachstans vorgedrungen. 212 von ihnen gründeten, im Angesicht der hohen und kühlen Berge des Tienschan, das Dorf Tulkubass, experimentierten hier in der politischen und ökonomischen Verbannung noch vor dem Roten Oktober neue Formen des Zusammenlebens, der gemeinsamen Arbeit und des Kollektivbesitzes, aber die meisten ihrer Versuche mußten scheitern, hauptsächlich weil es ihnen an den materiellen Voraussetzungen fehlte. Die Steppe stellte die Emigranten auf eine harte Probe. Wochenlang tobten im Winter die Schneestürme und deckten die Lehmhütten regelrecht zu. In den heißen Sommern versengte die Sonne das Getreide, ehe die Körner gereift waren. Das Vieh verdurstete, die Armut in Tulkubass war noch elender als im alten Rußland. Mit der Oktoberrevolution änderte sich in der Gegend vieles, aber der Wind, die Sonne und die Dürre bleiben. Das Elend war allein mit gutem Willen nicht zu beseitigen. 1930 gründeten die Bauern von Tulkubass eine Kolchose: dreizehn Pferde, sechzehn Zugochsen, drei Mähmaschinen, sieben Eisenpflüge, und sonst hauptsächlich Hammer und Sicheln und starke Arme, das war die ganze Kollektivwirtschaft. 1935 kamen die ersten beiden Traktoren ins Dorf, die Ackerfläche wurde vergrößert, drei Lehrer, ein Arzt und ein Gastwirt verkündeten den Anbruch der neuen Zeit.

Aber die wirkliche Wende kam erst 1954, siebenunddreißig Jahre nach dem roten Oktober, ein Jahr nach Stalins Tod. Die Partei hatte beschlossen, die endlosen Dürrezonen Kasachstans unter den Pflug zu nehmen. Im Dezember trafen in Tulkubass die ersten Freiwilligen ein, um hier einen Neulandsowchos zu gründen. 28 Pioniere aus allen Teilen der Sowjetunion, Experten und Neulandspezialisten, die zuerst bei den Alteingesessenen Unterschlupf fanden. Ein Jahr später kam dann das Hauptkontingent der Neusiedler: Russen und Kasachen, Ukrainer und Georgier, mehr als zur Hälfte aber Deutsche, die vor dem Krieg an der Wolga gelebt hatten und danach über alle Gebiete der Sowjetunion versprengt waren. Die Neuankömmlinge brachten neue Traktoren mit, die mit neun Pflugscharen über die Steppe zogen. Sie erweiterten die Anbaufläche in einem Jahr von 600 auf 3500 Hektar und eroberten in der Folgezeit Jahr für Jahr runde tausend Hektar hinzu. In dieser Pionierzeit sangen die Tulkubasser das Lied: *Ich lieb dich nicht wegen deiner schönen Augen, ich lieb dich nicht wegen deiner schönen Taille, ich lieb dich nicht wegen dem und dem und dem, ich lieb dich, weil du den Mais im Quadratnestverfahren anbaust.*

Die Eroberung Kasachstans, das heute 26% der sowjetischen Getreideernte hervorbringt, war ein strategisch geplantes und durchgeführtes Unternehmen. Zweihunderttausend Traktoren rückten zwischen 1954 und 1957 über Tausende Kilometer nach Südosten vor, um ein Land, so weit wie der Wilde Westen der USA, unter den Pflug zu nehmen. Allerdings wurden bei dieser größten Landnahme der Geschichte keine einheimischen Völker wie die Indianer der USA untergepflügt. Die Völker, die ringsum den Aralsee noch in einem halbnomadischen Zustand gelebt hatten, wurden von Anfang an in die Neulanderschließung einbezogen und leben heute gleichberechtigt unter den Sowchosbauern. Gewiß vollzog sich die Eroberung von 56 Millionen Hektar Neuland trotz umfassender Planung nicht ohne Rückschläge und Schwierigkeiten. Es gab Nachschubprobleme, so daß es oft Jahre dauerte, bis die Neusiedler aus ihren Zelten und Wagenburgen in feste Häuser einziehen konnten. Die Hauptaufgabe, die Bewässerung der Dürregebiete und der Zonen des kritischen Ackerbaus, war ohnehin nicht an einem Tag zu lösen. Bis das riesige kasachische Kanalsystem fertig war, dauerte es fast ein Jahrzehnt. Verständlich, daß der Parteisekretär von Tulkubass, Sakea Kalgibajew, seinen Sohn „Kanalgedy" taufte, und das heißt zu deutsch nicht etwa „Kanaille", sondern schlicht und einfach: „Der Kanal ist da!" Das war 1963.

Heute leben die Pionierzeiten nur noch in den Erzählungen, den Liedern und Erinnerungen der Väter und in dem, was sich die Berge vor Sonnenaufgang zuraunen. Die meisten Tulkubasser leben in bequemen Landhäusern, haben Fernsehen, Kühlschränke Waschmaschinen. Aber hier und da stehen auch noch die alten Hütten, traurig anzusehen, windschief, vom Regen und vom Frost angefressen. Sicher, es sind nur einige. Aber es gibt sie. Soll ich sie verschweigen, frage ich mich. Nein, um keinen Preis! Schon darum nicht, weil der nächste Literat, der auf den Spuren Egon Erwin Kischs nach Mittelasien reisen wird, sie nicht mehr sehen wird. Vor allem aber, weil nicht unterschlagen werden darf: dieses Land ist aus Not und Elend emporgestiegen. Je mehr ich dieses Sowjetland kennenlerne, je mehr lerne ich es lieben. Die Erkenntnis, daß dort wo die Sonne aufgeht, noch Schatten sind, lange Schatten der Vergangenheit, kann meiner Liebe nicht scha-

den, sie kann ihr nur nützen und sie wetterfest machen, gefeit gegen alle brüllenden Stürme des Antisowjetismus.
Es gibt noch andere Zeugen der alten Zeit, lebende: die Pferde. Gewiß, da fahren Traktoren über die Felder, die Jugend knattert auf Motorrädern über die Dorfstraßen, aber noch behaupten sich die Steppenpferde. Nein, das sind keine lahmen, geknechteten Ackergäule, sondern selbstbewußte, ungezügelte Geschöpfe, die sich ihren Reiter genau aussuchen. Hier in der Steppe sind die Pferde zuhaus, hier werden sie, das traue ich ihnen zu, auch überleben. Ihr Pferde von der Niederelbe, ihr letzten, übriggebliebenen, ich rate euch, verlaßt eure Ställe, brecht aus, vereint euch zum Heer, wirbelt Staub auf und überrennt alle Grenzen, emigriert nach Kasachstan, in euer gelobtes Land, verbündet euch mit allen Dschigiten, den stolzen Reitern Asiens, und baut euch ein Pferdereich!
Im Dorf muß ich mir alles ansehen, sorgsam Lob und Tadel verteilen, überall Zensuren geben. Mir wird nichts vorenthalten, die Dorfbibliothek mit der Laienkunstausstellung nicht, der Kulturpalast im Stil des Neobarock nicht, eine bäuerlich-kitschige Variante des Bolschoi-Theaters, und die Schule, die Kinder und die Lehrer nicht. Im Kurzentrum werde ich durch Schlammbäder geführt und schaue auf dicke Weiber, die sich in stinkendem Faulschlamm sudeln, ein Bild für Götter und Rubens-Schüler. Nach jeder Besichtigung wird die Gruppe derjenigen, die mich auf dem Rundgang durchs Dorf begleiten, um ein oder zwei Männer in schwarzen Anzügen größer, mehr und mehr fühle ich mich wie der Leiter einer Staats- und Regierungsdelegation. Neben mir geht der Sowchosvorsitzende, ein Zweimeter- und Zweizentnermann. Ich komme mir neben ihm wie auf einem fremden Planeten gelandet vor und habe immer wieder das berühmte Vietnamfoto vor Augen: ein zierliches Mädchen hat einen Hünen von Amerikaner im Schlepptau, David besiegt den Riesen Goliath. Aber mein Bärenführer hat den Charme aller Schwergewichtler. Er ist sanft, aber nicht weich. Wie einer werden kann nach vielen Kämpfen. Vor allem nach Kämpfen mit sich selbst. Seine massigen Hände, sein Gang, seine Stimme, in allem mischen sich Kraft und Zartheit.
Wir reden über Schwierigkeiten, die es gegeben hat und immer noch gibt. Aber es gibt immer Auswege, und dann tauchen unvermutet neue, größere Schwierigkeiten auf. Die Dürre des Sommers

1975 zum Beispiel, als sie das Vieh zuletzt mit Sägespänen füttern mußten. Der Mangel an Kunstdünger, Sommerstürme, die nach der Ernte die Ackerkrume abtragen. Trotzdem steigt der Ertrag von Jahr zu Jahr. Im letzten Jahr ernteten die Tulkubasser zum ersten Mal mehr als hunderttausend Zentner Weizen. Das Beste, sagt der Sowchosvorsitzende, sind immer die Menschen. Nimm die Schweinewärterin Ella Naumann. Jeder im Dorf wird sagen, sie ist eine Meisterin ihres Fachs. Ihre 87 Mutterschweine brachten es im Jahre 1975, dem Krisenjahr, zum ersten Mal auf über tausend Ferkel, eine Rekordleistung im Republikmaßstab. Klar, daß sie dafür zum *Held der sozialistischen Arbeit* gemacht wurde. Oder das Kollektiv der Gebrüder Fink, das sich den Ehrentitel *Brigade sozialistischer Ackerkultur* erworben hat. Unsere Melkerinnenbrigade hat im letzten Jahr zum ersten Mal eine Durchschnittsleistung von über dreitausend Litern Milch je Kuh erzielt, und das ist bei unserer verhältnismäßig kleinen Rinderrasse ziemlich einzigartig.
„Müßte man dann nicht eigentlich die Kühe prämiieren?"
Meine Frage löst Gelächter, aber auch Unverständnis aus. Ich erzähle den Sowchosbauern von zuhaus, von den jährlichen Viehzuchtleistungsschauen an der Niederelbe, und berichte, daß bei uns die prämiierten Kühe, Bullen, Kälber, Schweine und Pferde regelrecht mit Medaillen und Lorbeerkränzen bedacht werden.
„Nein," sagt der Kolchosvorsitzende, „so etwas Geschmackloses gibt es bei uns nicht. Bei uns bekommen die Pferde, die bei einem Rennen gewonnen haben, eine Kiepe voll Hafer. Sonst werden bei uns nur Menschen, Arbeiter vor allem, ausgezeichnet. Was kann eine Sau dafür, wenn sie im Jahr mehr als zwanzig Ferkel wirft. Nicht mal der Eber kann was dazutun. Wir haben hier längst künstliche Besamung, und dafür sind unsere Schweinemeisterinnen zuständig. Sie haben die Arbeit, also haben sie auch den Lohn und die Prämien."

35.

Bei der Familie Schall

Auf dem Abschiedsbild, das ich in Tulkubass knipse, sind dreizehn Sowchosbauern vereint, alle mit irgendwelchen Funktionen, fast alle verschiedener Nationalität, wie aus einem Atlas der Völkerkunde. Natürlich ist das Bild gestellt. Aber darin, wie sich die Sowchosbauern zum Gruppenbild mit Dame, mit der Mutter Schall in der Mitte, versammeln, verrät sich sehr viel bäuerliches Selbstbewußtsein, zeigt sich ähnlich wie auf den Fotografien alter Arbeitersportvereine Stolz und Zuversicht; die Dargestellten wissen, was sie verkörpern, sie sehen keinen Anlaß, irgendetwas zu verbergen, auch die Einwirkungen des Alters, der Arbeit und der Herkunft nicht.

Das Bild mit den dreizehn Bauern entsteht vor dem Haus von Heinrich und Elisa Schall, die uns nach dem Dorfrundgang zum Essen eingeladen haben. Beide sind Deutsche, und die Hausherrin begrüßt mich beim Betreten des Hauses feierlich mit den Worten: „Der Gast sei unser König“, sie fordert mich auf, mich zu ihnen an den Tisch zu setzen und das Brot mit ihnen zu teilen – in einer altmodisch-kräftigen Sprache.

Haus und Garten sehen so unverkennbar deutsch aus, wie das bei uns nur selten anzutreffen ist. Hinter dem Haus stehen Kartoffelstauden, Zwiebeln, Bohnenstangen, Bauernrosen und Tomaten säuberlich in Reih und Glied. Neben der Scheune steht noch ein Vorratsschuppen, in dem das Holz sorgfältig aufgestapelt ist, daneben die Hundehütte, eine Kleinausgabe des Wohnhauses, ein Drahtverhau für das Federvieh und die „Abtritthalle“, wie die Schalls ihr Haus mit Herz nennen. Ein verandaartiger Vorbau führt die Besucher ins Haus, das vier gleich große, fast quadratische Zimmer, Flur und Küche zählt. Der Fußboden glänzt. Die Decken sind mit schmalen Leisten verziert, genau in der Mitte hängt die Lampe aus Porzellan. Die Wände sind blumig tapeziert. Im Wohnzimmer, in der „Gutstub“, haben der ovale Tisch, vier Stühle, zwei Sessel, ein Sofa, der Geschirrschrank mit Nippes obendrauf und das Bücherregal genau den ihnen gehörenden

Platz. Die Gardinen sind blütenweiß. Die Küche wird beherrscht von dem blitzblanken Herd und dem Waschzuber.
An der Wand prankt der Spruch in gotischer Schrift: *Reinlichkeit ist meine Zier, jeden Fleck verbieth ich mir!*
Ich fühle mich in ein anderes Jahrhundert, in das Biedermeier, zurückversetzt. Meine Gastgeber sprechen, bewegen und benehmen sich so, als wären uns Deutschen Bismarck, Hindenburg, Hitler und Adenauer erspart geblieben, als wären wir von der Romantik direkt ins Marx- und Engelszeitalter hinübergewachsen, ein deutsches Genrebild, halb Idylle, halb Utopie. Das Haus der Schalls, kaum älter als zehn Jahre, kommt mir vor wie ein über hundertjähriges Museum altdeutscher Wohnkultur, eine Gedenkstätte der Gemütlichkeit. Heinrich Schall hat es für sich und die Seinen mit eigener Hand und in Selbsthilfe gebaut, nachdem er jahrelang in Behelfsunterkünften gehaust hatte, und er hat es ganz nach seinen Vorstellungen „hingerichtet", wie er wortwörtlich sagt. „Hingerichtet", wie die Häuser im wolgadeutschen Gebiet ausgesehen haben, bevor Hitlers Truppen sie niedergebrannt haben, „hingerichtet" wie die Bauernkaten in Hessen und Schwaben, nach deren Vorbild die deutschen Rußlandfahrer ihre Behausungen aufgezogen haben.
Heinrich Schalls Vorfahren sind schon zu Beginn des siebzehnten Jahrhunderts aus der Schwarzwaldgegend nach Rußland gekommen. Elise Schalls Familie, sie ist eine geborene Jansen, lebt erst seit hundert Jahren im Osten und stammt aus Mecklenburg. Kennengelernt haben sich die beiden während des Krieges im Internierungslager in Workuta. Dorthin waren sie während des Krieges, nach dem Überfall Hitlerdeutschlands auf die Sowjetunion und nach einem Umsturzversuch profaschistischer Elemente im Wolgadeutschen Gebiet, verbannt worden. Nach dem Krieg arbeiteten beide im Ural in der Schwerindustrie, entschlossen sich aber, nachdem sie von dem Aufruf zur Neulandbesiedlung gehört hatten, für den Umzug nach Kasachstan, für die Rückkehr in die Landwirtschaft. Keiner von beiden hat diesen Beschluß je bereut, sie fühlen sich im Rayon Tschimkent unter mehr als einer Dreiviertelmillion Deutschen wie zuhaus.
Kummer macht ihnen nur, daß, bis auf den ältesten Sohn, der im Sowchos als Tierarzt tätig ist, alle vier anderen Kinder weit entfernt, in Alma-Ata und sogar in Tbilissi, leben. Nur einer der Söhne hat eine deutschsprechende Frau geheiratet, der andere hat

sich eine Russin genommen, die drei Töchter haben kasachische Männer und Kinder mit schwarzen Augen und schwarzen Haaren. „Liebe kennt keinen Paß,“ meint Mutter Schall ein wenig resigniert. „Muttchen, laß mal,“ tröstet sie der Mann. „Nicht wie einer spricht, ist wichtig, deutsch, russisch oder kasachisch. Was einer spricht und wie er es meint, das zählt.“

Mutter Schall trägt das Essen auf, für das Fleisch und die Getränke ist der Hausherr zuständig, Schaschlik brät der Sowchosvorsitzende an einem Feuer im Hof. Stundenlang wird gemessert, gegabelt, gelöffelt, gebechert, geschlürft und geschmatzt. Als Vorspeise gibt es Hühnersuppe mit Reis und Gemüse darin auf klassisch deutsche Art, dann folgt Plow, das kasachische Nationalgericht, mit Reis, Hammelfleisch, Rosinen, Backpflaumen und Nüssen, und vor dem Schaschlik kommt erst noch einmal die Scharpa auf den Tisch, eine scharfe Suppe aus Hammelinnereien und würzigen Kräutern, die in Holzschüsseln gereicht und mit Holzlöffeln gegessen wird. Der Wein ist auf gut deutsche Art aus Stachelbeeren destilliert. Selbst die Art, wie die einzelnen das Essen und Trinken vollführen, ist multinational. Der eine schlürft die Suppe auf gutrussische Art, der andere schmatzt mit lutherischer Behaglichkeit, ich selber zieher die vornehme Zurückhaltung vor und verzichte auf alle Nebengeräusche, mit denen die Mittelasier ihren Gastgebern zu verstehen geben, wie gut ihnen alles schmeckt. Und wie es schmeckt: unüberhörbar!

Nach dem Essen leert sich das Haus, es bleibt im Garten Zeit für ein Gespräch im kleinen Kreis.

„Wie war Dein Leben,“ Genosse Schall? frage ich. Zögernd, bedächtig kommt die Antwort. „Ja, leicht war es nicht. Uns wird nichts geschenkt. Unsereins ist nichts in den Schoß gefallen, nicht einmal die Erkenntnis, daß einem nichts in den Schoß fallen kann. Wir hatten selten Glück, da half uns das Unglück. Als ich ein Kind war, hieß es: Wart ab, wenn die Revolution fertig ist, wird alles gut. Die Revolution war vorbei, aber das Elend wurde nur noch größer. Dann wurde gesagt, die Kollektivierung beseitigt den Hunger und macht alles besser. Und tatsächlich, von 1930 an ging es uns allmählich besser. Als unsere Revolution die ersten Früchte zeigte, kam der furchtbare Krieg, unsere Vertreibung aus dem Wolgagebiet, die vielen Toten, tausendmal schlimmer als der Bürgerkrieg. Als der Krieg vorbei war, blieb der Mangel noch lange. Wir mußten schwer arbeiten, um die Folgen zu überwinden. Seit

wir hier leben und arbeiten, geht es voran. Ja, das war unser Leben, mein Leben. Noch einmal, ich hab nichts geschenkt bekommen, niemand von uns. Und doch, sage ich jeden Tag, es hat sich gelohnt, dieses Leben, diese Arbeit, diese Mühe. Es gab keinen anderen Weg! Was hätten wir tun sollen? Zur Konterrevolution überlaufen? Uns auf die Seite Hitlers schlagen? Den Dissidenten spielen? Nach Deutschland auswandern, West oder Ost? Ich kenne das Land nicht. Ich bin hier geboren, hab hier viel durchgemacht, hab hier mit geschafft. Diesen Sowchos und mein Haus, das hab ich mit meinen Händen mit aufgebaut, mit meinem Schweiß und, wer weiß, vielleicht sogar mit meinen Tränen. Nicht jeder Transtropfen, sagt Elise, muß von einer Zwiebel kommen."
Solche Lebensbekenntnisse habe ich unterwegs noch einige Male gehört. Die Menschen sprechen von ihrem Land und meinen sich, sie sprechen von sich und meinen ihr Land. Nicht nur das Gute und Schöne, das der Sozialismus bietet, verbindet sie mit dem Sowjetstaat, mehr noch bindet sie die Fülle der Leiden, die das Volk wie jeder einzelne in den letzten sechs Jahrzehnten durchgemacht hat.

36.

In Irkutsk an der Angara

Irkutsk. Schon beim Namen dieser ältesten Stadt Sibiriens beginnt man unwillkürlich zu frösteln. Als wir auf dem Flughafen landen, fällt der Schnee wie ein Theatervorhang über die Stadt und deckt mit einem Tuch Häuser und Straßen zu. Durch den Schnee klingen alle Geräusche, sogar der Verkehrslärm, viel gedämpfter als anderswo. Bald merkt man, daß auch die Kälte sich anders anfühlt, viel sanfter, vor allem weil Wind und Feuchtigkeit als Mitstreiter fehlen.
Im Stadtkern von Irkutsk herrschen noch immer die einstmals grüngestrichenen, aber meistens in Ehren ergrauten oder vor

Gram schwarz gewordenen Holzhäuser vor. Sie wurden vor siebzig, hundert oder hundertfünfzig Jahren von Verbannten gebaut, die nach jeder neuen revolutionären Erhebung, sobald sie niedergeschlagen war, in diesen Kerker ohne Gitter verbracht wurden. 1825 wurden über sechstausend nach Irkutsk abgeschoben, weil sie irgendwie in Verbindung mit dem Dekabristenaufstand gebracht wurden. Nach der polnischen Erhebung von 1853 verdoppelten mehr als 20 000 polnische Patrioten die Einwohnerzahl der Stadt. Seit Ende des vorigen Jahrhunderts riß der zwangsweise Zustrom marxistischer Emigranten nicht mehr ab. Jede Generation von Kämpfern hat in der Stadt ihre Spuren hinterlassen. Wohl nur in Weimar gibt es auf engstem Raum so viele Gedenktafeln von berühmten Männern und Frauen, die hier gelebt, Bücher geschrieben, Zirkel gegründet, Erfindungen gemacht haben oder den Märtyrertod gestorben sind. Und das alles unter den Augen der Zarenresidenten, die im festen Glauben, hier müßte jede revolutionäre Saat auf Dauerfrostboden fallen, den Verbannten erstaunliche Handlungsfreiheiten gewährten.
Ganze Stadtviertel bestehen noch aus Holz. Die Fensterrahmen sind mit Schnitzwerk verziert, weiß abgehoben gegen das Dunkelgrün des Balkenwerks. Zweistöckige Häuser tragen Spitzdächer mit geschnitzten Ornamenten, auch die Fenstergiebel und Türpfosten sind kunstreich mit Laubsägearbeit und Schnitzwerk verziert. Noch unter der Last von Schnee atmen sie Wärme und Behaglichkeit. Ich bin beileibe kein Nostalgiker, aber in einer Stadt wie Irkutsk empfinde ich mit Neid, wie selbstredend hier die Vergangenheit vorgezeigt wird. Es geht nicht darum, die Geschichte zu verfälschen und irgendwelche großen Männer, Zaren, Dichter, Forscher, Anarchisten oder Entdecker, nachträglich zu Volkshelden zu machen, die Denkmäler sollen nur zeigen, auch sie gehören zur Geschichte. Das Kapitel zwei der Weltgeschichte begann mit dem Sturm aufs Winterpalais, aber darum wird das erste Kapitel, die Vorgeschichte, nicht einfach beiseite geschoben, sondern bleibt öffentlich sichtbar. So entsteht Geschichtsbewußtsein, ein Gefühl für das Herkommen über Jahrhunderte, für die Mühe des Wegs bis zur Revolution, aber auch für das Ausmaß der nach dem Sturz der Bourgeoisie noch zu lösenden Aufgaben. Fern in Irkutsk kommt mir der Wunsch, auch daheim in Hamburg so in der Geschichte spazierenzugehen, aber solange die treuesten Söhne der Stadt, Störtebeker, Heine, Bredel, Thälmann, Fiete Schul-

ze und Gefährten, nicht die Spur einer öffentlichen Ehrung und Anerkennung haben, muß ich zuhause im Düstern tappen.
Diese sibirische Stadt hat auffallend schöne Frauen, Ergebnis hiesiger Nationalitätenpolitik, ein Beweis für die Fruchtbarkeit der Völkerfreundschaft, die Verbindungen zwischen den einheimischen Burjaten und den zwangsweise und freiwillig Zugewanderten fördert. Im Gegensatz zu manchen sibirischen Minderheiten, bei denen religiöse Vorurteile Eheschließungen mit Fremden erschwerten, waren die Burjat-Mongolen auch schon vor der Oktoberrevolution vorurteilsfrei und freundlich, in jeder Beziehung. Erst recht heute! Sie können sich sehen lassen, die schlanken Mädchen mit den Mandelaugen, die schwarzhaarigen Schönheiten mit Stupsnasen, die zierlichen Mischungen aus germanischem und mongolischem Blut. Irkutsk ist ein Klein-Paris, eine Stadt für die Frauen; nirgendwo in der Sowjetunion hab ich soviel Drogerien, Parfümerien, Kosmetiksalons, Friseure – auf russisch *„Perückmacheria“* – und Boutiquen gesehen, nirgends, trotz Schnee und Kälte, so wenige Kopftücher. Buchhandlungen gibt es zu Hunderten, die langen Winter verleiten zum Lesen. In allen Schaufenstern ist Markows historischer Sibirienroman ausgestellt, Startauflage: 600 000. In einer internationalen Buchhandlung frage ich nach Büchern aus der BRD. Warten Sie, sagt der Leiter, ich hab sogar was von ihrem Kanzler. Aus einem verstaubten Regal zieht er ein Buch von Helmut Schmidt, *Zur Behandlung von chronischen Kinderkrankheiten,* eine medizinische Abhandlung, die vor zwanzig Jahren in einer Stadt namens Meisenheim erschienen ist. Beschämt stellt der Buchhändler den Band zurück, entschuldigt sich tausendmal, vielleicht versteht er mein Lachen falsch.
Der Stadtbezirk über dem Flußufer sieht aus wie eine Miniaturausgabe von Leningrad, er wird beherrscht von den goldenen Kuppeln der Snamenskaja-Kathedrale. Rings um die Kirche stehen die Grabsteine berühmter Dekabristen, lauter Namen, die wie Gestalten aus Tolstoijs und Puschkins Werken klingen. Vor dem Kirchenportal wurde im Jahre 1920 der konterrevolutionäre Bandenführer Koltschak erschlagen, als er von empörten Bauern unter den Betern erkannt worden war. Aus dem Kircheninnern kommt feierlicher Gesang, Weihrauchgewölk und dampfende Wärme. Ich gehe hinein, am Eingang entdecke ich einen Schrein, unter einer Glasscheibe werden Devotionalien angeboten. Ein

paar Münzen liegen im Kasten, Erlös für geweihte Kerzen, Brote und Heiligenbildchen, sogar ein ganzer Rubel mit einem Leninkopf ist dabei. In der Kirche beschlägt meine Brille, ich habe Mühe, mich unter den vielen armstarken wie bleistiftdünnen flakkernden Kerzen zurechtzufinden. Greise küssen auf Knien die Hand des Priesters. Vom Chor steigt vokalreicher Gesang auf und wird von der Kuppelvielfalt zurückgeworfen. An der Ikonenwand flimmert eine bunte elektrische Lichterkette, fast wie an einer Jahrmarktbude. Plötzlich wird mir bewußt, wie sehr ich alle Demuts- und Frömmigkeitsbekundungen verlernt habe, und empfinde mich als Eindringling, als Störenfried. Die Kathedrale „arbeitet", wie die Sowjets sagen, wirklich schwer, sie ist dicht gedrängt voll alter Leute, die hier um den Priester geschart ihre Gründonnerstagsliturgie feiern. Welch ein Kontrast: rings um die Kathedrale blasen Schlote dem Herrgott ihren Unrat ins Gesicht, und hier im Innern gehen Hunderte vor dem selben Gott auf die Knie.
Keine Stadt wird so von ihrem Strom beherrscht wie das sibirische Irkutsk, weder Köln vom Rhein noch Hamburg von Alster und Elbe. Selbst im kältesten Winter friert die Angara wegen ihrer Strömung nicht zu, auch sechzig Grad Kälte können ihr nichts anhaben. Jetzt, Anfang April, hat ihr Wasser eine fast indigoblaue Farbe, der Fluß wird von Lastkähnen und Fähren befahren, von Fischerbooten belebt, von Wasservögeln bevölkert. Ein Strom des Lebens inmitten sibirischer Unwirtlichkeit. Wenn man an das Ufer tritt, spürt man, bei fünfzehn Grad Kälte, einen Hauch von Wärme, die Wasser dampfen wie ein Tropengewässer.
Die Angara ist ein einzigartiger Strom, der einzige Abfluß des siebzig Kilometer entfernten Baikalsees. 337 Gebirgsflüsse speisen den Baikal mit Wasser, aber allein der Angara ist es gelungen, die Felswände, die den See einkesseln, zu sprengen. Fast alle Flüsse der Welt verändern im Wechsel der Jahreszeiten ihren Pegelstand, nur die Angara ist das ganze Jahr über gleich wasserreich. Und sie ist einer der energiereichsten Ströme der Erde. Vom See bis zur Mündung in den Jenissej beträgt das Gefälle mehr als vierhundert Meter; Grund genug für die Kommunisten, den Fluß durch eine ganze Kaskade von Wasserkraftwerken zu bändigen und mit der gewonnenen Energie die sibirischen Bodenschätze ans Licht zu heben.
Das Irkutsker Kraftwerk, über dessen Staudamm jetzt der Stadtverkehr rollt, wurde zu Beginn der fünfziger Jahre erbaut, haupt-

sächlich mit dem Ziel, Strom für die nächste Stufe, für das Wunder von Bratsk, zu gewinnen. Ursprünglich war dort an eine Bauzeit von zwanzig Jahren gedacht, aber schon im Herbst 1967, nach dreizehn Jahren, konnten alle achtzehn Turbinen in Betrieb genommen werden. Sie erzeugen jährlich 24 Milliarden Kilowatt zu einem sensationell niedrigen Gestehungspreis: fünf Hundertstel Kopeken für eine Kilowattstunde. Reingewinn: Dreihundert Millionen Rubel im Jahr. In der vom Troubadour der Turbogeneratoren, Jewgenij Jewtuschenko, begeistert besungenen Kraftwerksstadt arbeiten heute ein mächtiges Aluminiumwerk und ein Holzverarbeitungskombinat, das ein Waldgebiet von der Größe der Beneluxländer erschließt. Das Territorium ist in hundert Abschnitte eingeteilt, die jeweils den Holzbedarf für ein Jahr liefern. Damit ist die Rohstoffbasis praktisch für alle Zeiten gesichert, denn längstens hundert Jahre braucht der Wald, um nachzuwachsen.

Zur Zeit wird stromabwärts bei Ust-Ilim das dritte der Angarakraftwerke errichtet. Es soll später einmal das Stromnetz für die gesamte Baikal-Amur-Magistrale speisen und außerdem die Energie für die größte Papierfabrik der Welt liefern, die gegenwärtig als Gemeinschaftsprojekt aller sozialistischen Länder gebaut wird. Der Papierausstoß wird schon 1980 ausreichen, die Auflagen aller kommunistischen Publikationen mit einem Schlag zu verdoppeln: ein sinnvolles Baumsterben, gemessen an den Zwecken, für die bei uns mancher Baum abgeholzt wird. Täglich sterben in der Bundesrepublik sieben Hektar Fichten- und Tannenwald nur für Springers Bildzeitung.

Die vierte, vorläufig letzte Stufe der Angarakaskade soll vom nächsten Jahr an zweihundert Kilometer nördlich von Ust-Ilim bei Bojutschansk in Angriff genommen werden. Alle Projektierungsarbeiten sind abgeschlossen, so daß die Brigaden von Ust-Ilim ihre Arbeit stromabwärts ohne große Unterbrechung fortsetzen können, um dem sibirischen Riesen einen neuen Siebenmeilenstiefel anzupassen. Wohin die Richtung geht, ist durch die Perspektivplanung der Sowjetmacht vorgezeichnet. Bis zum Anbruch des neuen Jahrtausends soll auch der Jenissej gebändigt sein und soviel Strom erzeugen, wie augenblicklich die Sowjetunion und Westeuropa zusammen benötigen.

Die Angara hat ihre Zukunft noch vor sich. Vermutlich hat sie es darum so eilig, hat sie die Wellen wie Ohren gespitzt und dampft wie ein Athlet, der eben der Sauna entstiegen ist. Kraft hat sie! Schon bald wird sie siebzig Milliarden Kilowatt im Jahr liefern. 180 Kilowatt, lese ich im Lexikon, entsprechen der Jahresarbeit eines Menschen, demnach schafft die Angara die Jahresleistung von 380 Millionen Erdenbürgern. Und wenn bis zum Jahre Zweitausend sich die Kraftwerke am Jenissej dazu gesellen, dann steht hier in Sibirien ein Arbeitskräfteheer von mehr als einer Milliarde Menschen bereit, stark genug, Strauß und Springer schon heute schlaflose Nächte zu bereiten.

37.

Der Zukunft auf der Spur

Sibirien: Wer denkt bei diesem Wort nicht an grimmige Kälte, Wolfsgeheul, Verbannung, Schweigelager und Kulturlosigkeit! Für einige meiner Nachbarn liegt Sibirien weit jenseits der Zivilisationsgrenze, und die ist für sie identisch mit dem Verbreitungsgebiet des WCs, der Kultstätte deutscher Saubermänner. Ich bin mittlerweile allerdings in der Lage, falsche Vorstellungen über die Ausdehnung westlicher Sanitärtechnik am konkreten Beispiel zu widerlegen. Selbst in Irkutsk stoße nicht ich nur auf WCs. Die meisten jener Örtchen, an denen man sitzend und nicht, wie mancher Bundesbürger denken mag, stehend seine Geschäfte verrichtet, sind als VEB-Produkte aus der DDR gekennzeichnet. Und weiter östlich, in Wladiwostok, soll es, erfahre ich aus gewöhnlich gut informierten Kreisen, sogar beheizte Klosetts geben, die eigens für amerikanische Bärenjäger und für Herrn Nixon gebaut wurden, um ihn für die Unterzeichnung des Atomstopabkommens günstig zu stimmen. Ob es zwischen Irkutsk und Wladiwostok, entlang der Baikal-Amur-Magistrale allerdings überall beheizte, gekachelte und desinfizierte Spießeraltäre gibt, wage ich zu bezweifeln; ich vermute, die Bauarbeiter haben dort vorerst andere Sorgen.

Früher, vor der Oktoberrevolution, war Sibirien tatsächlich das sicherste, größte und zugleich billigste Gefängnis der Welt, ein idealer Verbannungsort für unverbesserliche Weltverbesserer, um den die Reaktionäre aller Länder den Zaren aufrichtig beneidet haben. Dieses Naturgefängnis brauchte weder Stacheldraht noch Wachmannschaften. Entrinnen war in der Taiga blanker Wahnsinn. Darum hat keine Stadt der Welt im neunzehnten Jahrhundert so viel Revolutionäre in ihren Mauern beherbergt wie das sibirische Irkutsk. Und ausgerechnet hier fand manch einer den Weg von der Utopie zur Wissenschaft. Verbannte begannen vor mehr als hundert Jahren mit der Erforschung des sibirischen Kontinents und legten den Grundstein für die Irkutsker Akademie der Wissenschaften, die heute geradezu als das Hirn des neuen Sibirien gilt. Was Akademgorodok, das Akademiestädtchen von Nowosibirsk, für Westsibirien, das ist das Irkutsker Forschungszentrum für den Osten, ein gigantisches Projektierungsbüro für die Zukunft eines ganzen Erdteils. Sibirien, das ist der erste wissenschaftlich und planmäßig und das heißt auch kommunistisch erschlossene Kontinent, das erste Stück Erde, dessen neues Gesicht nicht von Willkür, Zufall und Raubbau entstellt wird, sondern vom sinnvoll und planvoll gelenkten Willen des Menschen, sich die Erde untertan zu machen, ohne ihr den Stempel der Barbarei aufzudrücken.

Was ich beim Rundgang durch die acht Institute der Akademie zu sehen bekomme, sind für mich zwar keine Potemkinschen, aber oft doch böhmische Dörfer. Da befassen sich mehr als tausend Wissenschaftler mit der Geographie Sibiriens und des Fernen Ostens, mit der Erforschung der Erdrinde, mit Seen- und Gewässerkunde, mit Energetik, Physiologie und Biochemie der Pflanzen, mit organischer Chemie, Geochemie und Erdmagnetismus, mit der Ionosphäre und der Ausbreitung der Funkwellen. Nur soviel geht in meinen Kopf: hier wird nicht ins Blaue hinein geforscht, hier dreht sich alles um die berühmte Hauptaufgabe, die da lautet: Wie können die Naturreichtümer möglichst schnell, wirtschaftlich und sinnvoll geborgen werden, wie sind die unermeßlichen Weiten am klügsten zu erschließen und zu besiedeln und wie kann das Leben der Menschen unter den rauhen Verhältnissen Sibiriens so menschenfreundlich wie möglich gestaltet werden?

Überall werden mir alle möglichen Landstriche im Modell gezeigt. Zum Beispiel die Gegend um den Baikalsee samt den darunterliegenden Gesteinsschichten bis in eine Tiefe von fünfzig Kilometern: an diesem Baukasten experimentieren die Forscher mit künstlichen Erdbebenwellen, um bei Beben in der Natur besser vorwarnen und vorbeugen zu können. Anderswo räkelt sich millionenfach verkleinert das ganze sibirische Flußnetz. Probeweise werden dort Kanäle gegraben, wird der Lauf der Ströme von Norden nach Süden umgelenkt. Vielleicht, so berichten die Forscher, ist der Tag gar nicht so fern, an dem Sibiriens Flüsse nicht mehr nutzlos ins Nördliche Eismeer fließen, sondern in Mittelasien Wüsten fruchtbar machen und das rauhe Kontinentalklima mildern. Der Leiter des Forscherteams, Professor Chonendowski, hat den Nutzen errechnet, den die Umleitung von sibirischem Obwasser über einen 180 Meter breiten und neun Meter tiefen Kanal nach Kasachstan bringen würde. Die Kosten betragen ungefähr acht Milliarden Rubel, die sich jedoch in sechs Jahren rentiert hätten. „Aber ein solches Projekt können wir wohl erst in Angriff nehmen, wenn wir ein anderes, noch größeres Jahrhundertwerk realisiert haben: die Abrüstung," meint der Professor ein wenig resigniert.

„Unser Traum ist eine Art Wasserverbundsystem im kontinentalen Maßstab, mit dem wir ähnlich wie beim elektrischen Strom die Wassermassen über Kanäle und Flüsse dorthin lenken, wo sie am dringendsten gebraucht werden. Zur Zeit verfügt Sibirien über einen Süßwasserbestand von 42 000 Kubikkilometern in Flüssen, Seen, Stauseen, Gletschern und ewigem Schnee; mehr als Dreiviertel davon fließen ungenutzt ins Eismeer. Bedenken Sie, welche Aussichten für Asien!"

Nebenan sind die Geochemiker neuen Lagerstätten auf der Spur und haben „nebenbei" schon zwei bisher unbekannte Minerale entdeckt, denen sie die Namen der Menschen gegeben haben, die zuerst ins All vorstießen und den Mond betraten: Gagarinit und Amstrongit. Aber die wesentliche Forschungsarbeit gilt den Rohstoff- und Energievorkommen Sibiriens, vor allem den Ozeanen von Erdöl und Erdgas unter dem Dauerfrostboden der Taiga. Mit ganz anderen Aufgaben befassen sich die Organischen Chemiker, zum Beispiel mit Schafswolle. Frau Professor Jelena Polownikowa präsentiert mir abstruse Meerschweinchen, deren Wolle so lang ist wie sonst bei Schafen, zehn bis zwölf Zentimeter, wahre Wollknäuel, ideale Katzenspielzeuge. Die Tiere sind mit dem neuentwickelten Stoff Miwal gefüttert worden, eine Substanz, deren Name sich aus den ersten Buchstaben der Entdecker Michael Woronkow und Walerie Dakow zusammensetzt und die in zahlreichen Laborversuchen inzwischen noch eine andere menschenfreundliche Wirkung gezeigt hat: sie ist in der Lage, Krebsgeschwüre einzudämmen.

Das jüngste der Irkutsker Institute befaßt sich ausschließlich mit Fragen des Umweltschutzes, vor allem am Baikalsee. Seit vor elf Jahren an einem Zufluß des Sees ein Zellulosewerk seinen Betrieb aufnahm, drohte dem Baikal unabsehbarer Schaden. Unüberhörbar schlugen Wissenschaftler, Schriftsteller, Naturfreunde Alarm: mit Erfolg. Es wurde nicht nur das Irkutsker Institut mit seinen siebzig Mitarbeitern gegründet, das Zellulosekombinat mußte seinen Standort verlagern, umfassende Filteranlagen einbauen und auf die Flößerei der Baumstämme gänzlich verzichten, schließlich wurde vor fünf Jahren das ganze Gebiet um den Baikalsee zum Naturdenkmal erklärt und unter strengsten Naturschutz gestellt. Man stelle sich einmal vor, was dem *herrlichen Baikal* widerfahren wäre, läge er in der Bundesrepublik, in Japan oder den USA: er wäre längst zur weltgrößten Kloake geworden.

Das Irkutsker Forschungsprogramm hat wahrhaft sibirische Dimensionen. Ich gebe zu: ein bißchen beängstigend wirkt das Labyrinth der Labors auf mich, die vielen weißbekittelten Wissenschaftler erinnern mich an Dürrenmatts *Physiker,* die mit ihren Erkenntnissen selber nicht mehr zu Rande kommen. Aber als ich im Fitnesszentrum des Instituts Dutzende durchgeistigte Forscher frohgemut an Reck und Barren turnen, sich Boxkämpfe liefern und Handball spielen sehe, bin ich beruhigt: die verlieren nicht so rasch den Boden unter den Füßen!

38.

Der sprechende Fisch

Es gibt Fische, die so frisch serviert werden müssen, daß sie noch zappeln, wenn sie gebraten oder gekocht auf den Tisch kommen. Der kleine Stör, der mir in Irkutsk im Hotel Angara serviert wird, ist einer von dieser Sorte. Er nutzt sein letztes Stündlein, bevor er in meiner Magengrube seine ewige Ruhe findet, zu einer knappen Lebensbeichte, in der er seine tausend Erdentage an mir Revue passieren läßt. „Geboren," sagt der Fisch, „bin ich im Schoß des Baikal, aber aufgewachsen bin ich im Strombett der Angara. Meine Jugend war einigermaßen unbeschwert. Du kennst die Geschichte, wie der strenge Vater Baikal seine Tochter Angara einsperrte, als er von ihrer Liebe zu dem jungen Recken Jenissej hörte? Wie sich die Angara heimlich davonschlich, durch Wälder und Felsschluchten nach Norden stürzte, wo ihr Geliebter sehnsüchtig auf sie wartete! Wie der Alte schließlich aufwachte, die Flucht entdeckte und der Tochter aus Wut einen Berg von Steinen hinterher schleuderte!"

„Eine alte Geschichte," sage ich zum Fisch, „ein bißchen zu mythologisch für meinen Geschmack. Sag mir lieber: Stimmt es, was sie mir im Institut der Wissenschaft über den Umweltschutz am Baikalsee erzählt haben? Ist wirklich alles in Ordnung?"

Der Stör schnappt noch einmal nach Luft und erzählt kurzatmig: „Vor gut zehn Jahren lasen die Baikalfische in einer Moskauer Zeitung, die irgendein Barbar ins Wasser geworfen hatte, daß an einem Zufluß eine große Fabrik gebaut werden sollte. Der Fischverbund hielt einen großen Kongreß ab und sandte ahnungslos sogar ein Glückwunschtelegramm. Kaum hatte das Werk seinen Betrieb aufgenommen, ging bei uns im See eine geheimnisvolle Seuche um. Die Fische gerieten einfach in Atemnot und erstickten. Ein elender Tod für sie, lieber ende ich mein Leben in einem Feinschmeckerrestaurant. Lange suchten wir nach dem Grund, dann entdeckten unsere Umweltpolizisten, die kleinen Seekrebse, die jeder jedes Jahr über tausend Liter Wasser filtern, daß die vielen Holzstämme, die über den See geflößt wurden, nichts als

Faulschlamm produzierten, und der nahm uns Seebewohnern die Luft weg. Dann kam es zu der Katastrophe mit den Störkindern. Die Gerbsäure, die von den Stämmen ausgeschieden wurde, vergiftete eine ganze Generation."
Der Stör ringt noch einmal nach Sauerstoff. „Was tun, sprach Zeus. Ja, endlich schlugen wir Alarm. Die Fischpartei hielt einen außerordentlichen Parteitag ab, sie beschloß eine neue Bündnispolitik und rief zur Gründung einer Fischinitiative auf. Da wurde die Sache fischig, sogar an Land erhielt unsere Kampfgemeinschaft Unterstützung, von den Dichtern, den Wissenschaftlern und sogar von unseren Hauptfeinden, den Anglern und Fischern. Die Feinschmecker solidarisierten sich aus naheliegenden Gründen mit uns, und dann kam aus Moskau eine ganze Regierungsdelegation. Und wir hörten schweigend, wie ein Minister feierlich sagte, daß das Zellulosewerk kein Werk des Fortschritts, sondern der Barbarei ist. Wir Fische konnten aufatmen, aber ehe unsereins wieder richtig Luft holen konnte, gab es noch einen ziemlich langen und schweren Kampf. Daran hat sich die ganze Natur ringsum und das halbe Volk der Sowjetunion beteiligt. Immer wieder versuchten die Ökonomen das Heft an sich zu reißen, sie behaupteten einfach, jeder Fortschritt habe seinen Preis, sollten wir doch über die Klinge springen. Aber dann entschied der Fischfreund Breschnew den Streit. Keine Flößerei mehr auf dem See, kein Holzeinschlag mehr ringsum, Produktionsstop im Kombinat, bis richtige Filter eingebaut sind. Glaub mir, da ging ein Aufatmen durch die Baikalfische," spricht der kleine Stör mit ersterbender Stimme. Und mir bleibt nichts anderes übrig, als seine sterbliche Hülle in mundgerechte Stücke zu zerteilen und sie andächtig, begleitet von einem guten Schluck Wein, in meiner Magengruft zu bestatten.

39.
Ein Giljake

Was ein Giljake ist? So viel ist sicher: Würde er in meinem Heimatdorf spazieren gehen, die Kinder riefen ihm auf der Stelle nach: Giljak, Zigeunerpack! Im *Brockhaus* habe ich den Namen nicht gefunden, aber in der Marx-Engels-Gesamtausgabe. Im *Ursprung der Familie* schreibt Engels: „Die Giljaken kennen weder Ackerbau noch die Töpferkunst, sie ernähren sich hauptsächlich durch Jagd und Fischfang, sie erwärmen Wasser in hölzernen Trögen durch Hineinwerfen glühender Steine ... Noch heute hat jeder Giljak Gattenanrecht auf die Frauen seiner Brüder und auf die Schwestern seiner Frau; wenigstens wird die Ausübung solcher Rechte nicht als etwas Unerlaubtes angesehen ... Im Unglücksjahr, wenn's beim Giljaken nichts zu beißen gibt, weder für ihn noch für seine Hunde, streckt er nicht die Hand aus nach Almosen, er geht unverzagt zu Gaste und wird da ernährt, oft auch ziemlich lange Zeit."

Ein solcher Mensch sitzt mir in Irkutsk, im Ethnographischen Institut, gegenüber. Mit einem Kopf, so groß und kahl wie ein Buddhaschädel, mit Augen, die hinter buschigen Brauen Versteck spielen. Der Name des Professors klingt in meinen Ohren ungefähr so wie das biblische Mein-Gott-warum-hast-Du-mich-verlassen: *Eli, Eli, Lama Sabakthani.* Er erzählt mir die Geschichte seines Volkes.

„Eigentlich ist unsere Nation auf dem Weg von einem Kommunismus in den andern. Vor 1917 lebten die Giljaken auf der Stufe der Urgemeinschaft und waren wie die Indianer in Brasilien zum Aussterben verurteilt. Sie kannten nicht einmal Salz, um Nahrungsmittel zu konservieren, noch die Bearbeitung von Metallen, geschweige denn Geld und Götter. Sie waren Erntesammler, stehengeblieben auf einer Übergangsstufe von der Jagd zum Ackerbau. Die Steinzeitkulturen Mitteleuropas hatten vermutlich einen höheren Zivilisationsstand."

„Und wie, Genosse Sabakthani, sieht es heute bei den Giljaken aus?"

„Nicht anders als in vielen anderen Dörfern und Städten der Sowjetunion. In Kalma, in der Nähe von Chaborowsk, wo meine Eltern wohnen, haben die Häuser jetzt sogar Fernheizung. Und die Wohnungen sind wie hier eingerichtet, mit Stube, Küche und Schlafzimmer. In der Generation meiner Eltern gab es nur Jäger und Fischer, heute haben wir zuhaus alle Berufe: Traktoristen, Tierärzte, Buchhalter, Lehrer, Professoren; ich selber bin sogar Ethnologe geworden. Und wenn die BAM durch meine Heimat gezogen wird, haben wir zuhaus sogar Bahnbeamte, Schaffner und Schrankenwärter. Nur einen Beruf gibt's bei uns nicht: wir haben keine Verkäufer."
„Wieso? Habt Ihr das Geld schon abgeschafft?"
„Stellen Sie sich vor: unsere Dörfer am Amur sind ziemlich weit auseinandergezogen. Nun kommt jemand mit dem Hundeschlitten oder dem Motorboot und kauft für die ganze Sippschaft ein: einen halben Zentner Salz, zwanzig Pfund Zucker, hundert Schachteln Zigaretten und so weiter. Dann sagt er, wie das bei uns gang und gäbe ist: Nächste Woche kommt mein Bruder vorbei und bezahlt. Was soll der Verkäufer machen? Lehnt er den Handel ab, ist er unten durch. Bei uns wird jeder aus der Gemeinschaft ausgestoßen, der dem Wort eines Nachbarn mißtraut. Geht der Verkäufer auf das Geschäft ein, kommt bestimmt eine Inspektion, und er ist geliefert."
„Und wie löst Ihr das Problem?"
„Ganz einfach. Die Verkaufsstellen übernehmen Leute von anderen Nationalitäten. Denen nimmt keiner übel, wenn sie keine Ware ausgeben, ohne daß gleich bezahlt wird."
Der Übergang von der Steinzeit ins Maschinenzeitalter sei kein Spaziergang gewesen, sondern ein Hindernislauf, sagt der Professor mit dem weisen Haupt. Als die ersten Traktoren ins Dorf kamen, hätten ihnen die Leute Heu zum Fressen vorgelegt. Einmal habe ein Agitator den Giljaken beibringen wollen, wie man Kartoffeln anbaut. Er habe einen ganzen Zentner in die Erde gebuddelt und den Leuten erklärt, jetzt müßten die Knollen wachsen. Nach einer Woche schauten die Giljaken in der Erde nach und fanden ausgereifte Kartoffeln. Sie haben die Früchte unverzüglich ausgebuddelt und gekocht. Aber dabei ist es nicht geblieben. Heute kommen aus Kalma die dicksten Kartoffeln des Fernen Ostens. Als der erste Briefkasten aufgestellt wurde, warteten die Leute einige Tage, ehe sie es wagten, einen Brief hinein-

zuwerfen. Sicherheitshalber warteten sie neben dem Kasten, um zu sehen, was sich tat. Als dann der Briefträger kam, um zu leeren, schlugen sie ihn zusammen: Warum klaust du unseren Brief?
„Ich könnte Ihnen noch mehr solcher Schildbürgerstreiche zum besten geben. Die Witze, die man bei uns erzählt, sind ein einzigartiges Anschauungsmaterial, sie erzählen anekdotisch vom Zusammentreffen der Vorgeschichte mit der neuen Zeit, vom Zusammenprall kaum vereinbarer Epochen, es sind wirklich Treppenwitze der Weltgeschichte und ihrer Widersprüche. Aber reden wir nicht von der Vergangenheit, reden wir von der Gegenwart! Heute hat unser Volk eigene Schulen, Zeitungen, Verlage, Kultureinrichtungen und Medien. Seit 1930 haben wir eine regelrechte Schriftsprache, und wir haben uns einen neuen, eigenen Namen gegeben. Wir nennen uns Niwchen, und das heißt nichts anderes als: Ich wurde ein Mensch. Unser Volk ist klein, wir zählen nicht mehr als siebzigtausend Seelen, aber denken Sie nicht, wir wären ein Sonderfall. So wie uns Niwchen ist es seit 1917 auch den Chakassen, den Mansen, Korjaken, Jakuten, Tschuktschen, Nanajern, Nenzen, Itelmen, Chanten, Dolganen, Ewenken und vielen anderen Völkern Sibiriens ergangen. Wir wurden nicht nur vor der Ausrottung bewahrt, wir wurden mit allem ausgestattet, was ein Volk für das neue Jahrtausend braucht."
Zum Abschied lädt mich der Professor mit dem unaussprechlichen Namen in seine Heimatstadt ein. Wenn Sie das nächste Mal wieder nach Sibirien kommen, geht die BAM mitten durch das Niwchen-Gebiet. In Kalma halten sogar die D-Züge, wir legen einen roten Teppich für Sie zum Bahnsteig, und Sie steigen aus. Lernen Sie unsere Frauen kennen, es sind die schönsten östlich des Urals. Seit Engels Zeiten haben sich die Dinge gründlich geändert, heute haben unsere Frauen Anrecht auf die klügsten und kühnsten Männer der ganzen Welt."
„Abgemacht, Professor, irgendwann komm ich nach Kalma."

40.
Die Magistrale

Sein Name ist Jefim Eisenberg, er ist Jude. Mit seinem weißen, lockigen Haar sieht er aus wie Einstein. Geboren wurde er in der Chagall-Stadt Witebsk, noch im Ghetto, zwei Jahre nach dem Roten Oktober. Vor den deutschen Faschisten, die seine Eltern und Verwandten ermordeten, konnte er in den Ural fliehen. Dort blieb er hängen, wurde Ingenieur, und mit den Jahren wurde das Land im Osten, Sibirien, sein gelobtes Land. Er machte Sibirien zu seinem Beruf, wurde Sibirienforscher. In Akademgorodok half er, etliche Millionen Quadratkilometer zumindest auf der Landkarte genau zu erfassen. Seit zehn Jahren arbeitet er in Irkutsk, inzwischen als Leiter des Instituts für die wirtschaftliche Erschließung Südsibiriens. Ein weiter Weg von Witebsk nach Irkutsk, runde zehntausend Kilometer, die ihn aus der Enge des Ghettos in die unendliche Weite der Taiga geführt haben. Die Sowjetunion ist ein großes Land.

Jefim Eisenberg versucht mir vor dem Aufbruch in die Taiga eine Vorstellung von den Dimensionen zu vermitteln, die das BAM-Projekt selbst für die rekorderprobte Sowjetmacht bedeutet.

„Genau genommen bauen wir schon 45 Jahre an der BAM, an unserer Jahrhundertbahn. Zehn Jahre lang, von 1932 bis 1942,

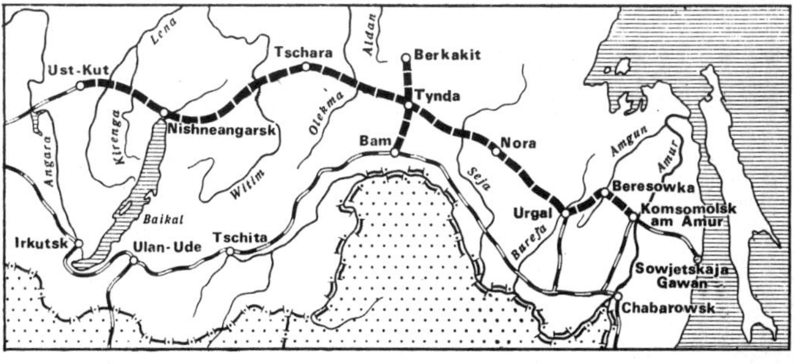

haben einige tausend Unentwegte an einer Stichbahn gebaut, die von der *Transsib,* vom Kilometer 7273, der Ort heißt seitdem Bam, Richtung Norden führen sollte. Als dann die Verbindung endlich fertig war, wurde sie in wenigen Tagen wieder abgerissen – von denselben Pionieren, die sie vorher gebaut hatten. Auf grüner Welle, das heißt, alle Signale zeigten nur eine Fahrtrichtung an, rollten die Gleise nach Westen. Die Stadt Stalingrad kämpfte um Leben und Tod des Sozialismus, und die einzige Möglichkeit, ihr neue Lebenskraft zu geben, war, gleichsam über Nacht eine Eisenbahnlinie bis ans Ufer der Wolga voranzutreiben. Ganze acht Wochen brauchten die BAM-Bauer, um die Front mit dem Industriezentrum am Ural zu verbinden; damit war eine der wichtigsten Vorbedingungen für die Wende von Stalingrad geschaffen. Der Soldat, der damals die Aktion leitete, arbeitet heute wieder an der BAM, als Brückenbauingenieur. Nach dem Sieg brauchten wir fast dreißig Jahre, um die alten Pläne aus den dreißiger Jahren neu in Angriff zu nehmen. Wir mußten uns an das neue Projekt regelrecht herantasten."
„Die BAM", sagt Genosse Eisenberg nach einer bedeutungsvollen Kunstpause, „die BAM, die Magistrale" – er spricht von ihr fast zärtlich wie ein Bräutigam von seiner Braut – „ist für mich keine Eisenbahnlinie, das war sie vielleicht vor dem Krieg, die BAM ist ein Programm, ein Programm, um unser industrielles Potential, um unsere Vorstellungskraft, um die Zukunft des Sozialismus um neue Dimensionen zu erweitern. In den Gebieten, durch die unsere BAM geht und die wir mit dem Bahnbau erschließen, liegen mehr als die Hälfte aller Brenn- und Rohstoffreserven der Sowjetunion. Wir haben hier Kohle, Erdöl, Erdgas, Holz und Erze in unvorstellbaren Mengen. Sechs Billionen Tonnen Kohle lassen sich an der Lena im Tagebau gewinnen. An Kupfer steht hier so viel an wie alle übrigen Weltvorräte zusammen. Haben wir sie erst erschlossen, kann Pinochet, können seine amerikanischen Hintermänner endgültig einpacken.
Gehen wir von dem gegenwärtigen Energie- und Rohstoffbedarf der Erde aus, dann kann die Menschheit mit den Schätzen, die wir hier in Südsibirien ausgraben, gute hundert Jahre auskommen. Ich denke, Sie verstehen jetzt, daß hier Dinge auf dem Spiel stehen, die nicht nur für die anderthalb Millionen Sibirier von Interesse sind, es geht um Gewichte, die das Kräfteverhältnis mit verändern helfen."

„Verstanden, Genosse, aber das Kräfteverhältnis ist keine Apothekerwaage, auf der man das Gewicht mit einem Handgriff von rechts nach links verschieben kann!"
„Einverstanden! Wie schwer die Gewichte in Richtung Osten zu verschieben sind, zeige ich Ihnen am besten an meiner Spezialstrecke, das Gebiet zwischen dem Baikal und der Nord-Muisker Gebirgskette. Da sind zwei Flüsse zu überbrücken, die jeder über vierhundert Meter breit sind, eine sechzehn Kilometer lange Tunnelstrecke, so lang wie der Simplon, ist zu bauen; die Region leidet unter Erdbeben, die wenigstens dreimal im Jahr Stärke neun erreichen. Auf dem ganzen Abschnitt herrscht ewiger Frostboden vor. Ein Drittel führt über mooriges Gelände, unter dem sich Eislinsen und Eisknollen gebildet haben. Es gibt unterirdische Gletscher, auf die wir eigens 32 Eisspezialisten angesetzt haben. Aufgrund des extremen Kontinentalklimas sinken die Temperaturen im Winter auf unter sechzig Grad, und sie steigen im Sommer auf über dreißig Grad an. Im Winter erstickt das Gebiet unter zwei bis drei Metern Schnee, und im Sommer leidet es unter der schlimmsten Landplage seit den Heuschreckenepidemien des Alten Testamentes, unter der Invasion von Myriaden von Mücken."
Jefim Eisenberg schüttelt sich bei der bloßen Vorstellung, in einen sibirischen Mückenschwarm geraten zu sein.
„Zwei Sorten machen uns besonders zu schaffen, die Moschkis und die Gnus, das sind unsere ärgsten Klassenfeinde. Aber ich sage Ihnen, langfristig haben sie verloren, wir haben zwei eigene Institute auf sie angesetzt. Auch auf der Mensch-Mücke-Waage verändert sich das Kräfteverhältnis.
Aber zurück zur BAM. Die genannten Schwierigkeiten hat die Bahn längst hinter sich. Die Züge sind durch Schluchten gedonnert, über die Moore hinweggefegt und in Serpentinen die Berge hinaufgestampft: im Modellversuch. Wir im Institut haben unsere Computer ein Jahr lang mit allen erdenklichen Daten über das Gebiet gefüttert, mit Angaben über die Bodenbeschaffenheit, über das Klima und die möglichen Erderschütterungen, mit Informationen über Schwellen, Gleise und Bahnkörper. Dann haben wir verschiedene Zugtypen auf der Strecke fahren lassen, bis wir endlich die richtige Trassenführung, die richtigen Waggons und die richtigen Lokmodelle herausgefunden hatten. Man darf mit Fug und Recht sagen: die BAM ist die erste Eisenbahn des wissen-

schaftlich-technischen Zeitalters, sie erfordert fast soviel Forschertätigkeit wie der erste Weltraumflug. Und trotzdem müssen unsere Männer da draußen oft genug mit bloßen Händen zupakken, mit der Axt und der Spitzhacke."

Langsam kapiere ich, warum sich die BAM wie ein roter Faden durch alle politischen Reden, Beschlüsse und Zukunftspläne des Sowjetvolkes zieht. Wenn die 3265 Kilometer, die 320 Flüsse, die 18 Gebirgsketten, die Temperaturschwankungen bis zu hundert Grad, die Moore, Sümpfe, Frostböden und Erdbebenzonen bis 1983 geschafft sind, dann durchströmt den realen Sozialismus eine neue Hauptschlagader, dann fließt ihm frisches Blut, Lebenskraft in kaum vorstellbarem Ausmaß zu. Schon im Anfangsstadium sollen pro Jahr 35 Millionen Tonnen Güter, das sind 20 000 Güterzüge, aus Sibirien an die pazifische Küste rollen, Erzeugnisse, die von dort in die ganze Welt gehen, deren Strom den Kreislauf des Welthandels verändern wird.

„Wenn der erste Zug über die BAM fährt, werde ich pensioniert," sagt Jefim Eisenberg, „dann habe ich mein Lebenswerk vollendet. Irgendwo, am Rande der Trasse, weit im Fernen Osten, wo es milder ist, baue ich mir eine Datsche, und jedesmal, wenn ein Zug vorüberdonnert, sage ich zu meiner Frau: Das ist unser Zug! Ohne uns könnte er nicht fahren!"

Das ist der Traum des Juden Jefim aus Witebsk, und weil er nicht wie Chagalls Träume auf Wolken, sondern auf sibirischem Dauerfrostboden angesiedelt ist, hat er gute Aussicht, wahr zu werden. Voraussichtlich am 1. September 1983, Antikriegstag.

41.
Über der Taiga

Für die Flugzeuge Richtung BAM gibt es keinen starren Fahrplan. Die Abflugzeiten richten sich nach dem Wetter. Ich habe viel Glück: auf dem Flughafen von Irkutsk brauche ich kaum länger als zwei Studen auf die Maschine Richtung Kasachtschinks zu warten. Die kleine MI 2 startet pünktlich zum Sonnenaufgang, mit einiger Anstrengung schraubt sich das Flugzeug durch den Morgennebel nach oben, um dann in einer Höhe von höchstens fünfhundert Metern über die Taiga zu schaukeln. Das ist ein Flug! Die Maschine poltert und rüttelt. Alles, was beweglich ist, zittert. Wir werden nach Kräften durchgeschüttelt, sogar mein Gesicht scheint zu vibrieren. Aber all das hindert mich nicht, unentwegt aus dem Fenster zu sehen. Anders als im Düsenklipper, von dem aus die Erde fast wie eine Landkarte aussieht, bei der bloß noch die Namen der Städte und Flüsse fehlen, habe ich in der MI 2, die hier bloß die Mücke genannt wird, wirklich das Gefühl, mich fliegend fortzubewegen. Wie nah ist die Taiga unter mir! Die schlanken Bäume, die wie Kammzinken dicht beieinanderstehen, die sanften Hügel und Täler gleiten vorüber, als führe ich mit einem Schnellzug durch die Landschaft.
Über die Natur Sibiriens ist schon ziemlich viel geschrieben worden, ich kenne ganze Fotobände und Filme, aber wenn man diese unendliche Weite und Schönheit mit eigenen Augen sieht, dann ist der Unterschied ebenso groß wie zwischen einer Romanszene und einer erlebten Liebesnacht. In der Frühe rollt die Sonne wie eine rote Murmel über die Taiga, dann wechseln sich die Gold- und die Silberphase des frühen Tages ab.
Bald darauf entdecke ich, daß das Weiß des Winters viele Farben hat: das Weiß des Schnees zwischen den Tannen und Birken, das Weiß des Rauhreifs an den Hängen, das Weiß der Frühnebelbänke in den Senken, jedes Weiß sieht anders aus, sieht an jeder Stelle, in jedem Augenblick anders aus. Weit und breit ist nicht die Spur eines Menschen zu sehen. Und das heißt: nirgends ist eine Straße, eine Siedlung, ein Haus, eine Fabrik, ein Acker aus-

zumachen. Noch liegt das Buch der Natur da ohne jede Randbemerkung, ohne einen Strich durch Menschenhand. Die Handschrift wird hauptsächlich durch die Flüsse bestimmt. Die größeren machen ihre Kehren mit Würde, die kleineren ziehen Schleife um Schleife und scheinen in ihrem Lauf alle Gesetze der Logik zu vergessen. Manchmal ist es, als hätten sie ihr Ziel gänzlich aus der Erinnerung verloren und suchten unschlüssig zwischen Quelle und Mündung hin und her. Es gibt Flußläufe, die aussehen wie achtlos weggeworfene Zwirnsfäden und unter dem Schnee kaum noch auszumachen sind; andere durchströmen Täler, die wie mit Äxten in Eis und Schnee hineingehackt sind. Da wandert die Kirenga mit ihren breiten Armen durch die Sümpfe. Von oben sieht es aus, als sei ihr Lauf von einem Kurvenlineal gezeichnet. Trotz des Frostes führen die Flüsse nicht selten offenes Wasser, wegen der starken Strömung oder wegen vulkanischer Quellen frieren sie selbst im strengsten Winter nicht zu.

Aus der Luft sehen die offenen Gewässer aus, als wären sie mit schwarzer Tusche auf das Deckweiß des Schnees gemalt. Irgendwann nach fast zwei Flugstunden schauen alle dreißig BAM-Arbeiter, die mit mir nach Ksachtschinsk fliegen, aufgeregt nach unten. Dort zieht sich durch die Taiga ein dünner schwarzer Faden, quergestrichelt, als läge auf dem Schnee eine endlose Strickleiter. Der Strich durch die unberührte Natur, das ist die BAM, Schienenstrang des Jahrhunderts. Und plötzlich kommt Leben in die Maschine. Trotz Rattern und Eiseskälte greift ein Mann zur Balalaika, alle singen laut die BAM-Arbeiterhymne, ein Lied so feierlich und so getragen wie die *Partisanen von Amur.*

Nur einmal bin ich so niedrig über ein Land hinweggeflogen. 1973, auf dem Flug nach Vietnam, mußte unsere Maschine in geringer Höhe die laotische Ebene der Tonkrüge überqueren, weil die höheren Luftschichten noch den amerikanischen Bomberstaffeln vorbehalten waren. Auch damals drang mir das Vibrieren der Propellermotoren bis ins Mark, packte mich jene Erregung, die wir empfinden, wenn wir der Front, unserer Front nah sind. Und jetzt dasselbe Gefühl! Der Pulsschlag der Weltgeschichte! Hier in Sibirien wird Geschichte gemacht, hier fallen Entscheidungen, die für unser aller Zukunft so wichtig sind, wie es das Ende des Krieges in Vietnam war.

Als unser Flugzeug vor vier Jahren in Vientiane zur Zwischenlandung ansetzte, standen an der Rollbahn Diplomaten, Agenten und Ehrenkompanien zum Empfang bereit. Sogar ein Kamerateam des westdeutschen Fernsehens war mit von der Partie und stellte uns wenige Tage später im „*Weltspiegel*" als „sowjetische Experten auf dem Weg nach Hanoi" vor: meine Mutter, der ich, um ihr keine Angst zu machen, die Vietnamreise verschwiegen hatte, hat sich nicht so rasch von ihrem Schreck erholt. Das einzige, was in Kasachtschinks an das laotische Abenteuer erinnert, sind die Dimensionen des Flughafens. Hier wie dort landen die Flugzeuge auf einer Wiese, ist die Rollbahn mit ein paar Fähnchen abgesteckt, findet sich an festen Gebäuden nichts als ein paar Baracken. Kein großer Bahnhof; der einzige, der mich abholt, ist der Parteisekretär des Rayons, Genosse Pjotr Schepin, er setzt mir eine Pelzmütze auf den Kopf, versteckt mich in eine dicke Pelzjoppe und verfrachtet mich in seinen Jeep.

Wir fahren querfeldein Richtung BAM. Die Strecke folgt einem Simnik, einer Winterstraße, die mitten durch die Taigaeinsamkeit führt und über weite Strecke das Eis eines kleineren Flusses bevorzugt. Birken, Lärchen und Kiefern glitzern im Rauhreif. Noch sind die Farben unvermischt. Es ist windstill, als sei der Wind noch nicht erfunden.

Als unser Jeep hält und wir hinausklettern in das große Schweigen, empfinde ich die Stille, als drückte mir jemand die Augen zu. Nur die Uhr, ich habe sie vorher nie im Freien gehört, knackt die Sekunden wie Nüsse. Über uns der Himmel erstrahlt in tiefem Blau, viel tiefer und klarer noch als in Mittelasien. Ich bin in Sibirien. Noch wohnen hier weniger Menschen als in Germanien zur Zeit des Tacitus, noch *starrt das Land vor Wäldern und trieft vor Sümpfen.* Noch.

42.
In Ulkan

Ich habe die Ehre, die Pionierstadt Ulkan als erster Ausländer zu besuchen. Entsprechend festlich ist der Empfang: Frau Holle schüttelt zu meiner Begrüßung ein ganzes Schneetuch aus, und als unser Jeep am Ortseingang einem Kranlaster ausweichen muß, gerät er an der eisglatten Böschung des Winterwegs ins Trudeln und schlittert ins Abseits. Nicht schlimm: ein vorbeifahrender Raupenschlepper nimmt unser Geländefahrzeug auf den Haken und zieht es rückwärts wieder heraus. Zu guter Letzt ist der Milchhubschrauber wegen des Schneegestöbers nicht gekommen, so daß wir den Begrüßungstee ohne Sahne trinken müssen; aber dafür gibt es, trotz Karfreitag, Wodka, und nicht zu wenig.
In der Gegend von Ulkan ist die Taiga moorig. Der Baumbestand erinnert an eine Bürste, der die Borsten ausfallen. Viele Birken sind dünn und schlank wie Antennen. In den Spitzen schimmern sie blauviolett, eine ferne Vorahnung des Frühlings. Sie halten sich vor allem in der Nähe der zugefrorenen Bäche und Flüsse auf, und wo sich die Wasserläufe wie Schlangen durch den Sumpf winden, scheint es, als tanzten die Taigabäume über den Schneefeldern Ringelreihen.
Auch Ulkan steht ganz zwischen Tannen und Birken. Keiner der größeren Bäume wurde abgeholzt, so daß man die Holzhäuser zunächst wie ein Stück Natur, wie große Butterpilze, wahrnimmt. Der ganze Ort duftet nach dem Harz der frisch montierten Holzhäuser, und selbst der Rauch, der verspielt aus dem einzigen Schornstein, dem Heizwerk, aufsteigt, riecht würzig wie nach brennendem Kienspan.
Gegen Mittag steigt das Thermometer auf fast zehn Grad unter Null. Der Schnee knirscht unter den Füßen, die Sonne zeigt sich abwechselnd im grauen Dunst oder in blauer Festbeleuchtung.
Ulkan hat jetzt 4600 Einwohner, ist aber zum Versorgungs- und Erholungszentrum für über siebentausend BAM-Bauer geworden, die zum Bau- und Montagezug des umliegenden, fast zweihundert Kilometer langen Streckenabschnittes gehören. Darum sind die

Läden und Versorgungseinrichtungen großzügig und auf Zuwachs eingerichtet. Im Textilkaufhaus gibt es alle Sorten langschaftiger Stiefel, japanische Oberhemden und sogar chinesische Wolldekken. Die Fleischerei setzt täglich über fünftausend Kilo Fleisch, Wurst und Fett um; die BAM-Arbeiter essen Tag für Tag ein volles Pfund Fleisch, soviel wie ein Spitzensportler. Im Gemüseladen werden frische Gurken, Tomaten und Salate angeboten, angeflogen aus den Treibhauskulturen von Irkutsk.
„Die Auswahl ist reicher als in Moskau," meint Dimitri, „es gibt bei uns eben doch noch Privilegien, den Arbeitern stopfen sie alles in den Mund." Ich besichtige die Bäckerei, eine Buchhandlung und die Bibliothek. Die Bücherei besitzt inzwischen weit über siebentausend Bände, davon über tausend Bücher mit handschriftlichen Widmungen ihrer Verfasser, Resultat einer Solidaritätsaktion, zu der der sowjetische Schriftstellerverband aufgerufen hat. Zum Bestand gehören aber auch die Werke deutscher Autoren, Goethe und Heine, Anna Seghers, Willi Bredel, Johannes R. Becher, Böll und Wallraff, eine gerade neuerschienene Sammlung mit bundesdeutschen Alltagserzählungen. Im Leseraum liegen 32 Zeitungen und Zeitschriften aus, unter ihnen die *UZ,* die *Unità* und die *Humanité,* ungefähr zehn Tage alt. Die wichtigsten sowjetischen Tageszeitungen kommen jedoch, wenn es Wind und Wetter erlauben, täglich neu. In der neuesten *Prawda* aus Irkutsk lese ich sogar eine Nachricht aus dem heimatlichen Hamburg: Kultursenator Biallas wurde vom Verfassungsschutz abgehört.
Im Kindergarten muß ich natürlich vor allem den mächtigen hölzernen Raddampfer bewundern, den die BAM-Arbeiter für den Nachwuchs gebastelt haben. Mit der enormen Schneewehe vor dem Bug sieht er aus wie ein Eisbrecher, der sich einen Weg durch die Arktis bahnt. In der Schule folge ich in zwei Klassen sogar dem Unterricht; die Köpfe der Kinder und der Lehrerinnen rauchen, es geht diszipliniert, aber nicht autoritär zu. In den Fluren hängen Dutzende von Wandzeitungen, fast jede dritte gilt der Solidarität mit Chiles Antifaschisten. Im Club existiert bereits der Grundstock für ein Heimatmuseum. Die ersten Ausstellungsstükke sind ein verbogener Spaten, ein Beil und eine Brechstange, ein Brett, auf das jemand mit Rostfarbe „Ulkan" geschrieben hat, ein anderes Schild mit einem Pfeil und der Aufschrift „Zur Kirengabrücke", und einige Fotos, die zeigen, wie Hubschrauber die

ersten Kettenfahrzeuge absetzen.
Gewissermaßen das Prunkstück der Sammlung ist eine Kienspanleuchte, das kümmerliche Licht Sibiriens vor der BAM. Auf vier kupfernen Füßen steht ein Wassertrog, in den die Asche und Glutreste fallen, darüber ist mit einer Drahtklemme der brennende Span befestigt. Primitiv, beinahe demütig schlicht wirkt die Leuchte – wie das vorrevolutionäre Sibirien, in dem der Mensch genügsam hinnahm, was die Natur nur widerwillig hergab. Die Museumsstücke sind erst ein paar Jahre alt, und doch dokumentieren sie schon sibirische Geschichte. Draußen ist die Vergangenheit des Ortes nur noch an ein paar Wohnwagen zu erkennen, in denen die Bauarbeiter gehaust haben, bevor die Holzhäuser fertig waren. Die meisten sind von den Hubschraubern längst wieder an den Haken genommen und einige hundert Kilometer weiter Richtung Osten transportiert worden, zur nächsten Pionierstadt an der BAM.
Ulkan entwickelt sich rasch zu einer massiv gebauten, auf Dauer eingerichteten, und das heißt hier immer noch aus Holzbauten bestehenden Stadt. Der ursprüngliche Plan, die Stadt nach Fertigstellung des Streckenabschnittes wieder abzureißen, wurde bald revidiert, weil sich ihre Bewohner rasch an die neue Wohnlage gewöhnt hatten und heimisch wurden. Damit will ich nicht sagen, daß es sich in Ulkan leicht und angenehm lebt, aber allen Entbehrungen und Unbilden der Witterung zum Trotz haben die Menschen offenbar gerade das Gegen-den-Strich-, Gegen-die-Konvention-Leben lieben gelernt. Zur Lebensweise der Ulkanpioniere gehört auch, daß hier niemand einen Schlüssel besitzt. Wozu auch? Man verliert ihn ja doch. Besser, man läßt die Tür offen, da kann im Ernstfall jeder reinkommen. Diebe gibts hier nicht, dazu ist das Wetter zu rauh, und die Bären sind noch zu dumm, die Türgriffe zu betätigen.
Auf der Straße müssen wir immer wieder Betonmischern, Kränen und anderer Technik ausweichen. Überall wird gebaut. Das Krankenhaus ist als erstes und vorerst auch einziges Haus aus Stein gebaut. Es hat siebzig Bettenplätze, zwölf Ärzte und nahezu vierzig andere Mitarbeiter. Chefarzt Professor Surowzew hat Grund zur Klage: „Hier gibt es für uns verdammt wenig Arbeit. Erkältungen, Grippe, Kreislauf, Kopfweh, all die schönen schnöden Alltagskrankheiten, mit denen ich in Minsk zu tun hatte, kommen hier nicht vor. Worauf wir uns notgedrungen spezialisieren, sind

Entbindungen. Immerhin haben wir hier schon 87 Kindern zum Licht der Welt verholfen, und die Tendenz ist positiv: für dieses Jahr sind uns schon weitere 57 angekündigt. Natürlich gibt es auch Arbeitsunfälle. Zwei Unfallhubschrauber kreisen ständig über den BAM-Baustellen, um im Ernstfall sofort eingreifen zu können. Dank dieser Unfallvorsorge und unserer guten Chirurgen hatten wir hier an unserem Abschnitt bisher erst ein einziges Todesopfer zu beklagen.

Holz, dieses einzigartige, duftende und wärmende Baumaterial, prägt außer dem zweigeschossigen Krankenhaus das ganze Stadtbild. Man sieht es den Gebäuden an, wie gut ihre Erbauer mit dem Baustoff umzugehen wissen. Die Inneneinrichtung der Wohnheime wird durch ungeschälte dünne Birkenstämme geprägt, die Fenster der Wohnhäuser sind mit allerhand Schnitzwerk verziert, der Tanzraum im Club ist mit einer schachbrettartigen Vertäfelung eingefaßt. Doch am auffälligsten sind die Litfaßsäulen. Sie sehen aus, als wären Bäume eigens zu Reklamezwekken gezüchtet worden. An den kunstvoll modellierten Totempfählen werden zum Ostersonntag Dichterlesungen angekündigt, die neugegründete Ulkaner Musikschule präsentiert ein Frühlingskonzert, das Kino zeigt Bölls *Verlorene Ehre der Katharina Blum.*

Aber die größte Attraktion wird vor dem Club geboten. Dort ist schon der zwanzig Meter hohe Kiefernstamm aufgepflanzt, glatt geschält und mit Wachs bestrichen. Oben hängt ein alter Stiefel. Wer es am Ostermorgen, barfuß und nur mit einer Badehose bekleidet, schafft, diesen Stiefel vom Baum der Erkenntnis herunterzuholen, der wird Ulkans Osterkönig. Beim Tanz in den Frühling hat er das Recht, sich jedes unverheiratete Mädel einmal zu holen.

43.
Die BAM-Bauer

Wer von Ulkan spricht, seinen Anfängen und seinem stürmischen Wachstum, der spricht auch von Valentin Krakow, dem Leiter des Bau- und Montagezuges Nr. 571. Natürlich hat er Ulkan nicht allein und nicht an einem Tage erbaut, aber er war doch so etwas wie die Seele des ganzen Unternehmens. Seine Energie, sein Einfallsreichtum, sein Witz rissen die andern 23 Mitglieder des Bautrupps, die hier am 2. November 1974 von Hubschraubern ab- und ausgesetzt wurden, einfach mit und halfen nicht nur über die ersten Anfälle von Verzweiflung und von Taigakoller hinweg.
So behaupten es jedenfalls alle, die mit dabei waren. Ein ziemlich bunter Haufen, aus mindestens drei verschiedenen Ecken der Sowjetunion, aus Bergwerken, Hörsälen und Fabrikhallen zusammengewürfelt. Heute sprechen Krakows Leute fast schon mit Wehmut von ihrer Sturm-und-Drang-Zeit. Sie sehnen sich insgeheim in die dunklen Tage zurück, als sie, eng miteinander verbunden und ganz und gar aufeinander angewiesen, zum festen Kollektiv zusammenwuchsen. Als sie am offenen Feuer selbst ihren Bärenschinken brieten, als sie Weihnachten 1974 zur Einweihung ihres ersten Holzhauses den gefrorenen Wodka wie Sahneeis lutschten, als nach acht Wochen Einsamkeit ihnen der Hubschrauber die erste Post von den Bräuten brachte.
Jetzt hat sich ihr Leben gründlich verändert, Krakow und seine Gefährten haben sich eingerichtet, sind andere Menschen geworden. Schließlich arbeiten sie nicht mehr mit der Axt und der Motorsäge, sie fahren Laster und Raupenschlepper, bauen Straßen und Brücken, gießen Beton und legen Gleise. Und statt um sich und die übrigen 23 Pioniere hat sich Krakow jetzt um ein Kollektiv von einigen Tausend zu kümmern. Darum erledigt er seine Amtsgeschäfte nicht mehr auf einem Baumstumpf, sondern in einem regelrechten Büroraum. Das verändert natürlich auch den Menschen, bekanntlich bildet sich ein Charakter im Strom der Zeit.
„Wir formen die BAM, und die BAM formt uns“, sagt Krakow

nicht ohne Selbstbewußtsein und Selbstironie. Vorher hab ich in Bratsk Ingenieurwissenschaft studiert, da wog ich genau 128 Pfund. Hier in Ulkan bin ich zu einer gewichtigen Persönlichkeit geworden, sechs Monate nach unserer Landung wog ich 171 Pfund, und meine Armmuskeln waren mindestens doppelt so dick und so fest. Aber das Wachsen kann man natürlich auch anders verstehen. Für uns war die BAM eine Art von sozialem Experiment. Uns jungen Leuten hat man ja immer vorgehalten, wir wären verwöhnt und verweichlicht. Ich möchte sagen, hier in der Taiga haben wir eigentlich zu uns selbst gefunden, und dabei sind wir nicht wie du bloß zum Zugucken gekommen, sondern richtig zum Arbeiten."

Ob nicht trotzdem ein wenig Romantik und Abenteurerlust mit im Spiel gewesen sei, möchte ich wissen. Alle fünf, die mir in Krakows Büro gegenübersitzen, nicken. „Natürlich," meint Krakow, „ganz bestimmt. Ich sehe in der Romantik etwas Positives, sie ist sozusagen eine wichtige Produktivkraft, jeder Pionier, jeder Arbeiter, jeder, der liebt, braucht sie."

„Wenn ich damals keine Abenteurerlust im Kopf und in den Knochen gehabt hätte," sagt Ludmilla Novozokowa, „dann wüßte ich nie, wie ich die ersten Monate durchgestanden hätte. Ich kam im März 1975 aus den Wolken, mit dem Hubschrauber von Irkutsk, zur BAM und sollte hier eine Verkaufsstelle aufbauen. Aber es war weder ein Haus da, noch gab es eine Vorstellung, wie hier die Versorgung zu organisieren wäre. Was die Leute zum Essen, zum Lesen und sonstwie zum Leben brauchten, brachte alle drei Tage der Hubschrauber. So hab ich denn zuerst als Köchin gearbeitet, obwohl ich noch nie vorher in meinen zwanzig Jahren anständig gekocht hatte. Ich kann euch sagen, die Kumpels haben über meine ersten Soljankas nicht schlecht geflucht."

Inzwischen hat sich Ludmillas Leben gründlich gewandelt. Aus dem Laden, den sie dann doch noch aufgebaut hat, ist sie wegen ihres Organisationstalentes schnell wieder weggelobt worden, und mittlerweile ist sie zur stellvertretenden Parteileiterin für den Bauabschnitt Ulkan aufgestiegen. Verheiratet ist sie inzwischen auch, ihr Mann arbeitet als Lastwagenfahrer an der Trasse, im Juni erwarten beide ihr zweites Kind. Nebenbei versucht sie, über ein Fernstudium ihre Ausbildung als Ökonom abzuschließen. Sie will sich unbedingt weiterqualifizieren, und im Hinterkopf denkt sie dabei an das Zellulosewerk, das von 1979 an in Ulkan gebaut

werden soll und sicher nicht nur Parteiarbeiter, sondern auch findige und ortskundige Wirtschaftsexperten braucht.
Ida Kuriewkowa ist mit 37 Jahren – mein Alter! – die Veteranin in der Runde und einer der ältesten Einwohner von Ulkan überhaupt. Sie ist Sekretärin der Gewerkschaftsleitung, und wegen ihres würdigen Alters hat man sie außerdem zur Vorsitzenden des Kameradschaftsgerichtes gewählt, das kleinere Delikte und Streitfälle zwischen den Arbeitern und den Einwohnern von Ulkan selber verhandelt.
„Mein Richteramt macht mir noch am wenigsten Arbeit. Unser Gericht ist seit 1975 erst viermal zusammengetreten, dreimal wegen Eifersuchts- und Liebesgeschichten, die andere Sache war allerdings heikel. Von den Trassenbauern wollte eine Brigade die ihr zugeteilte Prämie nicht annehmen, weil sie selber ihr Planziel zwar weit übertroffen hatte, die Brigade, die den voraufgehenden Streckenabschnitt zu bearbeiten hatte, aber buchstäblich im Sumpf steckengeblieben war. Der Nutzeffekt der Planübererfüllung war damit für die Katz, und die Brigademitglieder lehnten darum die Vergütung als ungerechtfertigt ab, so ähnlich wie in dem Film *Die Prämie*. Dagegen legte einer, der sich um seinen Prämienanteil gebracht fühlte, Beschwerde ein."
„Und wie habt ihr euch entschieden?"
„Der Mann hat seine Klage zurückgezogen. Die Brigade hat später der zurückgebliebenen geholfen, und bei der nächsten Abrechnung haben beide Mannschaften eine gute Prämie erhalten. Die Brigade, der die Kollegen die Karre aus dem Dreck gezogen haben, hat die Hälfte der Summe auf das Solidaritätskonto überwiesen."
„Dann arbeiten hier lauter Musterknaben? frage ich.
Ida Kuriewkowa widerspricht entschieden. „Diese Ansicht lehne ich ab. Wir bemühen uns nur, die Moral und die Verhaltensnormen zu entwickeln, die wir hier auf unseren Baustellen, unter unseren Bedingungen brauchen. Vielleicht kommen wir so dem Kommunismus ein Stück näher."
„Du sprachst von Eifersuchts- und Liebesverfahren. Mischt ihr euch in Privatangelegenheiten ein?"
„Nicht von selbst, nur wenn wir dazu aufgefordert werden. Grundsätzlich bin ich der Auffassung, daß auch Liebe und Ehe von gesellschaftlichen Normen geprägt sein müssen. Wenn wir sehen, daß Menschen unvernünftig sind, müssen wir ihnen ins

Gewissen reden. Das heißt: ob wir den unmittelbar Betroffenen helfen können, bezweifle ich. Auch wir können ihnen die Liebe, den Kummer und Schmerz nicht abnehmen. Aber eines können wir vielleicht: Schaden vom Kollektiv abwenden. Wir sind keine Sittenrichter, versteh uns nicht falsch. Wenn einer seinem Partner untreu wird, was können, was sollen wir tun? Wir können auf ihn einreden. Aber wird damit seine Liebe zu der, die er verlassen hat, größer? Das sind intime Angelegenheiten, die Konflikte sind so kompliziert, daß jeder Einmischungsversuch alles nur noch verschlimmern würde. Helfen können allenfalls die besten Freunde, das Kollektiv. Wir treten höchstens als Feuerwehr in Aktion, um Flächenbrände zu verhindern."

Die Genossin Kuriewkowa hat Autorität, sie darf große Worte mit einiger Gelassenheit aussprechen. Statt wie ich am Schreibtisch hat sie, bevor sie nach Ulkan zur Gewerkschaftsleitung kam, mehr als fünfzehn Jahre als Betonierer auf verschiedenen Großbaustellen gearbeitet, sechs davon am Bratsker Wasserkraftwerk. Trotz ihrer kräftigen, von vielen Rissen und Kanten aufgerauhten Hände und trotz ihres kantigen Gesichtes hat sie nicht aufgehört, Frau zu sein. Sie trägt jedenfalls für BAM-Verhältnisse ein bemerkenswert elegantes Kostüm. Der sparsame Lippenstiftgebrauch zeigt, daß sie sich ihrer Wirkung und ihrer Erscheinung bewußt ist.

In Krakows Arbeitszimmer hat sich noch ein hohes Tier eingefunden. Alexander Burlakow, der Sowjetvorsitzende von Ulkan, ist mit seinen 28 Jahren vermutlich einer der jüngsten Bürgermeister der Welt. Als er vor zwei Jahren, im Frühjahr 1975, aus der Ukraine an die BAM kam, um als Zimmermann beim Häuserbau zu helfen, hat er sich kaum träumen lassen, daß er so rasch politische Karriere machen würde.

Krakow gibt den Grund an: „Der Mann war einfach ein so genialer Organisator, ein fabelhafter Improvisierer, daß uns gar nichts anderes übrigblieb, als seiner Brigade den Kopf zu nehmen und ihn auf die ganze Ortschaft zu setzen. Was sollten wir anders machen? Uns von Moskau einen frischstudierten Sowjetvorsitzenden einfliegen lassen, der mit keiner Axt und keinem Hammer umgehen kann?

Daß Burlakow den Hammer wie Jung Siegfried schwingen kann, sieht man ihm auf den ersten Blick an. Schwerer fällt es ihm, die Schreibmaschine zu bedienen und acht oder zehn Stunden am

Schreibtisch zu hocken. „Gut, daß ich hier wenigstens einen Jeep habe, da kann ich öfter mal zu den Brigaden rausfahren und vor Ort sehen, was es für Probleme gibt. Zum Bürokraten fühle ich mich jedenfalls nicht geboren!"
„Dazu wird man auch gemacht," wirft Krakow ein, „aber wir passen schon auf. Notfalls ziehen wir dir den Stuhl unter dem Amtsarsch weg, wenn er zu breit geworden ist."
Vorläufig sind die Grenzen der Bürokratie in Ulkan eng gezogen. Der Sowjet hat zwei hauptamtliche Mitarbeiter, Gewerkschaft, Partei und Komsomolorganisation haben je drei Angestellte, in der Bau- und Montageabteilung des Ulkaner Abschnittes sind fünf Schreibtischplätze ständig besetzt. Das ist wenig genug für ein Projekt von geschichtlicher Größe. Die BAM-Bauer sind trotz zentraler Planung und Leitung hauptsächlich auf sich gestellt. Ihr Entscheidungsspielraum und ihr persönlicher Verantwortungsbereich sind größer als auf jeder anderen Baustelle im Sozialismus, geschweige denn im Kapitalismus. Weil alle von einem einheitlichen Gedanken beseelt sind und sich ganz und gar mit dem Werk ihrer Hände, ihrer Köpfe und ihrer Maschinen identifizieren, ist hier auf jede Einheit, auf jeden Montagezug, auf jede Brigade, auf den einzelnen Verlaß.
„Aber glaub nicht," meint Burlakow, „wir wären hier schon im Jahr 2000. Gewiß, Schlendrian, Brigadeegoismus oder schlechter Umgang mit Maschinen, das kommt bei uns seltener vor. Dafür habe ich andere Sorgen. Die Arbeiter führen sich hier geradezu wie Direktoren auf. Wenn es mal aus irgendwelchen Gründen mit dem Nachschub von Baumaterialien nicht klappt, geben sie noch lange nicht dem Wetter oder höherer Gewalt die Schuld, sondern am liebsten mir. Dabei sitzen die Verantwortlichen oft tausend oder sechstausend Kilometer weiter im Westen."
Der stillste, der mir in Krakows Büro gegenübersitzt, ist Nikolai Bondatschuk, Leiter einer mechanisierten Kolonne. 360 Mann, aufgeteilt in zwölf Komplexbrigaden, arbeiten unter seiner Regie rund um die Uhr mit Magiruslastern, Baggern und Planierraupen an der Aufschüttung des Man-Damms. Ihr Tagessoll liegt, je nach der Schwierigkeit des Geländes und der Höhe der Trasse, zwischen siebzig und hundertachtzig Metern.
„Im letzten Jahr haben wir unser Planziel fast um das Doppelte übererfüllt. Wenn die Kirengabrücke vor dem Tauwetter fertig wird und der Nachschub zügig weiterrollt, sind wir fünf Monate

früher an der Nordspitze des Baikalsees als vorgesehen."
Bondatschuks Gesicht ist trotz der blonden Haare für sibirische Begriffe ungewöhnlich dunkel, er sieht den Grund in seinem Vorleben: „Ich komm von der Ukraine. Bevor ich hier zur BAM gekommen bin, habe ich sieben Jahre in der Wüste Karakum Kanäle gebaut, daher das bleibende Sonnenbrandmal. Aber eins ist klar: lieber fahr ich hier in Sibirien bei fünfzig Grad Minus Bagger als in Turkmenien bei fünfzig Grad Plus. Technisch ist unsere Aufgabe hier zwar ungleich komplizierter, aber dafür haben wir hier wesentlich bessere Lebensbedingungen. In unseren Holzhäusern lebt es sich angenehmer als in Wüstenzelten, die Versorgung funktioniert gut, und vor allem hat man hier nicht das Gefühl, an den Rand der Welt verbannt zu sein, sondern ist mittendrin. So eine eingespielte Truppe, wie ich sie hier habe, ist mir in meinem ganzen Leben noch nicht begegnet, die ist einfach magistralisch."
„Und wie seit ihr mit den Magirus-Deutz-Lastern zufrieden?"
„Größtenteils sehr gut. Unser Nutzkoeffizient liegt bei 0,81. Das heißt, von 100 Wagen sind 81 einsatzbereit. Im Plan vorgesehen sind nur 64. Das einzige, was uns Sorgen macht, ist die Federung. Sie ist für unsere Straßenverhältnisse nicht stark genug und fällt oft aus. Im Winter, wenn das Thermometer unter vierzig, fünfzig Grad sinkt, gibt es manchmal Probleme mit der Heizung. Aber alles in allem ist der Magirus das beste Fahrzeug, das uns hier zur Verfügung steht. Unsere Kumpels verstehen nur nicht, warum die Arbeiter, die so hervorragende Autos bauen, in ihrem gesellschaftlichen Bewußtsein so weit zurückgeblieben sind."
Auf diese Frage, die mir gerade in der BAM noch mehrmals gestellt wird, fällt mir die Antwort nicht leicht. „Vielleicht," sage ich, „liegt der Schlüssel darin, daß die sechstausend Magirus-Deutz-Arbeiter, denen der sowjetische Großauftrag für die BAM ein Jahr lang den Arbeitsplatz sicherte, vermutlich nicht einmal wissen, wofür ihre Erzeugnisse bestimmt sind." Meine Gesprächspartner schütteln den Kopf; so etwas können sie sich kaum vorstellen.
Fünf BAM-Bauer, zwei Frauen, drei Männer, erzählen mir von ihrer Arbeit. Draußen ist es plötzlich aufgeklart, glitzernd und blendend fallen die Strahlen der Abendsonne durchs Barackenfenster. Das kalte Licht erhellt unsere Gesichter. Auf jedem der fünf liegt ein Abglanz des Sonnenstrahls.

44.
In Juchta

Auf dem Simnik, der Winterstraße, entlang der BAM-Trasse kommt es zu überraschenden Begegnungen. Freilich sind es andere Verkehrsteilnehmer, die unseren Weg kreuzen, als zu Haus. Zuerst ist es ein Rudel Elche, das die Hupe unseres Jeeps offenbar für eine Art Lockruf hält und ganz und gar nicht zu bewegen ist, der Motorisierung zu weichen. Dann kommt ein Bächlein des Wegs, dem aus irgendwelchen unterirdischen Quellen warmes oder salziges Wasser zufließt und das darum keine Neigung verspürt, zu Eis zu erstarren. Den Simnikbauern macht so ein warmer Fluß beträchtliche Schwierigkeiten; diesmal mußten sie in aller Eile einen regelrechten Bohlendamm aufschichten, um mit dem tückischen Sumpf fertig zu werden.
Ein paar Kilometer weiter kommt es noch dicker. Vor uns erhebt sich, mitten auf dem Simnik, ein fast drei Meter hoher grüner Glasbuckel. „Aufeis“ heißt laut Lexikon eine solche sibirische Erscheinung auf deutsch, aber mit dem Begriff ist wenig erklärt. Derartige Eisknollen bilden sich in der Gegend um die BAM innerhalb von Stunden, sie wachsen wie Riesenpilze aus der Erde und sind selbst von Planierraupen nicht wegzuschaffen. Sie entstehen hauptsächlich im März und April, wenn an den Hängen der Schnee unter der Sonneneinwirkung zu schmelzen beginnt. Das Tauwasser versickert irgendwo im Dauerfrostboden, um an anderer Stelle wieder hervorzubrechen und dort in kürzester Frist kleine Gletscher aufzutürmen. Derartige Eisklötze tauchen besonders häufig zu beiden Seiten der BAM-Trasse auf, weil der in den Boden eingelassene Bahnkörper die unterirdischen Schmelzwasserabflüsse unterbrochen hat. Wenn sich das Eis zu hoch türmt, bleibt nur die Möglichkeit, es in die Luft zu sprengen. Unserem Jeep gelingt es, den Simnik zu verlassen und den Eispilz weiträumig zu umfahren. Später, wenn die BAM in Betrieb ist, soll ein eigener Eiswarndienst aufgebaut werden. Ein plötzliches Aufeis etwa über dem Schienenstrang könnte rasch zu einer Katastrophe führen. Bislang läßt sich seine Bildung allerdings kaum vorhersagen, höchstens bekämpfen, wenn es da ist.

Streckenweise sieht der Simnik aus wie eine grünpolierte Tanzfläche. Entsprechend übermütig benimmt sich unser Jeep auf dem Glatteis. Immer wieder veranlaßt ihn irgendeine Delle zu einem tollkühlen Luftsprung. Wir ziehen den Kopf ein, unsere Pelzmütze stößt hinten auf den Mantelkragen und wird dadurch tief in die Stirn befördert. Nach jedem Hüpfer bringen wir unsere Mützen wieder in Ordnung, die regelmäßige Bewegung hält uns in Schwung und bei guter Laune. Meine sibirischen Begleiter lächeln: Das ist ein Kinderspiel. Du mußt im Mai kommen, wenn die Rasputiza, Rasputins Rache, die Schlammperiode, beginnt, dann kommt man höchstens mit dem schweren Raupenschlepper voran.
Unser Jeep verläßt den BAM-Seitensimnik und fährt über eine zwar kurvenreiche, aber breite und erstaunlich ebene Straße querfeldein; die Decke besteht aus dem Eis eines zugefrorenen Flußlaufes. Unser Ziel ist Juchta, eine der ältesten Siedlungen Sibiriens, runde 250 Jahre alt, ein Zobeljägerdorf. Es zählt fünfzehn Holzhäuser, deren Wände im Laufe der Jahrzehnte schwarz wie Pech geworden sind. Märchenhäuser, hinter denen man Rotkäppchen und den Wolf vermutet. Juchta zählt 42 Einwohner. Vor der BAM waren 18 von ihnen Jäger, es gab ein paar Bauern, die Kinder besuchten in Kasachtschinsk eine Internatsschule und kamen nur im Sommer nach Hause.
Das Dorf lag buchstäblich hinter dem Rand der Welt. Wenn jemand aus Juchta zum nächsten Bahnhof wollte, mußte er mit einem Boot die Jucha abwärts, die Kirenga abwärts und die Lena aufwärts rudern, um nach achthundert Kilometern in Ust-Ilim einzutreffen. Im Winter konnte er versuchen, sein Ziel auf Skiern quer durch die Taiga zu erreichen. Post gab es dreimal im Jahr, meistens aus der Luft. Neuerdings steht im Dorf ein Briefkasten, der jeden Tag geleert wird. Dreimal in der Woche kommt ein Raupenschlepper mit frischer Milch, Brot und Lebensmitteln, und seit dem letzten Winter gibt es in jedem Haus elektrisches Licht, 24 Stunden am Tag und kostenlos. Noch hängen die Glühbirnen, von den Einheimischen zärtlich „Iljitsch-Lämpchen" genannt, nackt von den Wänden, Lampenschirme sind bisher noch nicht geliefert worden.
Und noch eins hat der Kommunismus ins Dorf gebracht, Geld, viel Geld sogar, denn inzwischen arbeiten alle Juchtabewohner, die Lust dazu haben, 19 Männer und elf Frauen, an der BAM und

bringen jeder an die dreihundert Rubel mit nach Haus, mehr als die Zobeljagd, auf den Monat umgerechnet, vorher dem ganzen Dorf eingebracht hat.
Als unser Jeep über die Dorfstraße fährt, erheben die Hunde ein wütendes Gekläff. Es scheint, als hätten sie sich mit dem Fortschritt noch nicht abgefunden und wollten das Neue aus dem Dorf verbannen. In den Ställen lärmt das Vieh, als ahnte es seine letzte Stunde. Von den menschlichen Bewohnern ist niemand zu sehen, nur der weiße Rauch über allen Dächern verrät die Anwesenheit von Menschen.
Im Mittelpunkt des Ortes steht ein Denkmal aus einem unbehauenen Granitblock. Unter dem roten Stern sind elf Namen eingemeißelt. Von den fünfzehn Männern, die 1941 aus Juchta in den Krieg gezogen sind, kamen diese elf nie mehr zurück. Von einem solchen Aderlaß hat sich das Dorf nicht mehr erholt. Bis die BAM Arbeiter kamen. Sie haben den Gefallenen das Denkmal gebaut, und die Brigaden haben die Kriegstoten symbolisch in ihre Reihen aufgenommen und erfüllen nach dem Beispiel der Wolgograder Arbeiter ihren Normanteil mit.
Als ich vor dem Denkmal stehe, kommt eine alte Frau langsam auf mich zu, schüttelt mir zitternd die Hand und beginnt zu erzählen. „Seit die Brigaden hier sind, ist es so, als ob mein Sohn weiterlebt. Sie haben sogar sein Bild in ihrem Wohnheim aufgehängt, und schon dreimal haben sie mich eingeladen, damit ich ihnen von ihm erzähle. Ich habe ihnen sein Gewehr geschenkt, es gehört jetzt den Holzfällern."
Mehr als dreißig Jahre, die Hälfte ihres Lebens, hat die alte Frau um ihren Sohn getrauert. Hier, tief in der Taiga, wird mir mit einem Mal klar, welches unermeßliches Leid der Krieg, der von unserem Land ausging, über die Menschen gebracht hat. Beschämt drücke ich der Frau die Hand: „Verzeihen Sie, ich bin ein Deutscher." Sie starrt mich mit großen Augen an, sprachlos schüttelt sie ein einziges Mal ihren müden, wie eine reife Sonnenblume geneigten Kopf und schlurft dann, ohne sich noch einmal umzusehen, zurück in ihre Hütte. Ich bin der erste Deutsche, der diesen Ort besucht, aber die Trauer, die in diesen Häusern seit über drei Jahrzehnten ein- und ausgegangen ist, hat einen deutschen Namen getragen. *Der Tod ist ein Meister aus Deutschland.*

45.
Die Brigade im Wald

Früher war es buchstäblich eine Strafe, nach Sibirien zu kommen. Die besten Revolutionäre hatten sich hier zu bewähren. Wie heute, nur melden sie sich heute freiwillig. Achtzigtausend Freiwillige sind bis jetzt an der BAM im Einsatz, bis 1980 sollen es hundertfünfzigtausend sein, aber doppelt so viele haben bisher ihre Bereitschaft erklärt, aus freien Stücken nach Sibirien zu gehen. Aus eigenem Antrieb verlassen sie ihre sicheren Arbeits- und Ausbildungsplätze, ihre Familien und ihr Zuhause und nehmen in der Taiga freiwillig Entbehrungen, Strapazen und extreme Kälte auf sich. Sie werden von keinem religiösen Fanatismus getrieben, leiden nicht an Weltflucht; im Gegenteil: was sie in den Wilden Osten lockt, ist die Chance, sich zu bewähren und sich an Aufgaben zu messen, wie sie sonst allenfalls Weltraumfliegern, Spitzensportlern und Stoßarbeitern der Stachanow-Bewegung gestellt werden. Oder Soldaten an der Front, aber die Zeiten, da sich Mut und Tapferkeit des Menschen hauptsächlich im Kriege zu bewähren hatten, gehen, dem Sozialismus sei Dank, zu Ende. Es beginnt die Epoche, da die größten Heldentaten endgültig im Frieden vollbracht werden. Die BAM ist ein solches Friedenswerk.
Damit will ich nicht sagen, daß die BAM-Arbeiter wie Friedensengel aussehen. Wie überhaupt der Kommunismus keine Sache von Drückebergern ist. Die elf von Storkows Holzfällerbrigade, die wir nach dreistündiger Fahrt über Stock und Stein mitten in der Taigawildnis treffen, sehen mit ihren Äxten und Motorsägen ziemlich streitbar aus und würden, falls sie unvermutet in Hamburgs Straßen auftauchten, selbst bei den Rockern Eindruck machen. Bei den braven Bürgern würden ihre mächtigen Pelzmützen, die Lederanzüge und die bis zur Hüfte reichenden Schaftstiefel vermutlich Furcht und Schrecken auslösen. Mir kommen die im anderthalb Meter hohen Schnee hantierenden Gestalten wie eine Kreuzung zwischen Rübezahl und Kosmonaut vor, aber im Kontrast zu der panzerartigen Vermummung wirken die Gesichter beinahe kindlich. Erst bei näherem Hinsehen erkenne

ich, daß unter den elf Holzfällern eine Frau ist. Eine Frau unter elf Männern. Sie hütet wie in alten Zeiten das Feuer: Im Wohnwagen kocht sie den Männern das Essen, hält für sie heißen Tee bereit, und zwischendurch besorgt sie den Scheiterhaufen, auf dem die abgeholzten Äste und kleinen Stämme an Ort und Stelle verbrannt werden. An diesem Rauchfeuer, das wegen der Windstille wie ein gottwohlgefälliges Opfer senkrecht in den Himmel steigt, ist der Standort der Brigade schon von weitem auszumachen.
Die Holzfällertruppe frißt sich jetzt seit neunzehn Monaten Tag für Tag tiefer in die Taiga hinein. Ihr Soll sind vierzig Meter am Tag, winters wie sommers, und dabei ist die Schneise immerhin achtzig Meter breit. Auch wenn sich das Thermometer der Sechzig-Grad-minus-Marke nähert – in diesem Winter lag die tiefste Temperatur nur bei 54 Grad unter Null –, setzt Storkows Brigade nicht aus. „Wozu", meint der Häuptling, „was sollten wir sonst machen? Herumstehen und noch mehr frieren? Das einzige, was uns bei fünfzig Grad Kälte wärmt und regelrecht anfeuert, ist die Arbeit. Nein, die Mücken im Sommer sind tausendmal schlimmer. Wenn wir in so einen Mückensumpf hineinstoßen, schaffen wir oft nicht die Hälfte vom Soll!"
„Warum seid ihr hierhergekommen?" frage ich. Als Antwort steht auf den meisten Gesichtern nur ein breites Grinsen, auf das ich mir selber meinen Reim machen muß. Einer sagt: „Darum" und zeigt auf die schnurgerade Schneise, die sie durch den Wald gezogen haben, eine Spur, die nicht mehr zu verwischen ist. Sie nennen sich als Brigade stolz die „Ersten der BAM". Tatsächlich dürfen sie sich als Bahnbrecher fühlen. Immerhin bestimmen sie das Tempo des Vorankommens. Wenn sie zurückbleiben, müssen alle anderen Bautrupps auf der Stelle treten, das sind zum Beispiel die Winterwegbereiter, die Sommerstraßenbauer, die Brükkenbauer, die Sumpfspezialisten, die Strom- und Telefonleitungsverleger, die Trassenbauer und zuletzt die Schienenleger. Alle arbeiten einander in die Hände, aber abhängig sind sie alle von denen, die der Taiga in vorderster Front zu Leibe rücken, von Storkows Holzfällermannschaft.
Storkow sagt: „Wir wollen nicht bloß übernehmen, was unsere Väter und Großväter für uns erkämpft haben. Wir wollen selber kämpfen, zum Beispiel mit den extremen Arbeitsbedingungen hier, mit uns selber, wir wollen unsere eigenen Träume verwirklichen, wir wollen unsere Zukunft selber bauen."

„Und wie wohnt ihr hier?“
„In einer Blockhütte. Die steht anderthalb Kilometer weiter weg im Wald. Zweimal hat der Hubschrauber sie schon umgesetzt, und wenn wir den nächsten Abschnitt fertiggeholzt haben, schwebt unser Haus weiter Richtung Osten.“
„Ihr wohnt alle zusammen unter einem Dach?“
„Wie meinst du das? Wegen der Genossin? Ja, Raisa hat es schwer mit uns, sie muß uns verpflegen, zehn Holzfäller in Sibirien, die fressen was weg. Ja, sie wohnt mit uns, schläft mit uns unter einem Dach, wir behandeln sie wie unsere Schwester. Außerdem ist sie längst vergeben. Jeden Freitagabend fahren wir für zwei Tage nach Ulkan, und da wartet ein treuer Freund auf sie, mit dem wollen wir es nicht gern verderben.“
Anlander nennen sich die sibirischen Pioniere. Sie leben wie Robinsons in einem Ozean von Wald und vermutlich nicht weniger abenteuerlich. Romantischer Stolz erfüllt sie, der Stolz, an einem Jahrhundertwerk mitzubauen, gegen das die Pioniertaten der kapitalistischen Epoche wie Stümpereien wirken. Was diese Menschen bewegt, was sie vorwärtstreibt, läßt sich von all denen, die keine sozialistische Lebenserfahrung haben, wohl kaum erfassen. Für uns scheint es nahezu unvorstellbar, daß die eigenen Interessen und Bedürfnisse im vollen Einklang mit den gesellschaftlichen Zielsetzungen stehen und daß der einzelne wie in Storkows Mannschaft ins Kollektiv hinüberwächst, ohne sich selbst preiszugeben.
Die Holzfäller, allesamt Aserbaidschaner und unter 25 Jahre alt, sind ein lustiges, ein unternehmungslustiges Völkchen. Wenn es kein Anglersibirisch ist, was sie mir bei Wodka, heißem Tee und zehn Grad minus erzählen, dann angeln sie nach Feierabend mit lebenden Mäusen als Köder Störe, die mehr als einen Zentner wiegen, und wenn es kein Jägersibirisch ist, dann schießen sie alle Wochenenden einen Elch, dessen Geweih noch die Spurweite der sowjetischen Staatsbahnen übertrifft. Natürlich gegen Gebühr und nach vorher erteilter Genehmigung, versteht sich. Auf Wildern steht Gefängnis, auch in Sibirien. Bären werden mir gleich dutzendweise aufgebunden. Aber da Meister Petz noch in den letzten Zügen seines Winterschlafes liegt, kann ich den Wahrheitsgehalt der Bärengeschichte nur schwer überprüfen. In der Tendenz stimmen alle Erzählungen überein: Bären sind äußerst neugierige und gesellige Kumpane. An Sommertagen stehen sie

oft aufrecht und nur halb hinter den Bäumen versteckt am Rande der Schneise und beobachten naserümpfend, stieläugig und stiernackig die Arbeit der Holzfäller. Und immer wen Raisa Tee gekocht und Zucker hineingetan hat, werden die Tiere von der Nase her ungeduldig, und manchmal kommt ein Bär auf die Brigade zu und bittet um eine milde Gabe, die ihm noch nie abgeschlagen wurde. Offenkundig betrachten sich Bär und Mensch nicht als Feind. Vielleicht wird Sibirien das erste Land, in dem Mensch und Tier miteinander in Frieden und Koexistenz leben.

46.
Brückenbauer

Revolutionäre aller Länder, haltet euch ran! Noch sind entlang der BAM einige tausend Namen zu vergeben. Namen für Orte, die noch zu gründen sind, für bisher ungetaufte Wasserläufe, Sümpfe, Moore, Brücken, Schluchten und Tunnels! Allende und Ho Chi Minh, Pieck und Reimann, Thälmann und Togliatti, Dimitroff und Thorez, all die Großen, die unsere Epoche mitgestaltet haben, werden ihre Spuren auf der Landkarte Sibiriens hinterlassen. Und trotzdem bleibt Raum für Improvisationen und Verlegenheitslösungen. Der jüngste Bahnhof an der Bam, einen halben Kilometer vor dem augenblicklichen Gleisende, heißt ausgerechnet *Nebel.* Der Grund: Bis zu ihrer vorläufigen Fertigstellung am 30. November 1976 war die Station, die über tausend Meter hoch am Westhang eines Gebirges liegt, monatelang in Nebel gehüllt. Unter den Bauarbeitern war eine Gruppe Sowjetdeutscher, die jeden Morgen, wenn sie sich an die Arbeit machten, so kräftig über den Nebel fluchten, daß ihre russischsprechenden Kollegen den Fluch in ihren Sprachschatz aufnahmen und am Ende sogar als Namen für den Bahnhof vorschlugen. Zwar ist die Bezeichnung noch vorläufig, aber über dem Bahnhofsgebäude, das provisorisch in einem abgestellten Wohnwagen untergebracht ist, ist sie unübersehbar angebracht. Und auch Dijurni Postanzi, der einheimische Stationsvorsteher, dessen Oberlippenbart wahrhaft wilhelmische Es-ist-erreicht-Ausmaße hat, ist überzeugt, daß der einmal geprägte Name allen Kontrollkommissionen standhalten wird. Übrigens steht der Güterumschlag in keinem Verhältnis zur Größe der Bahnhofsanlagen. Täglich werden in Nebel mehr als hundert Waggons mit Kohlen, Fertighäusern, Baustoffen, Eisenbahnschwellen, Schienen und Zement gelöscht, mit all den Materialien, die über fünftausend BAM-Bauer Tag für Tag brauchen.

Fünfhundert Meter weiter östlich enden vor einer Flußbrücke vorläufig die Gleise. Hier, am Kilometer 712, verläuft derzeit die Hauptkampflinie, bis hierher kann im äußersten Fall der Nachschub rollen. Wir klettern auf den Damm, trinken zu viert auf das Gelingen des Baus eine Flasche Wodka, und als der am weitesten gereiste Gast muß ich die leere Flasche am Schienenende zerschmettern. „Hoch lebe die BAM!“ rufen meine Begleiter.

Der eigentlich neuralgische Punkt liegt noch einmal zwanzig Kilometer weiter im Osten, die Brücke über die 460 Meter breite Kirenga. Rein technisch bietet der Brückenbau keine unüberwindlichen Schwierigkeiten, das Problem ist die Bauzeit. Für die Montage der sieben Pfeiler im Abstand von 66 Metern bleiben nur die Monate von Ende Oktober bis Mitte Mai, solange der Fluß zugefroren ist. Von der termingerechten Fertigstellung der Kirengabrücke aber hängt das weitere Vorwärtskommen auf dem Abschnitt bis zur Spitze des Baikalsees ab. Kein Wunder also, daß aller Augen auf das Brückenaufgebot Nr. 21 schauen. Seine 170 Mann treffen eine wichtige Vorentscheidung im Kampf um die Bauzeit am ganzen Westabschnitt. Auf der Baustelle ist modernste Technik am Werke. Keine schippenschwingenden Kolonnen, die im Rhythmus von Kampfliedern Gräben ausbuddeln. Hier im Dröhnen der Motoren, im Stampfen der Dampframmen, im Rattern der Bulldozer reduziert sich die revolutionäre Romantik auf kühles Taktieren. Statt im Winde knatternder Fahnen hängt über der Baracke des zentralen Einsatzstabes die knappe Losung: *Her mit der BAM! Her mit dem Kommunismus!*

Das westliche Flußufer gleicht einem aus allen Nähten platzenden Warenlager. Da liegen Fertigbauteile auf Stapel, Eisenbahnschwellen zuhauf, Kohlen auf Halde. Bergehoch türmen sich Hölzer, Steine und Zementsäcke. Das alles wartet auf die Brücke und drückt auf das Arbeitstempo der Spezialisten, die hier der Kirenga zu Leibe rücken. Sicherheitshalber hat man das Eis unterhalb der Brücke um mehr als einen halben Meter verstärkt, man hat einfach die Eisdecke mehrfach mit Wasser überspritzt und damit erreicht, daß sie dem Tauwetter einige Wochen länger standhält. Von den sieben Pfeilern sind vier fast fertig, zwei sind im Bau, nur einer steckt noch unter dem Eis. Er hat den Brückenbauern zusätzliche Probleme aufgegeben, weil sie beim Ausschachten nach einer vier Meter dicken Schwemmsandschicht plötzlich auf Eislinsen und Dauerfrostboden stießen. Um zu verhindern, daß der Betonpfeiler im Sommer von oben Wärme in den Grund ableitet und dadurch den Frostboden auftaut, mußten die Betonierer um den Kern des Pfeilers wie um einen kranken Zahn eine Isolierschicht aus gepreßtem Schaumstoff legen.

Die Kirenga ist an der Baustelle zwar nur drei bis vier Meter tief, aber die Brückenpfeiler müssen wegen des sandigen Flußgrundes

durchschnittlich fünfzehn Meter tief in die Erde versenkt werden. Die Betonierungsarbeiten vollziehen sich in einer Kabine, die über dem Pfeilerkopf sitzt und sich mit dem Bau langsam in die Höhe schiebt. Elektroöfen sorgen für eine Temperatur, die auch bei fünfzig Grad unter Null noch den Umgang mit Stahlbeton erlaubt. Die extremen Außentemperaturen erfordern besondere Vorsichtsmaßnahmen. Bei sechzig Grad Kälte wird der Stahl bereits so mürbe, daß die stärksten Planierschilde schon bei einem Zusammenstoß mit einer Baumwurzel springen können. Kräne können nur noch mit einem Viertel ihrer normalen Tragfähigkeit belastet werden, sonst brechen sie wie Eiszapfen. Beim Schweißen muß jede Nahtstelle vorher mit einem tüchtigen Feuer angeheizt und wohltemperiert werden. Nur der Mensch paßt sich an, ihn wärmt das Feuer der Begeisterung auch bei der ärgsten Kälte.
Jeden Morgen halten die Brückenbauer eine Einsatzbesprechung ab. „Im operativen Stil," sagt Chefingenieur Lebedow, „hier sind wir nicht auf lange Sitzungen versessen. Wir haben eine BAM-gerechte Beratungsform entwickelt. Redezeit höchstens eine Minute, jeder spricht zur Sache, Beschlüsse, falls notwendig, einstimmig, dann geht jeder an seinen Arbeitsplatz. Vorbesprechungen machen wir gegebenenfalls am Abend vorher in der Kantine."
Im Gegensatz zu den meisten anderen Abschnitten der BAM arbeiten hier keine Grünlinge. Das Durchschnittsalter der Brückenbauer liegt nicht bei 22 Jahren, sondern fast doppelt so hoch, bei 42 Jahren. „Ich hab schon manche Brücke gebaut," meint Brigadeleiter Nikolai Iwanow, „aber so viel Verantwortung auf einmal hatte ich sonst im Krieg erlebt."
„Im Krieg?" frage ich.
„Ich hab meinen Beruf an der Front gelernt. Ich gehörte zu einer Brückenbaukompanie, bin weit rumgekommen und hab 1944 und 1945 die ersten Notbrücken über die Weichsel und die Oder geschlagen. So an die zweihundert Brücken hab ich inzwischen mitgebaut. Nach dem Krieg zuerst in Bjelorußland, dann gings 1952 nach Komsomolsk am Stillen Ozean, da war ich bei der großen Brücke über den Amur dabei, das war mein schönstes Objekt. Später hab ich zehn Jahre in Kasachstan, bei der Neulanderschließung, gearbeitet, da waren wir Brückenbauer schneller als die Kanalbauer. Vor drei Jahren wollte ich eigentlich in Rente gehen, aber dann traf mich der Aufruf zur BAM. Ich hab mich untersuchen lassen, war kerngesund, und zwei Monate später war ich hier

in Sibirien. Dies ist schon die dritte große Brücke, die wir hier hochgezogen haben, Lena und Angara liegen schon hinter uns. Ich halte durch, bis wir am Amur sind, bei meiner Lieblingsbrükke!"

Da habt ihr ihn, den *Erbauer des Kommunismus!* Siebenfacher *Held der sozialistischen Arbeit!* Der hat schon manches Mal mitgemischt, nicht bloß Beton. Hat schon manchen Engpaß überwinden helfen. Hat Brücken gebaut von einer Epoche in die andere.

Bei uns werden die schöpferischen Leistungen der Arbeiterklasse gewaltig unterbewertet, nicht nur die Werke der sowjetischen, auch die unserer eigenen Arbeiter. Ich bezweifle nicht, daß es auch in der Bundesrepublik serienweise Produktionshelden vom Schlage Iwanows gibt. Nur nimmt ihre Heldentaten einstweilen keiner zur Kenntnis, vielleicht nicht einmal sie selber. Im Sowjetland ist jeder, nicht nur ein Brückenbauer, stolz auf seinen Beruf, auf seine Arbeit. Fragt man bei uns jemanden nach seiner Tätigkeit, erhält man oft genug ausweichende Antworten, in der Sowjetunion wird einem dagegen sofort ein Verzeichnis der Arbeitsleistungen aufgetischt. So wie hierzulande allenfalls ein Dichter, der sich vorstellt, seine gesammelten Werke aufzählt, so fühlt sich in der Sowjetunion jeder, den man um Auskunft über sich bittet, veranlaßt, wenigstens die wichtigsten Stationen seines Arbeitslebens beim Namen zu nennen. So wird in den ersten Sätzen erkennbar: die Arbeit ist der Stoff, aus dem die Persönlichkeit ihre Kraft und ihr Selbstbewußtsein bezieht.

Der Respekt gilt jeder ehrlichen Arbeitsleistung. Als die Brükkenbauer erfahren, daß ich aus Hamburg komme, werde ich sofort nach technischen Details über die Köhlbrandbrücke gefragt, deren Ruhm bis ins fernste Sibirien gedrungen ist. Ich werde gebeten, auf ein großes Stück Papier die Brücke im Quer- und im Längsformat aufzuzeichnen, und ernte prompt Gelächter. Die Arbeiter verstehen meine schematische Darstellung mit den auseinandergebogenen Pfeilern, durch die die Fahrbahn hindurchführt, promt als pornografisches Machwerk. Schuld an diesem Mißverständnis ist unsere verderbte Phantasie, nicht der Konstrukteur: der versteht sich als Zeuge Jehovas und wollte seine Brückenpfeiler als betende, zum Hergott aufgerichtete Hände gedeutet wissen. Als ich das erzähle, biegen sich die sibirischen Brückenbauer vor Lachen und wollen mir einen Exklusivvertrag als Geschichtenerzähler anbieten.

Held Iwanow ist kein Einzelfall. Sein Lebensweg ist in mancherlei Hinsicht sogar repräsentativ für die ganze Kolonne. Das Brückenaufgebot Nr. 21 wurde schon während des Großen Vaterländischen Krieges gebildet, später wurde es entmilitarisiert und an den verschiedensten Brennpunkten des kommunistischen Aufbaus eingesetzt; Anfang der siebziger Jahre haben zwei Spezialisten aus der Truppe verantwortungsvolle Aufgaben in Vietnam übernommen. Von 170 Brigadisten sind immerhin zwölf von Anfang an dabei gewesen, sie bilden wie Iwanow das Rückgrat des Brückenaufgebots. Das Fleisch sind die 56 Ingenieure, die sich direkt vom Bratsker Technikum zur BAM gemeldet haben, und die 102 Facharbeiter, die aus allen Teilen der Sowjetunion nach Sibirien gekommen sind. Sie alle wären verraten und verkauft ohne die dreizehn Frauen, die zum Aufgebot gehören; sie sorgen in der Kantine für gutes Essen, für heißen Tee und Kaffee zu jeder Tag- und Nachtzeit, für Ordnung in der Zentrale, für eine kameradschaftliche Atmosphäre im ganzen Aufgebot.
Es haben sich auch Frauen für die Bautruppe beworben, sagt Ingenieur Lebedow, aber so gern wir sie in unsere Reihen aufnehmen würden, das erlauben unsere Gesetze nicht, die Arbeit ist zu schwer.

47.

Magistralny

Im Gegensatz zu Juchta und Ulkan wirkt Magistralny schon fast städtisch, die Holzhäuser sind näher zusammengerückt, es gibt bereits regelrechte Straßenzüge. Und heute am Ostersonnabend ist die Stadt voller schwerbepackter Leute. Scheinbar schleppt jede zweite Person eine Gans oder sonst ein Stück Federvieh mit nach Haus. Irgendwo im weiten Russenland hat der ganze Gänsebestand einer Kolchose dran glauben müssen, um den Ostertisch der BAM-Bauer von Magistralny zu decken. Heute, berichtet der

Parteiorganisator stolz, werden hier gleich vier Hochzeiten auf einmal gefeiert. Vor uns stapft ein Brautpaar durch den Schnee. Der Frack des Bräutigams hebt sich rabenschwarz gegen die Umgebung ab, aber die Braut ist mit ihrem weißen Kleid und dem weißen Schleier arg benachteiligt, sie kann höchstens mit ihrem roten Nelkenstrauß Eindruck schinden. In den Mittagsstunden glaubt man einen ersten Hauch des Frühlings zu spüren, immerhin ist die Sonne stark genug, einzelne Tropfen aus den Schneewächten auf den Dächern hervorzulocken.

Magistralny ist die erste Pionierstadt, die am Westabschnitt der Magistrale gegründet wurde. Offiziell am 2. November 1974, sechs Monate, nachdem die ersten Luftlandetruppen mit ihrem Aufbauwerk begonnen hatten. „Damals hatten wir weniger als die ersten Menschen nach der Vertreibung aus dem Paradies", erzählt der redselige Parteiorganisator, „wir drehten erst mal an unseren Kofferradios und fanden zuerst Radio Free Europe. Wir hörten, daß die Russen in Sibirien Zehntausende Sträflinge zum Eisenbahnbau einsetzen wollten. Dabei hatten wir weniger als in einem Lager, zu Anfang gab's nicht einmal Holzpritschen. Wir schliefen monatelang in Zelten. Als Anfang Oktober der erste Schnee fiel, hatten wir die ersten sieben Wohnheime fertig, fertig für die dreihundert Bauleute, die direkt vom Komsomolkongreß in Moskau nach hier kamen." Diese Baracken sind inzwischen längst abgebrochen und weiter im Osten wiederaufgebaut. Alle Bewohner von Magistralny wohnen inzwischen in richtigen Häusern und haben sich auf Dauer eingerichtet. Die romantische Periode ist zu Ende, die Herren Romantiker sind zum guten Teil verheiratet und haben Kinder in die Welt gesetzt. In der Stadt entwickelt sich bereits eine eigene Industrie. Größter Betrieb ist die Reparaturwerkstatt, in der die am Westabschnitt der BAM eingesetzte Technik repariert, generalüberholt und überwacht wird. Sogar Busse verkehren bereits, sie bringen die Kinder zur Schule, die Arbeiter zu ihren Baustellen und die Hochzeitsgesellschaften zum Club.

Magistralny zählt zur Zeit an die sechstausend Einwohner und 25.000 Quadratmeter Wohnfläche. Zehn Häuser sind aus Stein gebaut, zwei Schulen, das Krankenhaus, das Rathaus und die ersten Wohnblöcke. Sie stehen jedoch nicht einfach auf der Erde, sondern in respektvoller Entfernung gegenüber dem dauernd gefrorenen Boden auf meterhohen Stelzen. Der Grund darf um kei-

nen Preis auftauen, sonst würden die Häuser in tiefem Morast versinken. Deshalb errichtet man einen Pfahlbau, die Holzpfähle werden auf zehn Meter in den Boden hineingetrieben. Zwischen dem Gebäude und dem Erdboden bildet sich ein freier Raum, der im Sommer als Kühlzone den Grund vor der Wärmeausstrahlung des Hauses und der Sonne schützt. Im Winter ist die Wirkung umgekehrt, dann hält der unter den Pfählen zusammengewehte Schnee die Bodenkälte vom Haus ab. Diese Technologie wurde zuerst in den arktischen Gebieten der Sowjetunion entwickelt, aber inzwischen überall, wo man es mit den Auswirkungen dauernd gefrorener Böden zu tun hat, übernommen.
Der Magirus-Fahrer Gregori Ripin war einer der allerersten, der in Magistralny eine feste Wohnung bekam und seine Familie nachholen konnte. Die ersten Möbel bei ihm zu Haus – mir gefallen sie am besten – sind noch selbst gezimmert. Der Wohnzimmerschrank, der Küchentisch und vor allem die Wiege, robust in der Form und rustikal im Geschmack, zeugen vom handwerklichen Können des Hausherrn. Aber alle übrigen Einrichtungen, vom Kühlschrank bis zur Fernsehtruhe, unterscheiden sich in nichts von ähnlichen Stücken in Moskau oder Baku. Nur an den Sesseln und dem Sofa sind folkloristische Schnörkel auszumachen, die auf die Herkunft aus einer Irkutsker Möbelfabrik hindeuten. Seit die Stadt ihr Fernheizwerk hat, ist sogar der klobig schöne Kachelofen auf eine rein dekorative Funktion beschränkt.
Walja Ripin arbeitet im Kaufhaus, ihr anderthalbjähriger Sohn ist tagsüber in einer Krippe untergebracht. Er ist das dritte Kind, in dessen Paß Magistralny als Geburtsort steht. Die Eltern haben ihn Lenin zuliebe Wladimir genannt. „Der wird hier aufwachsen, hier in Sibirien“, sagt der Vater, „und er wird ein grader Kerl werden, die BAM biegt uns hier alle zurecht.“
Ich frage die Eltern, ob sie manchmal Heimweh hätten nach Nowosibirsk. „Wir fahren in jedem Sommer zu unseren Eltern, für sechs Wochen, aber als wir letztes Mal zurückkamen, waren wir zum ersten Mal richtig froh, wieder zu Haus zu sein. Langsam schlagen wir hier Wurzeln. Die Taiga ist wie Musik, sage ich. Je mehr man von ihr hört, desto mehr fühlt man sich hingezogen. Wir bleiben auf alle Fälle hier. Meine Frau hat im Handel ihre Arbeit, und ich gehe, wenn die Bahntrasse fertig ist, zum Kohletagebau, der in zwei Jahren ein paar Kilometer weiter von hier erschlossen wird. Wenn unsere Kinder groß sind, gibt es hier si-

cher längst Hochschulen zum Studieren."

„Sind denn auch Leute wieder zurückgegangen?" Der Parteiorganisator weiß Bescheid. „Ja, sicher. Zusammen ungefähr an die hundert. Die Hälfte wurde zur Armee einberufen, ungefähr zwanzig studieren, einige mußten auf Rat der Ärzte zurückkehren, nicht weil das Klima zu rauh oder die Arbeit zu schwer war, nein, weil sie sich hier absolut nicht einleben konnten, weil sie die Trennung von ihren Angehörigen und Verwandten nicht verkraftet haben. Damit meine ich diejenigen, die sich zunächst auf unbefristete Zeit gemeldet hatten. Umgekehrt entschließt sich manch einer von denen, die sich für zwei oder drei Jahre verpflichtet haben, dauernd hierzubleiben."

Das schwerste an der BAM, meint Gregori, sei nicht die Arbeit, sei nicht das Klima, das schwerste sei es, sich hier richtig einzuleben. Nicht wegen der Entbehrungen! „Was entbehren wir schon? Jetzt haben wir sogar Fernsehen. Theater? Darauf kann ich verzichten, Theater haben wir an der BAM noch genug. Konzert? Wenn Marder, Zobel und Iltis im Frühling verliebt sind, hört man hier nachts ganze Sinfonien. Nein, was hier das Leben anstrengender und anspruchsvoller als anderswo macht, ist die Tatsache, daß wir hier alle mehr von uns, von dem einzelnen und von dem andern verlangen. Daß es sich hier keiner leisten kann, sich gehenzulassen. Hier zählt der Tag mehr, und das geht manch einem auf die Nerven, er fühlt sich überfordert und sehnt sich nach der altrussischen Gemütlichkeit von Moskau oder Kiew zurück."

Walja Gregori stimmt ihrem Mann zu, ergänzt dann aber: „Wenn man mal darüber nachdenkt, dann ist es aber genau das, was hier in Sibirien das Leben lebenswert, was es außergewöhnlich und interessant macht. Ich finde, hier hat das einzelne Leben mehr Bedeutung. Je mehr die Leute zusammenhalten und aufeinander angewiesen sind, desto mehr merkt man, wieviel der einzelne wert ist, wie unentbehrlich, wie unverwechselbar er ist. Früher hab ich immer geglaubt, an so einer Großbaustelle müßte ich in der Masse untergehen, aber ich habe die genau entgegengesetzte Erfahrung gemacht, ich habe hier erst gemerkt, wie wichtig ich selber bin."

Nirgends hab ich vorher Menschen getroffen, die so von ihrer Arbeit geprägt waren wie die Erbauer der BAM. Um Mißverständnissen vorzubeugen: Gregori Ripin, seine Frau und alle die anderen, die an der BAM arbeiten, sind nicht ausgelaugt und ausgepovert wie die Türken bei Ford und Opel, sie sind auf ganz andere Weise von ihrem täglichen Tun gekennzeichnet. Was sie tagtäglich schaffen, bestimmt ihr Denken, ihr Handeln, ihr Auftreten, macht sie traurig oder froh. Wer bei uns schwer zu schuften hat, der sucht seiner Mühe, so oft er kann, zu entfliehen, in Sibirien sind die Menschen mit ihrer Arbeit verheiratet. Nicht zwanghaft, sondern weil sie das Werk ihrer Hände und Hirne lieben.

48.

Kunst in Sibirien

Verdammt schön, dieses Sibirien! Zwischen drei und vier, die Sonne steht noch ziemlich hoch am Himmel, gewinnt der Frost die Herrschaft zurück. Die Sträucher hüllen sich wieder in einen weißen Pelz, die Kiefern legen sich weiße Locken zu, die Lärchen verwandeln sich in weiße Korallen zurück. Der frische Schnee wird weich wie Moos, wenn man darauf tritt. Alles beginnt zu glitzern und zu blenden, je mehr sich die Sonne zum Abend hin neigt. Es gibt kaum Abendrot; eh sie ganz versinkt, weht die Sonne wie eine purpurrote Fahne über der Taiga, aber der blaue Himmel und die grauen Wolken bleiben von ihrer Farbe unberührt. Nach dem Sonnenuntergang kommt mir der Himmel wie eine aus Eis gehauene Kuppel vor, die Landschaft ringsum scheint vor Kälte zu erstarren. Dennoch habe ich das Gefühl, als bewahrte jeder Baum und jeder Strauch unter dem Rauhreifmantel einen Rest von Wärme, die Wärme des Mittags und des letzten Sommers, wie alte Gebäude, die in ihren Mauern den Hauch vergangener Epochen speichern.
Die BAM ist ein Jahrhundertbauwerk, heißt es. Dazu gehören auch die Methoden und der Arbeitsstil unseres Jahrhunderts. Und das bedeutet nicht nur den Einsatz von Wissenschaft und Technik, dazu gehört auch die Kunst! Jawohl, es geht um die Einbeziehung der Kunst in den Arbeitsprozeß. Der Maler Wladi-

mir Ellestratow ist zum Beispiel Mitglied des Brückenaufgebots Nr. 21, jener Spezialtruppe, die gerade der Kirenga zu Leibe rückt. Er nährt sich nicht nur, wohlmöglich schmarotzend, von ihrer Kantinenspeise, er bekommt nicht nur ihren Lohn und profitiert davon, wenn sie ihr Soll übererfüllt, nein, er gehört dazu wie jeder Betonierer, wie jeder Ingenieur auch. Sein Werkzeug sind Pinsel und Palette, er hat den Auftrag, den Brückenbau und die Entstehung der BAM festzuhalten, nötigenfalls auch bei 55 Grad unter Null. Die Bauleute wissen nur zu gut, was sie an ihrem Künstler haben. Was den Renaissancefürsten recht war, sich zum Lobe, zum Ruhme und zur Freude ihrer selbst einen Kulturschaffenden zu halten, ist den BAM-Bauern nur billig. Sie wollen den führenden Klassen früherer Epochen nicht nachstehen.
Wladimir Ellestratow, geboren in Wolgograd, Jahrgang 1940, BAM-Freiwilliger der ersten Stunde, zeigt im Klubhaus von Magistralny seine Bilder vom Bau des Jahrhunderts, sechs große Ölgemälde, aber zur Hauptsache Aquarelle und flüchtige Bleistiftskizzen. Gruppen von BAM-Arbeitern mit ihren Frauen stehen vor den Bildern, diskutieren, schimpfen, streiten sich. Der Künstler hat keinen leichten Stand, er muß sich manchen Fingerzeig, auch auf konkrete Einzelheiten seiner Werke, gefallen lassen, muß Kritik einstecken und Besserung geloben.
Die Arbeiter halten dem Kollegen Künstler vor, er zeige zu viel Natur; die Trasse, die Brücken und die Arbeiter, die sie bauen, würden von ihm künstlich verkleinert. Der Konflikt liegt auf der Hand: der Maler ist vor allem von der Größe, der Schönheit und der Würde der unberührten Natur, die durch den Eisenbahnbau gefährdet, wenn nicht zerstört wird, gefangen. Die Arbeiter verlangen von ihm das Gegenteil: sie möchten, daß er zuerst die Größe des Menschen im Kampf gegen die Naturgewalten darstellt, daß er den Sieg über die Allmacht der Natur als ihren Sieg gestaltet. Ellestratow wehrt sich nach Kräften: „Ihr wißt gar nicht, wie verletzlich die Natur gerade in Sibirien ist. Natürlich leistet sie euch Widerstand, weil sie vorher nie mit dem Menschen zu tun hatte, aber wie dünn sind die Baumstämme hier! Oft sind sie so schwächlich, daß sie ohne den Nachbarn keinen Halt finden. Sobald eine Birke für sich steht, wird sie vom Schnee und vom Rauhreif geknickt."
„Romantisches Geschwätz", schimpft ein Arbeiter, „so sieht das nur ein verweichlichter Städter." Der Maler kontert: „Ja, die Na-

tur ist hier rauh, aber zugleich zart und verwundbar. Versuch mal, das Moos vom Taigaboden loszureißen. Sofort beginnt der Dauerfrostboden aufzutauen, die Erde gibt nach, in zwei Jahren hast du ein Wasserloch. Wenn man den Wald fällt, brauchen die Bäume hundert Jahre, um nachzuwachsen. Ihr Tölpel in euren Planierraupen ahnt gar nicht, was für Schaden ihr hier der Umwelt zufügt. Als Künstler sehe ich es als meine Aufgabe an, euch an eure Verantwortung zu erinnern und euch zu zeigen, wie verletzlich die Natur ist. Eure Kettenfahrzeuge und mein Malwerkzeug, beide müssen sich ergänzen."

Die BAM-Bauer sind empört über die Anmaßung ihres Künstlerkollegen und über die Darstellung, die er von ihrem Jahrhundertwerk gibt. Vor allem auf den Ölbildern erscheint ihre sibirische Lebensader wie eine blutige Wunde aus rostbraunem Kies und Schotter, die sich durch die heile, unberührte Taigalandschaft zieht, wie ein Operationsschnitt im Leib der Mutter Erde, ein tiefer Riß, der nicht mehr zu schließen ist. Arbeiter und Künstler streiten sich heftig, sie haben sichtlich Spaß am Streitgespräch und ganz offenbar auch wechselseitigen Gewinn.

Ellestratow ist nur einer von über zweihundert bildenden Künstlern, die an der BAM ihren Beitrag zur Erschließung des sibirischen Kontinents leisten. Es gibt gute Gründe dafür, daß ungefähr jede zwanzigste Brigade einen Maler, Grafiker oder Bildhauer gleichberechtigt in ihre Reihen aufgenommen hat, andere haben Schriftsteller engagiert. Die Aufgabe aller heißt, Sibirien zu entdecken, bewohnbar und den Neusiedlern zur Heimat zu machen. Dafür bedarf es der Arbeit, der Technik, der Wissenschaft, der Poesie und der Kunst. Schriftsteller, Maler und Sänger sind mit den Arbeitern in den Wilden Osten aufgebrochen, um auch dieses Stück Erde dem Menschen untertan zu machen. Auch die Schönheit eines Landes muß wie seine Bodenschätze zutage gefördert werden, muß begreiflich gemacht und vor Augen geführt werden. Uralt-neue Aufgabe der Kunst: dem Menschen die Augen zu öffnen und seine Blicke auf bisher verborgene Bereiche und Zusammenhänge zu lenken. In Sibirien hört dabei der Künstler endgültig auf, neben dem Leben zu stehen, neben denen, die die Arbeit machen.

Für den Abend hat der Maler ein Dutzend seiner Brückenbauerkollegen, meine Begleiter und mich zu einem Fest eingeladen; für mich heißt es mit dieser Feier Abschied nehmen von der BAM.

Morgen in aller Herrgottsfrühe starten wir zurück Richtung Moskau, Richtung Westen, Richtung Heimat. Von sibirischer Kälte ist nichts zu spüren, nirgends ein frostig erstarrtes Gesicht, von keinem Tisch her ein eisiger Blick. Statt dessen Stimmung, Musik und Gesang. Ein Mädchen fordert mich lachend zum Tanz auf, ich bin verwirrt und werde rot. „Was du wieder denkst", spottet Dimitri, „bei uns ist es ganz normal, daß ein Mädchen kommt."
„Aber ich kann nicht tanzen, nicht eure Volkstänze."
„Macht nichts, dann stolperst du eben. Hauptsache, es macht Spaß."
Macht es wirklich. Weil keiner den anderen belauert und dumme Bemerkungen macht. Das Recht auf Vergnügen, auf Individualität erkennt jeder jedem zu. Egal wie einer tanzt, ob er als Galan über die Tanzfläche wirbelt oder wie ein Pinguin stapft, wie ich. Paare tanzen umschlungen, Gruppen bewegen sich im Kreis, und neben mir stampfen zwei Männer einen wilden Reitertanz. Jeder hüpft nach seinem Temperament, nach seinem Blut. Das Zusammenleben so vieler verschiedener Nationalitäten erfordert Toleranz, auch beim Tanzen. Wir sind keine leise Gesellschaft, und immer wenn ein Witz erzählt wird, klopft mir der Parteiorganisator bei der Pointe aufs Knie, damit ich auch pünktlich lache. Nur schade, behalten habe ich von den hundert BAM-Witzen keinen einzigen, aber noch auf dem Rückflug über die unermeßlichen Weiten Sibiriens klingt mir das Lachen der Kumpanen im Ohr . . .

49.

Streitfragen

Während des Fluges von Irkutsk nach Moskau setzt sich Tanja, eine zierliche, bildhübsche Kasachin, zu mir. Sie ist Deutschlehrerin, das heißt, sie will es werden und möchte unterwegs *ein wenig trainieren,* sagt sie. Die deutsche Sprache, versteht sich, den Umgang mit Deutschen. Und ich soll ihr Trainingspartner sein. Angenehm, sage ich, so vergeht der Elfstundenflug doch noch wie im Fluge.

„Fangen wir einfach ein Streitgespräch an", sagt Tanja mit unvergleichlichem Charme.

„Wo ist Lebensstandard höher?" nimmt sie mich ins Verhör.

„Materiell gesehen", sage ich, „sicher bei uns."

„Materiell du magst recht haben, aber ich mache dir eine andere Rechnung. Ich sage Lebensqualität und zähle dazu auch die geistigen Werte, Kultur, Bildung, soziale Sicherheit, Geborgenheit, Recht auf Arbeit. Nun, was sagst du jetzt?"

Ich nicke stumm mit dem Kopf, will mich schon geschlagen geben, da holt Tanja zu einem neuen Schlag aus. „Es gibt einfach Käse" – jawohl, *Käse* sagt die Frau –, „wenn du das Durchschnittseinkommen unserer Arbeiter, 1812 Rubel im Jahr, eurem gegenüberstellst oder wenn du ausrechnest, bei euch arbeitet ein Arbeiter für ein Auto vier Monate und bei uns fünf Jahre."

„Und warum ist das *Käse,* Tanja?"

„Weil die Miete umgekehrt ist."

„Du meinst, weil es mit der Miete umgekehrt ist?"

„Meinetwegen, ihr Deutschen seid, wie sagt man, Pedanten, seid ihr. Wir arbeiten drei oder vier Stunden für Miete, ihr müßt eine Woche arbeiten."

„Aber dafür", wende ich ein, „sind bei euch die Wohnungen beengter."

„In den großen Städten", gibt Tanja zu, „aber wart mal ab, in zehn Jahren, so ist der Plan, hat jeder *eine* Wohnung, in zwanzig Jahren *seine* Wohnung."

„Was nützt mir das, wenn ich jetzt drei Kinder zu Haus hab?"

„Dann hast du umsonst Kinderkrippen, Kindergärten. Auch die Gesundheit ist umsonst. Nach der Geburt erhält deine Frau, ohne zu arbeiten, ein volles Jahr ihren Lohn weiter."
„Aber ich hab immer noch keine Wohnung."
„Du kannst auch Urlaub bekommen, für ein Jahr, wenn du die Mutterrolle übernimmst."
„Das gefällt mir. Aber ein Auto hab ich darum auch nicht."
„Wozu brauchst du Auto? Was kostet U-Bahn in Moskau? Fünf Kopeken, so weit du fahren willst! Was kostet Bus, was Straßenbahn? Ein, zwei, drei Kopeken! Und was Flugzeug! Von Irkutsk nach Moskau ganze 45 Rubel!"
„Aber hat es nicht gerade jetzt erst Preiserhöhungen gegeben?"
„Hat es. Teppiche, Kristallwaren, Naturseide und ein paar andere Sachen sind teurer geworden, aber dafür sind andere Waren billiger geworden, Elektrogeräte, Musikinstrumente, Textilien. Was ich zum täglichen Leben brauche, Brot und Fleisch, das hat sich nicht verändert."
„Hast du ein Stipendium?"
„Ja, 42 Rubel im Monat."
„Wenig", sage ich.
„Für dich vielleicht, nicht für mich. Für Miete im Studentenhaus zahle ich im Monat einen Rubel, für das Essen in der Mensa zahle ich dreißig oder vierzig Kopeken. Bücher sind billig."
„Und knapp", ergänze ich.
„Weil sie billig sind", sagt Tanja, „billig wie Essen und Trinken, sind sie immer ausverkauft. Besonders die schönen Bücher."
„Aber vom Kommunismus seid ihr trotzdem noch ein Stück entfernt?"
„Wie meinst du das?"
„Was gibt es bei euch ohne Geld, frage ich dich."
Tanja, nicht faul, zeigt mir ihre Hand und benutzt die fünf Finger wie bei einem Handrechner. „Nehmen wir die Schule, das Studium, die Weiterbildung. Ist umsonst. Nehmen wir gesundheitliche Betreuung der Bürger. Ist umsonst. Nehmen wir drittens Kosten für Urlaub, Urlaubsplatz, ist umsonst, wenn du arbeitest. Nehmen wir Rente. Ist umsonst für Frauen ab 55, für Männer ab 60 Jahren. Nehmen wir fünftens alle die Kleinigkeiten. Telefongespräche in der Stadt. Karussellfahren im Park. Tee im Zug und im Flugzeug. Wohnungsreparaturen. Sport machen, Schwimmen gehen, ist alles umsonst. Eine ganze Handvoll."

„Ich küsse deine Hand, Tanja, deine ganze kommunistische Hand.“
„Ist nicht umsonst, Handküssen“, sagt sie. „Wir haben ein Sprichwort: Küßt du Hand, mußt du auch Füße küssen. Du kannst nicht bloß die Hand liebhaben, mußt den ganzen Menschen lieben.“
„Eben, es gibt nicht bloß Kommunismus an einer Hand, der Kommunismus muß die ganze Gesellschaft durchdringen.“
„Hast du recht, aber es geht nicht von heute auf morgen. Du hast gut reden, die Bundesrepublik ist ein reiches, hochentwickeltes Land, aber wie arm war Rußland, als es Revolution machte. Und der Krieg: hat unser halbes Land in Asche gelegt. Und heute: Die Sowjetunion unterstützt Vietnam, Kuba, Angola. Das bezahlen die Sowjetmenschen mit ihrem eigenen Lebensstandard. Wir haben ein Gedicht: Wenn Mütterchen Rußland ihre Kinder zum Tisch ruft, dann setzt sich immer ein Kind aus den unterdrückten Ländern mit dazu.“
Mir ist auf der ganzen Reise keine so überzeugende Propagandistin des realen Sozialismus begegnet. Zum Verlieben schön: Tanjas selbstbewußte Schüchternheit, ihr langes schwarzes Haar, ihre tiefdunkelbraunen, grüngeränderten Augen. Am Ende weiß ich es selber nicht: liegt es an den Argumenten, oder liegt es daran, wie Tanja mir die Argumente nahebringt, ihr Akzent, ihr Satzbau, ihre Art, mit Händen zu reden, ich bin jedenfalls restlos überzeugt, daß der Sozialismus das Himmelreich auf Erden ist. Freilich, auf dem Flugplatz Scheremetjewo, als wir nach elf Stunden Höhenflug wieder festen Boden unter den Füßen haben, erfährt meine Überzeugung ihre erste Anfechtung. Sprachlos sehe ich zu, wie irgendein eitler Giggolo meine Tanja in seine Arme schließt.

50.
Heiratsmarkt

Sind die Sowjetbürger prüde? Wenn man den heimischen Magazinen Glauben schenkt, sind die Nachfahren der Oktoberrevolutionäre ein Volk von Pastorentöchtern geworden, das sich Liebe höchstens zum Zweck der Erzeugung roter Nachkommenschaft erlaubt. Auf den ersten Blick mag der Puritanismus-Verdacht sogar stimmen. Porno-Literatur, Sexpropaganda und Beate-Uhse-Läden sind in der Sowjetunion nirgends zu finden. Aber haben darum die Sowjetbürger ein ärmeres Liebesleben? Kommen sie sexuell zu kurz?

Da für Intimdinge nicht unbedingt das ZK zuständig ist, frage ich die Genossin Lena Lewina, Redakteurin der Moskauer Literaturzeitung für Heiratsannoncen und Leserdiskussionen, ob die Sowjetmenschen verklemmt sind.

„Zur Prüderie haben wir keinen Anlaß", sagt sie. „Was uns Kommunisten an Verklemmung noch anhaftet, haben wir ererbt von unseren Vätern, um es zu überwinden. Wir sind Menschen, die unsere Sache ganz betreiben, mit Leib und Seele, aus vollem Herzen, bei vollem Bewußtsein. Wir geben im Klassenkampf, was wir geben können, aber wir geben auch das Unsere in der Liebe. Verklemmtheit, meine ich, gibt es nicht nur im Bett. Wo es an Leidenschaft, Phantasie und Mut fehlt, bleibt auch der Politiker, der Propagandist, impotent. Oder?"

Ich nicke zustimmend.

„Glauben Sie nicht, daß wir die Liebesfreuden den Kapitalisten und ihren Opfern überlassen wollen! Ich kann mir den Aufbau der kommunistischen Gesellschaft nicht ohne die Entfaltung aller Möglichkeiten des Menschen vorstellen, und dazu gehören auch die sexuellen Fähigkeiten."

„Gibt es denn in der Sowjetunion so etwas wie eine Sexwelle?"

„Nein und ja. Nein, weil es bei uns eine kommerzielle Ausbeutung der sexuellen Bedürfnisse nicht gibt und nicht geben wird; es gibt keine Prostitution, es gibt keine Pornoindustrie. Seit 1917 haben wir keinen freien Liebesmarkt mehr. Was wir gegenwärtig

verzeichnen, ist ein gewisser Nachholbedarf, ein verstärktes Bedürfnis nach Information und Diskussion über Fragen, die vorher nicht öffentlich behandelt wurden. Vergessen Sie unsere Geschichte nicht! Wir sind wie viele Völker hindurchgegangen durch die Klosterschule des Christentums, dann kamen die Entbehrungen der Revolutionsjahre und der dreißig Jahre danach. Viele ältere Bürger haben eine von unerfüllten Hoffnungen erfüllte Vergangenheit.
Heute meldet sich eine neue Generation zu Wort. Sie ist ganz im Schoß der sozialistischen Gesellschaft aufgewachsen und hat ganz andere Ansichten, Ansprüche und auch Probleme. Für sie gibt es auf der Grundlage fester sozialistischer Überzeugungen keine Tabus mehr, nicht einmal – nehmen sie nur den in unserer Zeitschrift heftig diskutierten Roman *Zwischenbilanz* von Juri Trifonow – die Ehe. Zugleich erleben wir mit der vollen Eingliederung der Frau ins Berufsleben, mit der Aufhebung des Gebärzwanges und dem Zerfall der letzten religiösen Vorbehalte zum ersten Mal die Chance für die reale Gleichberechtigung von Mann und Frau. Eine andere Frage ist, ob die Frauen diese Chance schon immer voll nutzen. Aber, was die Ehe betrifft, so haben die Frauen ihre Möglichkeiten voll begriffen. Jeder vierte im Himmel geschlossene Bund fürs Leben endet bei uns auf Erden vor dem Scheidungsrichter. Was unsere Scheidungsrate betrifft, haben wir Weltniveau erreicht."
„Ist das für Sie ein Zeichen von Emanzipation?"
„Ich meine, ja. Vier Fünftel der Scheidungen werden von Frauen beantragt. Noch vor dreißig Jahren waren die meisten unserer Ehen Zwangsehen, entstanden aus wirtschaftlichen, traditionellen und geistigen Zwängen, heute können wir davon ausgehen, daß mehr als neunzig Prozent der Hochzeiten Liebesheiraten sind, aber gerade das macht die Ehe als Institution sensibler und brüchiger. Die Liebe ist eben noch keine Garantie fürs Familienglück. Zu viele Paare heiraten mit dem Kopf im Wasser, vielleicht weil die Liebe sie blind macht. Allgemein müssen wir feststellen, daß die Partnerwahl bei uns zu sehr von Zufällen abhängig ist."
„Darum die Heiratsanzeigen?" frage ich Genossin Lewina.
„Das ist ein Grund. Ein altes russisches Sprichwort sagt: *Such dir deine Frau im Gemüsegarten und nicht auf dem Tanzboden.* Daran ist ein wahrer Kern. Ehen, deren Partner sich beim Studium oder in der gemeinsamen Arbeit kennenlernen, also im Gemüse-

garten, sind stabiler. Unser Problem besteht aber darin, daß zwei Drittel aller Eheschließungen auf Zufallsbegegnungen, zum Beispiel auf dem Tanzboden, zurückgehen. Außerdem haben wir noch ein besonderes Problem. Aufgrund unserer Politik der schnellen wirtschaftlichen Entwicklung haben wir ausgesprochene Frauen- und Männerstädte.

In Sibirien gibt es Städte mit einem Männerüberschuß von vierzig Prozent, in Belorußland und im Textilgebiet Iwanowo kommen auf 100 Männer 135 Frauen, das sind noch Kriegsfolgen. Aus diesem Grunde haben wir bereits vor einigen Jahren eine Diskussion über die elektronische Ehevermittlung geführt. Mehr als Dreiviertel der Briefschreiber haben dem Grundgedanken zugestimmt, vor allem die Frauen. Ihre Argumente waren einleuchtend: Ist die Bekanntschaft auf der Straße etwa besser als die Bekanntschaft über EDV? Sie forderten, mit der Scheinheiligkeit endlich Schluß zu machen und der Wissenschaft die Chance zu geben, dem Menschen zu helfen. Immerhin haben sich weit über zehntausend Leser mit Stellungnahmen an der Aussprache beteiligt."

„Und wann werden die elektronischen Eheanbahnungsinstitute mit ihrer Arbeit beginnen?"

„Ganz sind die Widerstände noch nicht überwunden. Moskau ist eben doch eine Altmännerstadt . . ."

Was, möchte ich einflechten, nicht für die *Literaturzeitung* gilt. In ihrer Redaktion haben die Frauen ebenso wie in der *„Ausländischen Literatur* und in den meisten Fernsehstudios eine solide Zweidrittelmehrheit. *Kultura* ist eben weiblich."

„Aber", fährt Genossin Lewina fort, „einen ersten Schritt weg vom Tanzboden haben wir zu Beginn dieses Jahres vollzogen. Wir bringen neuerdings Serien von Heiratsanzeigen."

„Und wie sehen die aus? Etwa: Traktorist, vielfacher *Held der sozialistischen Arbeit,* sucht blonde, vollbusige Melkerin nicht unter 21, nicht über 68?"

„Nein, so geschmacklos sind unsere Anzeigen nicht. Wir haben zwar noch keine Norm gefunden, aber vermutlich werden wir ganz auf ein festes Schema verzichten. Auf jeden Fall bemühen wir uns um Individualität. Die Annonce soll sich nicht auf äußere Merkmale beschränken, sondern wirkliche Anhaltspunkte bieten, dazu gehören das Alter, der Beruf, die Sprache, die Interessen und ein paar Hinweise auf Temperament und Charakter."

Unser Gespräch schweift ab, zurück in die Geschichte der Revolution, zum alten Engels, der Zetkin, die sich mit Lenin über sexuelle Fragen stritt, zu den Ideen der streitbaren Alexandra Kollontaj. Die Redakteurin kennt sich bestens aus. Hat sich die Oktoberrevolution in sexueller Hinsicht ausgezahlt, möchte ich wissen, haben sich die Hoffnungen der Klassiker erfüllt?

„Die freie Liebe der Kollontaj haben wir bislang nicht. Ihre Glaswassertheorie, nach der die Befriedigung sexueller Bedürfnisse so einfach sei wie der Genuß von einem Glas Wasser, ist vielleicht auch etwas lebensfremd. Gewiß, Durst will gestillt sein, aber trinke ich deshalb aus jeder Pfütze Wasser oder aus einem Glas, dessen Rand fettig von vielen Lippen ist? Kommen wir von der Theorie zur Liebespraxis: Nach den Forschungen von Professor Sujadoschtsch, dem Autor unseres Kinsey-Reports, verpassen nur achtzehn Prozent der Sowjetfrauen den sexuellen Höhepunkt, während in der Bundesrepublik, England und den USA zwischen 38 und 45% der Frauen dauernde Orgasmusprobleme haben. Vor allem sind unsere Männer und Frauen im Alter viel länger aktiv, oft über das sechzigste Lebensjahr hinaus. Viele erleben mit Beginn des Rentenalters noch einmal einen regelrechten Liebesfrühling. Das hängt sicher mit der allgemeinen Einstellung zum Alter zusammen, bei uns zählen die Alten nicht zum alten Eisen.

Trotzdem haben wir Probleme. Im Schulunterricht macht uns eine konsequente Aufklärung der Schüler Schwierigkeiten, vor allem mangelt es am Verständnis der Elterngeneration, einschließlich unserer älteren Lehrer. Die Abtreibung ist bei uns schon seit 1955 frei, jetzt setzt sich überall im Lande die Pille durch, voreheliche Beziehungen sind zumindest im europäischen Teil unseres Landes gang und gäbe, immerhin kommt fast jedes dritte Kind außerehelich zur Welt. All das sind im Leben eines Volkes große Umwälzungen, die erst einmal geistig verarbeitet und bewältigt werden müssen. Wir haben darum seit 1972 überall kostenlose Beratungsstellen eingerichtet."

Soweit die Genossin Lewina. Mein Eindruck: Es gibt in der Sowjetunion viel weniger Rummel um den Sex, es gibt aber auch viel weniger Verklemmungen. Das Selbstbewußtsein, mit dem sich schwangere Frauen im Alltag bewegen, der Freimut, mit dem die Paare auf den Rolltreppen der Moskauer U-Bahn miteinander schmusen, und die einzigartige Rolle, die Liebesfragen in der sowjetischen Gegenwartsliteratur, der Kunst und der Diskussion einnehmen, sprechen dafür, daß die Sowjetbürger uns auch auf dem Weg zur sexuellen Befreiung ein gutes Stück voraus sind.

Schluß

Ich bin am Ende, am Ende meiner Reise, meines Buches. Aber ich habe gar nicht die Absicht, diesen Reisebericht mit einem richtigen Ende enden zu lassen. Nur danke schön möchte ich sagen, nicht nur aus Höflichkeit, Dank allen Lesern, die mir bis hierher gefolgt sind, Dank all denen, die mir beim Entstehen dieses Buches geholfen haben. Denen, die mich in die Sowjetunion eingeladen haben, und denen, die mir diese Reportage abverlangt haben. Dank denen, die mir drüben alle Türen geöffnet, mich gastlich bewirtet und freundlich gestimmt haben. Der Presseagentur APN und Dimitri, meinem Dolmetscher: ohne ihn wäre ich verraten und verkauft gewesen. Ein Dankeschön auch all denen, die mir wie Till Bruttel ihr Wissen und ihre Bücherschränke zur Verfügung gestellt haben, und tausend Dank den Dichtern, die vor mir durch das Land Lenins vagabundiert sind, zuallererst meinem Vorbild und Vorfahr Egon Erwin Kisch, aber auch Hans-Werner Richter, der zehn Jahre vor mir auf Kischs Spuren bis Samarkand gekommen ist, und den DDR-Kollegen Richard Christ, Harald Wessel, Egon Richter, Landolf Scherzer, Margarete Neumann, Uwe Berger, Horst Bastian und Karl-Heinz Jakobs. Ich habe ihre Berichte eifrig studiert und mich nicht geschämt, bei ihnen in die Schule zu gehen und ihnen gelegentlich über die Schulter zu gucken. Dank all denen, die diese Sowjetunion, so wie sie im sechzigsten Jahr ihrer Gründung dasteht, hingebaut haben, *eine Menschheitsfeste im Sturme der Barbarei.* Ja, am Ende ist dieses Buch doch eine Art Liebeserklärung geworden. Und darum möge der empfindsame Leser mir auch ein paar Frivolitäten verzeihen; was sich liebt, das neckt sich nun einmal.

Jedem, der mir nahesteht, meinen Freunden wie politischen Gegnern, gönne ich eine solche Reise, wie ich sie machen durfte. Man mag zur Sowjetunion, zum Sozialismus, stehen, wie man will; den Versuch der 250 Millionen Sowjetbürger, aus Not, Elend und Rückständigkeit eine neue Gesellschaftsordnung zu errichten, kann kein Sehender leugnen. Auch alle, die es hier anders, besser machen wollen, sind gehalten, die Erfahrungen der Sowjetunion, die schlechten und die guten, aufmerksam zu studieren. Wir können vom Weg der Sowjetunion lernen, sogar aus ihren Fehlern. In einer so glücklichen Lage waren die Sowjetbürger nie; sie mußten den unerschlossenen, nur theoretisch ausgearbeiteten Weg zum Sozialismus als allererste gehen, ohne sich auf fremde Erfahrungen und Vorbilder stützen zu können. Sie waren immer auf sich selbst angewiesen. Besserwisser gab es viele, Bessermacher blieben rar.

Vor sechzig Jahren, im Roten Oktober, hat in der Sowjetunion ein neuer Tag begonnen. Noch liegt die sozialistische Epoche der Menschheit im Frühlicht, und jeder weiß, daß die Schatten der Morgensonne besonders lang sind. Aber wo Schatten sind, auf die unsere heimischen Dunkelmänner wie gebannt starren, da ist auch Licht, helles Licht. Trotzdem, die Sowjetunion ist für mich kein gigantischer Vanillepudding, über den ich als Schriftsteller meine rote Soße zu kippen habe. Vor allem ist sie, bleibt sie das Land meiner zügellosen Neugier. Und insofern ist dieses Buch alles andere als objektiv, es ist durch und durch parteilich, parteilich für das Neue, das Andere, für all das, was die sowjetische Gesellschaft von der unseren unterscheidet. In diesem Sinne habe ich allenfalls objektiv meine subjektiven Erfahrungen darzustellen versucht.

Der Autor

Peter Schütt
geboren 1939 in Basbeck an der Niederelbe, lebt als Schriftsteller in Hamburg-Eppendorf, Mitglied des Verbandes deutscher Schriftsteller in der IG Druck und Papier und des Werkkreises Literatur der Arbeitswelt, Bundessekretär des Demokratischen Kulturbundes, Mitglied des Parteivorstandes der DKP.
Im Weltkreis-Verlag erschienen von ihm *Faustregeln für Klassenkämpfer,* Agitproptexte (1970), *Vietnam – 30 Tage danach* (ein Reisebericht, 1973) und *Zur Lage der Nation* (Lyrik und Prosa, 1974), im Quer-Verlag Hamburg die Gedichtsammlungen *Sicher in die Siebziger Jahre* (1969) und *Friedensangebote* (1971), im Asso-Verlag Oberhausen das Volksstück vom Kieler Howaldtsstreik *40 Pfennig mehr* (1973) und im Fischerhuder Verlag Atelier im Bauernhaus *Mein Niederelbebuch* (1976) und *Für wen? Für uns! Politische Gedichte* (1977).

Nikolai Ostrowski:

Wie der Stahl gehärtet wurde

448 Seiten, Leinen, DM 8,–

Ostrowski wurde als Jugendlicher in die Stürme der Oktoberrevolution hineingeworfen. Was er erlebt und erlitten hat an Freuden und Kämpfen, an Enttäuschungen und Abenteuern, das hat er in diesem großen Roman mit bewundernswerter Meisterschaft gestaltet.

Dieser Roman gehört zu den populärsten Jugendbüchern der Welt!

Gesamtverzeichnis anfordern:

Weltkreis-Verlag
Brüderweg 16, 4600 Dortmund

Тов. Ленин ОЧИЩАЕТ
землю от нечисти.

Peter Abraham (Hrsg.):

Fernfahrten

Siebzehn Autoren geben Auskunft zum Thema Reisen
384 Seiten, Ganzleinen, DM 9,80
ISBN 3-88142-158-0
Die Reiseziele liegen auf verschiedenen Kontinenten, die Transportmittel sind Eselskarren, Flugzeug, Frachtschiff und Eisenbahn. In der Begegnung mit dem polnischen Schuster, dem vietnamesischen Schriftsteller, dem sowjetischen Fischereispezialisten oder Erdölkundler, der chilenischen Sängerin, dem französischen Lehrer, dem hawaiischen Koch oder dem tschechischen Zirkusartisten hat jeder der Reisenden eine neue Welt entdeckt und Erfahrungen gesammelt.
An den „Fernfahrten" beteiligen sich neben anderen Autoren:
Johanna Braun, Günter Braun, Kurt David, Fritz Rudolf Fries, Karl Heinz Jakobs, Günter Kunert und Joachim Seyppel.

Peter Schütt:

Zur Lage der Nation

1974, 215 Seiten, Paperback, DM 9,80
Gedichte, Tagebuchblätter, Geschichten, Streifzüge, Agitprop, Roter Pfeffer und Liedtexte des bekannten Hamburger Schriftstellers.

Weltkreis-Verlag
Brüderweg 16, 4600 Dortmund

Bestellungen über den Buchhandel oder direkt per Vorkasse auf Postscheckkonto Dortmund 278 69-460 Weltkreis-Verlag. Titel und Anschrift deutlich schreiben. Portofreie Lieferung – der schnellere Weg.

Erläuterungen

Aitmatow, Tschingis
1928 in Kirgistan geborener Schriftsteller. Er gilt als einer der bedeutendsten Autoren nicht nur der Sowjetunion, sondern der zeitgenössischen Weltliteratur. Seine Hauptwerke (Djamila; Der erste Lehrer; Der weiße Dampfer) sind auch in der BRD (bei Suhrkamp) erschienen.

Alma Mater
Lateinische Bezeichnung für Universität, auch in der Sowjetunion gebräuchlich.

Argonauten
Helden der altgriechischen Sage, die unter der Führung von Jason nach Kolchis am Schwarzen Meer segelten, um mit Hilfe der Königin Medea das Goldene Vlies zu erobern.

APN
Abkürzung für „Presseagentur Nowosti". Sie wurde 1961 aufgrund einer Vereinbarung des sowjetischen Journalisten-, des Schriftstellerverbandes, der Freundschaftsgesellschaften und anderer kultureller Institutionen gegründet und unterhält gegenwärtig Vertretungen in 93 Ländern, darunter in der BRD in Köln.

BAM
Die BAM, die Baikal-Amur-Magistrale, ist nach den Forschungsreisen russischer und deutscher Wissenschaftler im 18. und 19. Jahrhundert und nach dem Bau der Transsibirischen Eisenbahn zu Beginn dieses Jahrhunderts der dritte Abschnitt der Erschließung Sibiriens. Sie gilt als das derzeit größte und kostspieligste Bauvorhaben der Erde. An den Baustellen entlang der 3200 Kilometer langen Hauptstrecke arbeiten gegenwärtig mehr als 80 000 Menschen, zum allergrößten Teil Jugendliche, die sich aufgrund eines Beschlusses des XVII. Konsomolkongresses im April 1974 freiwillig zum Einsatz an der BAM gemeldet haben. In zwei Jahren sollen es 100 000 sein, in vier Jahren 150 000. Ein Streckenkilo-

meter kostet runde 3 Millionen Rubel, 1 Millimeter immerhin 3 Rubel, das sind ungefähr zehn DM. 3200 Brücken sind zu bauen, davon 142 mit über hundert Meter Länge, 500 km Hochgebirge sind zu überwinden, 600 km Sümpfe. 90% der Strecke führt über Dauerfrostboden, mehr als 50% durch ausgesprochen erdbebenintensive Gebiete. Die Gesamttrasse ist 80 Meter breit, neben dem Schienenstrang werden eine Straße, Telefon- und Elektroleitungen verlegt. Die Bahn soll voll elektrifiziert werden; Aufträge sind bereits an bundesdeutsche Unternehmen vergeben worden. Die endgültige Fertigstellung ist für 1983 vorgesehen. Entlang der Strecke, die ein Gebiet von 600 km Durchmesser verkehrsmäßig und industriell erschließt, werden 42 neue Städte errichtet, in denen 1983 bereits eine Million Menschen leben werden. 1990 sollen es 10 Millionen sein. Die Industrieproduktion der Sowjetunion wird durch den Bau der BAM wesentlich erweitert. Bereits 1983 sollen 10% der Eisenerzerzeugung, 18% der Kohlegewinnung, 24% des Holzeinschlags und 45% der Zelluloseproduktion der UdSSR aus den Gebieten entlang der BAM kommen.

Ernst Barlach
bedeutender deutscher Bildhauer, lebte von 1870 bis 1938, Schöpfer ausdrucksstarker Menschendarstellungen, erhielt von den Nazis Berufsverbot. Sein Werk wird zu gleichen Teilen in der DDR (Barlach-Gedenkstätte Güstrow) und der BRD (Hamburger Barlachhaus) bewahrt.

Horst Bastian
bekannter DDR-Schriftsteller, der vor allem durch Reiseberichte hervorgetreten ist, 1939 geboren. Sein Reiseroman „Liebe verzollt man nicht“ über die Sowjetunion erschien 1977 im DDR-Verlag „Neues Leben“.

Marc Chagall
1887 in der russischen Stadt Witebsk geborener russisch-jüdischer Maler. Beteiligte sich 1918/19 in seiner Heimat aktiv an der Oktoberrevolution, lebt seit den zwanziger Jahren in Frankreich. Seine poetischen, von volkstümlichen Motiven geprägten Bilder sind in West und Ost gleichermaßen populär.

Richard Christ
1931 geborener DDR-Schriftsteller. Seine Sammlung von Reisegeschichten über die Sowjetunion „Um die halbe Welt in hundert Tagen“, 1976 im Aufbau-Verlag erschienen, wurde zum Bestseller.

Dekabristen
(von russisch dekabr = Dezember). Teilnehmer am ersten russischen Aufstand, der am 26. Dezember 1825, nach dem Tod des Zaren Alexanders I., ausbrach, größtenteils junge Adlige und Offiziere. Zahlreiche Mitverschwörer wurden nach Sibirien verbannt und erst nach dreißig Jahren begnadigt.

Diadochen
Griechisches Wort für „Nachfolger“. Ursprünglich die Feldherren Alexanders des Großen, die sich nach seinem Tod 323 vor Christus um sein Weltreich stritten.

Friedrich Dürrenmatt
1921 geborener deutsch-schweizerischer Schriftsteller, stark von Brecht beeinflußt. Sein Drama „Die Physiker“ (1962) stellt Wissenschaftler dar, die an ihren eigenen Erkenntnissen verzweifelt sind.

Frunse, Michail Wassiljewitsch
lebte von 1885 bis 1925, war einer der Gründer der Roten Armee und ein bedeutender Militärführer im Kampf gegen die Konterrevolution und die ausländische Intervention. Nach ihm ist die Hauptstadt Kirgistans genannt.

Gamsutow, Rassul
Einer der bekanntesten Lyriker der Sowjetunion, 1923 im Dagestan im Kaukasus geboren, Autor des Heimatbuches „Mein Dagestan“.

Georgien
Russisch auch Grusien oder Grusinien. Sowjetische Unionsrepublik südlich des Kaukasus, 5,5 Millionen Einwohner, 69700 Quadratkilometer.

Gryphius, Andreas
Lebte von 1616 bis 1664 überwiegend in Schlesien, der bedeutendste Dichter des deutschen Barock, Verfasser von Gedichten gegen den Krieg und von heute kaum noch bekannten Trauerspielen, darunter der „Katharina von Georgien".

Hoffmann, E.T.A.
Lebte von 1776 bis 1822, einer der bekanntesten und populärsten Erzähler der deutschen Romantik. Seine grotesken Gestalten karikieren das deutsche Bürgertum.

Jakobs, Karlheinz
1929 geborener DDR-Schriftsteller. Sein Reiseroman über die Sowjetunion „Tanja, Taschka undsoweiter" erschien 1976 auch in der BRD in der Kleinen Arbeiterbibliothek.

Jewtuschenko, Jewgenij
1933 in Sibirien geboren, der bekannteste der jungen Lyriker der Sowjetunion, schrieb 1964 ein großes Gedicht auf die Erbauer des Bratsker Wasserkraftwerkes.

Kasachstan
Zweitgrößte Unionsrepublik der Sowjetunion, 2,7 Millionen Quadratkilometer groß (zehnmal so groß wie die BRD), 15 Millionen Einwohner.

Kisch, Egon Erwin
wurde am 29. April 1885 in Prag als zweiter von fünf Söhnen eines jüdischen Tuchhändlers geboren. Als Lokalreporter einer Prager Provinzzeitung deckte er 1913, kurz vor Ausbruch des Ersten Weltkrieges, einen weitverzweigten Spionageskandal auf. Im Krieg war Egonek, wie er sich gern nannte, als Kriegsberichterstatter eingesetzt und notierte, ermutigt von seinen Kameraden – „Schreib das auf, Kisch!" –, in seinem Tagebuch die Grauen des Krieges. An der Novemberrevolution beteiligte sich Kisch in Wien aktiv als Kommandant der Roten Garde und Redakteur der kommunistischen Zeitung „Der freie Arbeiter".
In den zwanziger Jahren arbeitete Kisch in Berlin, 1925 erschien seine klassisch gewordene Sammlung „Der rasende Reporter", deren Titel bald zum Beinamen des Autors wurde. Er trat der

Kommunistischen Partei und dem Bund Proletarisch Revolutionärer Schriftsteller bei und bereiste nahezu alle damaligen Brennpunkte des revolutionären Weltgeschehens, die Sowjetunion und die USA, China und Mexiko. In seinen Reisebüchern „Zaren, Popen, Bolschewiken“ und „Asien gründlich verändert“ schildert er anschaulich und farbig seine ausgedehnten Reisen durch den europäischen Teil der Sowjetunion und durch die asiatischen Republiken und beschreibt alle Stadien, Probleme und Konflikte des kommunistischen Aufbaus. Seine Bücher wurden zum Vorbild für eine ganze Serie von Rußlandbüchern, in denen die fortschrittlichen Autoren Deutschlands, Frankreichs, der Tschechoslowakei, Spaniens und der USA ihr Bekenntnis zum realen Sozialismus bekundeten.
Als 1933 die Faschisten Jagd auf alle Demokraten machten, war Kisch einer der ersten Verhafteten. Nur eine diplomatische Intervention der tschechischen Regierung rettete ihm das Leben. Er ging nach Paris und wurde von dort zum Weltkongreß gegen Krieg und Faschismus in Australien delegiert. Als man ihm die Einreise verweigerte, sprang er vom Schiff und brach sich prompt ein Bein. Später nahm er auf seiten der Republikaner am Spanischen Bürgerkrieg teil, wurde in den USA wegen antiamerikanischer Umtriebe verhaftet und erhielt schließlich in Mexiko Asyl, wo 1942 sein Buch „Marktplatz der Sensationen“ erschien. Nach dem Krieg beteiligte er sich am Prozeß der demokratischen Erneuerung in Prag. Er starb am 31. März 1948. Als sein Sarg durch die tschechische Hauptstadt getragen wurde, standen Hunderttausende an den Straßen und demonstrierten ihre Verbundenheit mit der sozialistischen Regierung, die einige Tage vorher friedlich zur Macht gekommen war. In der BRD wurde Kisch jahrzehntelang totgeschwiegen, seine Werke erschienen nur in der DDR. Erst jetzt, kurz vor der dreißigsten Wiederkehr seines Todes, bahnt sich eine Kisch-Renaissance an. Der „Stern“ stiftete 1977 einen Kisch-Preis für die beste deutschsprachige Reportage, mehrere Verlage kündigten Neuausgaben an.

Koltschak, Alexander
stellte aus tschechischen Kriegsgefangenen und ausländischen Söldnern 1919 eine konterrevolutionäre Armee zusammen, die grausam gegen die Zivilbevölkerung vorging und nach erbitterten Kämpfen schließlich 1920 von den Truppen Frunses geschlagen wurde.

Marco Polo
lebte von 1254 bis 1323, ein venezianischer Kaufmann und Weltreisender, der als erster Europäer China, Indien und Innerasien beschrieben hat.

Molière, Jean-Baptiste
lebte von 1622 bis 1673 am Hofe Ludwigs XIV. Seine 32 erhaltenen Lustspiele gehören zur Weltliteratur.

Mufti
Höchstes geistliches Oberhaupt der Mohammedaner, das zu Auslegungen des Koran, der Heiligen Schrift des Islam, berechtigt ist. Neben Taschkent gibt es nur noch in Bagdad, Kairo und Jerusalem Muftis.

Josef Offenbach
Bekannter Hamburger Volksschauspieler, 1976 im Alter von 75 Jahren gestorben, bekanntgeworden durch Charakterdarstellungen, zum Beispiel durch Molières „Geizigen“.

Richter, Egon
1932 geborener DDR-Autor, Verfasser der Sibirienreportage „Sehnsucht nach Sonne“.

Richter, Hans-Werner
Einer der führenden Vertreter der westdeutschen Nachkriegsliteratur, 1908 geboren, langjähriger Sprecher der Gruppe 47, veröffentlichte 1967 nach einer Asienreise auf den Spuren Kischs die Reportage „Karl Marx in Samarkand“, die nicht frei von antikommunistischen Vorurteilen geblieben ist.

Rilke, Rainer Maria
lebte von 1875 bis 1926 in Prag, Worpswede und in der Schweiz, einer der größten deutschsprachigen Lyriker des zwanzigsten Jahrhunderts, der auch in der Sowjetunion häufig veröffentlicht wird.

Schota Rustaweli
lebte um 1200 in Georgien, einer der bedeutendsten Dichter des Mittelalters, Schöpfer des Epos vom „Recken im Tigerfell“,

georgischer Nationaldichter.

Stachanowbewegung
Nach dem sowjetischen Grubenarbeiter Stachanow benannte Masseninitiative, die in den dreißiger Jahren die Erhöhung der Arbeitsproduktivität zum Ziel hatte.

Tacitus, Publius Cornelius
lebte von 55 bis 120 nach Christus, beschrieb als erster in seiner „Germania" die Landschaft und die Völker des späteren Deutschland.

Tadschikistan
Die südlichste der sowjetischen Unionsrepubliken, zu 93% aus Hochgebirge bestehend, 3,5 Millionen Einwohner, 143000 Quadratkilometer groß.

Tamerlan
Auch Timur Lenk genannt, lebte von 1336 bis 1405, eroberte von Samarkand aus ein riesiges Weltreich, das von der Chinesischen Mauer bis an die Tore Moskaus reichte und Nordindien, Persien und Teile der Türkei einschloß.

Timuridenreich
Das von Tamerlan gegründete Weltreich, das unter seinen Nachfolgern rasch zerfiel, endgültig nach der Ermordung von Timurs Enkel Ulug Bek 1422.

Usbekistan
Sowjetische Unionsrepublik in Mittelasien, 13 Millionen Einwohner, 449000 Quadratkilometer groß.

Vogeler, Heinrich
Lebte von 1872 bis 1942, bedeutendster Maler des deutschen Jugendstils, Mitbegründer der Künstlerkolonie Worpswede. Nach der Novemberrevolution trat er der KPD bei und stellte seinen Worpsweder Barkenhof der Roten Hilfe als Kinderheim zur Verfügung. Ab 1928 lebte Vogeler in der Sowjetunion.

Wessel, Harald
1929 geborener DDR-Schriftsteller, veröffentlichte 1972 das Tagebuch einer Reise nach Mittelasien „und Zweige mit blauen Rosinen", das den Spuren von Alexander Newerows 1922 erschienenen Revolutionsroman „Taschkent, die brotreiche Stadt" folgt.

Aktuelle Neuerscheinungen

Wolfgang Bartels
Philipp Müller
11. Mai 1952 in Essen: Polizeimord an einem jungen Arbeiter
159 Seiten, mit Dokumentarfotos, 9,80 DM.
Der junge Friedenskämpfer Philipp Müller war das erste Opfer der Aufrüstungspläne der Regierung Adenauer.

Luis Alberto Corvalán
Schmerz und Hoffnung meiner Brüder
138 Seiten, mit Dokumentarfotos, 6,80 DM.
In diesem aufrüttelnden Zeitdokument schildert der Sohn des chilenischen KP-Generalsekretärs elf Monate Einkerkerung in faschistischen Gefängnissen.

Frank Deppe (Hrsg.)
2. Juni 1967 und die Studentenbewegung heute
Mit Beiträgen von G. Amendt/H. Lederer/W. Lefèvre/St. Lehndorff u. a.
156 Seiten, mit Dokumentarfotos, 7,80 DM.
Zehn Jahre nach den tödlichen Schüssen auf den Studenten Benno Ohnesorg wird von „Aktivisten" und „Veteranen" Bilanz der Studentenbewegung gezogen.

Adelheid Maske/Ulrich Maske
Das werden wir schon ändern
Franz Josef Degenhardt und seine Lieder
Mit Liedbeispielen, Fotos und einem Interview
222 Seiten, reich illustriert, 12,00 DM.
Dieses Degenhardt-Portrait zieht eine ebenso umfassende wie überzeugende Bilanz von 15jährigem Liedschaffen.

Weltkreis-Verlag
Postfach 789, 4600 Dortmund 1